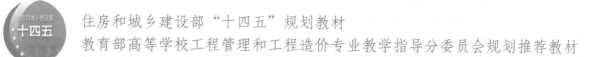

住房和城乡建设部"十四五"规划教材

教育部高等学校工程管理和工程造价专业教学指导分委员会规划推荐教材

全过程工程咨询理论与实务

杜　强　刘伊生　主　编
白礼彪　王经略　副主编
方东平　郭红领　主　审

中国建筑工业出版社

图书在版编目（CIP）数据

全过程工程咨询理论与实务 / 杜强，刘伊生主编；
白礼彪，王经略副主编 . -- 北京：中国建筑工业出版社，
2024.5. --（住房和城乡建设部"十四五"规划教材）
（教育部高等学校工程管理和工程造价专业教学指导分委
员会规划推荐教材）. -- ISBN 978-7-112-29925-6

Ⅰ . F407.9

中国国家版本馆 CIP 数据核字第 20240TL949 号

本书以项目全生命周期管理为导向，全面系统地介绍了全过程工程咨询相关理论知识和实务。主要内容包括：全过程工程咨询有关概念及理论、全过程工程咨询方法与工具、全过程工程咨询组织模式、全过程工程咨询的合同管理及取费机制等。本书通过综合案例部分将理论与实践相结合，体现了全过程工程咨询的应用现状。

本书可供工程管理、工程造价、土木工程及相关专业本科生使用，也可作为从事工程技术、工程管理以及工程咨询相关工作人员的参考书。

为更好地支持相应课程的教学，我们向采用本书作为教材的教师提供教学课件，有需要者，请加 687041293 QQ 群下载。

责任编辑：张　晶
责任校对：张　颖

住房和城乡建设部"十四五"规划教材
教育部高等学校工程管理和工程造价专业教学指导分委员会规划推荐教材
全过程工程咨询理论与实务
杜　强　刘伊生　主　编
白礼彪　王经略　副主编
方东平　郭红领　主　审

*

中国建筑工业出版社出版、发行（北京海淀三里河路 9 号）
各地新华书店、建筑书店经销
北京雅盈中佳图文设计公司制版
北京云浩印刷有限责任公司印刷

*

开本：787 毫米 ×1092 毫米　1/16　印张：14¾　字数：313 千字
2024 年 6 月第一版　2024 年 6 月第一次印刷
定价：**45.00** 元（赠教师课件）
ISBN 978-7-112-29925-6
（42325）

出版说明

党和国家高度重视教材建设。2016 年，中办、国办印发了《关于加强和改进新形势下大中小学教材建设的意见》，提出要健全国家教材制度。2019 年 12 月，教育部牵头制定了《普通高等学校教材管理办法》和《职业院校教材管理办法》，旨在全面加强党的领导，切实提高教材建设的科学化水平，打造精品教材。住房和城乡建设部历来重视土建类学科专业教材建设，从"九五"开始组织部级规划教材立项工作，经过近 30 年的不断建设，规划教材提升了住房和城乡建设行业教材质量和认可度，出版了一系列精品教材，有效促进了行业部门引导专业教育，推动了行业高质量发展。

为进一步加强高等教育、职业教育住房和城乡建设领域学科专业教材建设工作，提高住房和城乡建设行业人才培养质量，2020 年 12 月，住房和城乡建设部办公厅印发《关于申报高等教育职业教育住房和城乡建设领域学科专业"十四五"规划教材的通知》（建办人函〔2020〕656 号），开展了住房和城乡建设部"十四五"规划教材选题的申报工作。经过专家评审和部人事司审核，512 项选题列入住房和城乡建设领域学科专业"十四五"规划教材（简称规划教材）。2021 年 9 月，住房和城乡建设部印发了《高等教育职业教育住房和城乡建设领域学科专业"十四五"规划教材选题的通知》（建人函〔2021〕36 号）。为做好"十四五"规划教材的编写、审核、出版等工作，《通知》要求：（1）规划教材的编著者应依据《住房和城乡建设领域学科专业"十四五"规划教材申请书》（简称《申请书》）中的立项目标、申报依据、工作安排及进度，按时编写出高质量的教材；（2）规划教材编著者所在单位应履行《申请书》中的学校保证计划实施的主要条件，支持编著者按计划完成书稿编写工作；（3）高等学校土建类专业课程教材与教学资源专家委员会、全国住房和城乡建设职业教育教学指导委员会、住房和城乡建设部中等职业教育专业指导委员会应做好规划教材的指导、协调和审稿等工作，保证编写质量；（4）规划教材出版单位应积极配合，做好编辑、出版、发行等工作；（5）规划教材封面和书脊应标注"住房和城乡建设部'十四五'规划教材"字样和统一标识；（6）规划教材应在"十四五"期间完成出版，逾期不能完成的，不再作为《住房和城乡建设领域学科专业"十四五"规划教材》。

住房和城乡建设领域学科专业"十四五"规划教材的特点，一是重点以修订教育部、住房和城乡建设部"十二五""十三五"规划教材为主；二是严格按照专业标准规范要求编写，体现新发展理念；三是系列教材具有明显特点，满足不同层次和类型的学校专业教学要求；四是配备了数字资源，适应现代化教学的要求。规划教材的出版凝聚了作者、主审及编辑的心血，得到了有关院校、出版单位的大力支持，教材建设管理过程有严格保障。希望广大院校及各专业师生在选用、使用过程中，对规划教材的编写、出版质量进行反馈，以促进规划教材建设质量不断提高。

住房和城乡建设部"十四五"规划教材办公室

2021 年 11 月

序　言

教育部高等学校工程管理和工程造价专业教学指导分委员会（以下简称教指委），是由教育部组建和管理的专家组织。其主要职责是在教育部的领导下，对高等学校工程管理和工程造价专业的教学工作进行研究、咨询、指导、评估和服务。同时，指导好全国工程管理和工程造价专业人才培养，即培养创新型、复合型、应用型人才；开发高水平工程管理和工程造价通识性课程。在教育部的领导下，教指委根据新时代背景下新工科建设和人才培养的目标要求，从工程管理和工程造价专业建设的顶层设计入手，分阶段制定工作目标、进行工作部署，在工程管理和工程造价专业课程建设、人才培养方案及模式、教师能力培训等方面取得显著成效。

《教育部办公厅关于推荐2018-2022年教育部高等学校教学指导委员会委员的通知》（教高厅函〔2018〕13号）提出，教指委应就高等学校的专业建设、教材建设、课程建设和教学改革等工作向教育部提出咨询意见和建议。为贯彻落实相关指导精神，中国建筑出版传媒有限公司（中国建筑工业出版社）将住房和城乡建设部"十二五""十三五""十四五"规划教材以及原"高等学校工程管理专业教学指导委员会规划推荐教材"进行梳理、遴选，将其整理为67项，118种申请纳入"教育部高等学校工程管理和工程造价专业教学指导分委员会规划推荐教材"，以便教指委统一管理，更好地为广大高校相关专业师生提供服务。这些教材选题涵盖了工程管理、工程造价、房地产开发与管理和物业管理专业主要的基础和核心课程。

这批遴选的规划教材具有较强的专业性、系统性和权威性，教材编写密切结合建设领域发展实际，创新性、实践性和应用性强。教材的内容、结构和编排满足高等学校工程管理和工程造价专业相关课程要求，部分教材已经多次修订再版，得到了全国各地高校师生的好评。我们希望这批教材的出版，有助于进一步提高高等学校工程管理和工程造价本科专业的教学质量和人才培养成效，促进教学改革与创新。

教育部高等学校工程管理和工程造价专业教学指导分委员会
2023 年 7 月

前　言

随着中国改革开放深化和经济转型升级，工程咨询模式对于工程建设实施组织方式改革以及国际化发展的需求不断提高。2017年，《国务院办公厅关于促进建筑业持续健康发展的意见》（国办发〔2017〕19号），首次提出政府投资工程应带头推行全过程工程咨询，鼓励非政府投资工程委托全过程工程咨询服务。全过程工程咨询的推广标志着工程咨询行业开始由"碎片化"向"集约化"转型，为我国工程咨询行业提供了重要的发展机遇。

为适应行业发展趋势，高校应聚焦全过程工程咨询的内涵与特点，培养一批符合新时代社会发展的高质量人才。然而，现有全过程工程咨询教材往往内容滞后于行业发展、形式较为单一，难以满足"十四五"规划教材建设提出的新要求。因此，将工程行业前沿领域知识融入教学内容，丰富现有教材形式，培养具有综合性、多元化服务能力的新型工程咨询管理人才，助力建造行业创新发展，是全过程工程咨询教材建设的重要目标。

本教材分为理论和实务两部分。全过程工程咨询理论部分，首先对全过程工程咨询的起源进行梳理，对其定义、特征和范围进行界定；其次，对全过程工程咨询依托的工程项目管理理论包括集成管理理论、项目治理理论、交易成本理论、价值链理论、利益相关者理论等基础理论以及全过程工程咨询方法进行论述；在此基础上，明晰了全过程工程咨询组织模式、合同管理内容及现有取费机制。全过程工程咨询实务部分，详细介绍了项目决策阶段、勘察设计阶段、招标采购阶段、施工阶段以及竣工与运营阶段的工程咨询服务内容，全面阐释了全过程工程咨询的实施运行机制。通过探讨全过程工程咨询的前沿热点，对我国全过程工程咨询的未来发展趋势进行剖析。

本教材由长安大学杜强、北京交通大学刘伊生主编，长安大学白礼彪、王经略任副主编。书中1、2、3章由杜强编写；4、5、6章由刘伊生编写；7、8章由白礼彪编写；9、10、11章由王经略编写。全书由杜强统一定稿。本书在编写过程中也收到同济大学李永奎、东南大学邓小鹏、重庆大学叶贵、清华大学李小冬、长安大学邹小伟、长安大学马一鸣老师以及同济大学复杂工程管理研究院教授级高工谢坚勋博士的宝贵意见，长安大学研究生张业荣、张艳敏、杨梦琪、马美馨、吴琴、宗小艺同学为本书的出版做了大量辅助性工作，在此一并表示谢意。

　　本书在编写过程中参考了中外学者和专家的论著，在此一并向著作权人表示敬意。另外，在本书出版过程中，中国建筑工业出版社的编审人员提出了较好的修改意见，在此对编审人员的辛勤工作表示衷心感谢。本书虽经过多轮修改，但限于水平有限，书中难免存在疏漏之处，恳请读者予以指正。

　　本教材是陕西省哲学社科重点研究基地、陕西高校青年创新团队——长安大学绿色工程与可持续发展研究中心的研究成果，受到以下项目资助：陕西省新工科研究与实践项目"面向'中国建造 2035'的工程管理专业改造升级路径探索与实践"；陕西省教师发展研究计划专项项目（SJS2022ZY017）；长安大学高等教育教学改革研究项目（23ZZ023）。

2023 年 10 月

目　录

1

全过程工程咨询概述

本章导读

  传统的工程咨询将建设工程项目的各阶段相互分离，依托于整个建设项目的单项工程相互独立，难以形成完整的体系。全过程工程咨询因其一体化全面覆盖、多专业融合汇通、管理界面渗透拓宽的优势，能够为建设工程项目的决策和实施提供科学、合理的咨询服务，确保建设工程项目效益的实现。因此，推行全过程工程咨询是适应社会主义市场经济发展的必然要求，是国家宏观政策的价值导向，更是行业未来发展的趋势。本章节对全过程工程咨询的起源和定义进行梳理概述，对全过程工程咨询的特征和范围进行界定，为全过程工程咨询奠定了相关的理论基础。

  学习目标：熟悉全过程工程咨询的概念；掌握全过程工程咨询的范围；明确全过程工程咨询的意义。

  重难点：全过程工程咨询的范围和特征。

1.1　工程咨询起源、发展与变革

1. 工程咨询概述

工程咨询（Engineering Consulting）作为广义咨询的重要分支之一，在工程项目建设全过程中扮演着重要角色，为工程项目的全生命周期提供解决方案和管理服务。工程咨询应严格遵循 2017 年 12 月 6 日起施行的《工程咨询行业管理办法》（国家发改委令第 9 号），根据这一管理办法，工程咨询必须秉承独立、公正、科学的原则，以综合运用多学科知识、工程实践经验、现代科学和管理方法为基础，在经济社会发展以及国内外投资建设项目的决策与实施活动中，为投资者和政府部门提供阶段性或全过程的智力服务。

2. 国内外工程咨询起源

工程咨询业距今已有一百多年的历史，就国外工程咨询业而言，其发展历程大致分为三个阶段。19 世纪是工程师个体成立咨询机构，以个人执业为主的个体咨询阶段（Azzone，2000）。经过第二次世界大战，工程咨询行业出现了三大转变，即从专业咨询转向综合咨询，从工程技术咨询转向战略咨询，从国内咨询转向国际咨询。随着这些转变，工程咨询进入个体咨询业者之间联合，整合能力、扩大咨询业务以及范围的合伙咨询阶段（Yoon，2002）。20 世纪 50 年代，信息技术的产生和发展掀起了第三次工业革命的浪潮，推动了工程咨询业的演进。目前，工程咨询业所涉及的范围不断扩大，已贯穿于工程项目建设的全过程，包括工程项目可行性研究、项目前期决策、项目融资策划、工程勘察设计、工程承包商的招标评标以及施工过程的监理等。工程咨询演进到项目复杂，咨询产品多样化、一体化，咨询内容向纵深不断扩展的综合资讯阶段（尹贻林，2005）。

我国工程咨询行业萌芽于 1982 年，同年国家计委组建中国国际工程咨询公司，并于 1983 年 2 月正式颁布《关于建设项目进行可行性研究的试行管理办法》。这一管理办法明确指出将可行性研究正式纳入工程建设基本程序之中，并对其相关内容进行详细规定。1985 年我国开始实行工程项目"先评估、后决策"制度，明确规定大中型重点建设项目和限额技术改造项目必须由具有资格的咨询公司进行评估。1987 年 7 月，城乡建设环境保护部正式提出实行工程建设监理制度，并于 1988 年 11 月 12 日印发《关于开展建设监理试点工作的若干意见》。自此，试点地区和部门开始组建监理单位以及建设行政主管部门，为监理单位选择监理工程项目提供助力，逐步实施建设监理制度。在这一阶段，主要有三类企业承担工程咨询服务，包括勘察设计单位、各类工程咨询服务公司和监理单位，提供的服务内容包括工程项目可行性研究、建设方案论证、技术经济评估以及建设监理等。我国工程咨询行业于 1992 年正式确立，随后进入规范化发展阶段。国家产业政策明确规定将工程咨询业归于服务行业。在我国工程招投标制度和建设工程咨询制度逐步推行及不断完善的背景下，工程咨询业蓬勃发展，其市场规模不断扩大，市场秩序渐趋规范。不同专业的工程咨询机构发展迅猛，工程咨询单位市场化以及工程咨询产业化进程不断加快，行业规模明显扩大，从业人员素质显著提高。总体而言，工程咨询业形成了一定规模，已逐渐成为我国服务业的重要组成部分，为国民经济建设发挥了重要作用。这一时期工程咨询行业的市场认可度还不高，其业务范围主要包括外资投资项目、政府投资项目和国家重点项目，工程咨询还没有实现真正意义上的市场化运作。

3. 工程咨询的发展趋势

根据 FIDIC（Fédération Internationale Des Ingénieurs Conseils，国际咨询工程师联合会）白皮书，工程咨询被定义为在工程建设过程中所需的技术服务以及管理服务。工程咨询属于智力服务，其业务范围贯穿工程项目建设全过程。21世纪以来，工程咨询外延已扩展至工程项目战略咨询及全生命周期咨询，充分发挥咨询工程师在战略计划和投资选择中的作用。

随着社会经济与科学技术的不断发展，工程咨询朝着综合化与国际化方向转型，不再局限于以技术为核心的狭义服务，向项目融资、建设、运营以及可持续发展领域持续延伸和拓展。在工程承包市场中，工程咨询业具有不可替代的作用。因此，工程总承包和项目管理总承包模式是国际大型工程咨询公司业务的必然发展趋势，并逐渐成为其主营业务。为适应不断涌现的新型建设模式，工程咨询的外延仍处于不断扩张的态势。为最大限度的降低总承包合同的获得难度及交易费用，工程咨询公司与建筑公司、项目开发商、融资商等机构进行合作，形成了"融资—咨询—采购—建造—经营"一体化的集成管理模式（白庶，2018）。

近年来，国家和地方政府更是频发文件，多次提到深化项目组织，实施方式改革，发展全过程工程咨询。2017年5月，住房和城乡建设部印发的《工程勘察设计行业"十三五"规划》中提出要培育全过程工程咨询、鼓励投资咨询、勘察、设计、监理、招标代理、造价等企业采取联合经营、并购重组等方式发展全过程工程咨询；培育一批具有国际水平的全过程工程咨询企业，并针对不同规模和实力的勘察设计企业转型提供全过程工程咨询服务给出了方向和建议，鼓励有条件的企业以设计和研发为基础，以自身专利及专有技术为优势，拓展装备制造、设备成套、项目运营维护等相关业务，逐步形成工程项目全生命周期的一体化服务体系。2019年3月，住房和城乡建设部、国家发展和改革委员会联合印发《关于推进全过程工程咨询服务发展的指导意见》，指出：鼓励投资咨询、勘察、设计、监理、招标代理、造价等企业，采用联合经营、并购重组等方式发展全过程工程咨询，培育一批具有国际水平的全过程工程咨询企业。

全过程工程咨询解决了传统模式管理零散化、信息碎片化的问题（丁士昭，2017），从工程项目全生命周期角度出发，在缩短工期、提高项目决策科学性等方面具有显著优势，有效地推动了咨询行业的健康发展。因此，全过程工程咨询的出现，不是偶然，而是我国工程咨询行业发展的积淀，是市场选择的结果，更是行业发展的必然趋势（戚振强等，2021）。

1.2　全过程工程咨询定义、特点与范围

1. 全过程工程咨询概述

全过程工程咨询通过一家咨询单位总体把控整个工程建设产业链，高度整合和集成各个专业咨询服务，有效降低服务成本；变外部协调为内部协调，有效缩短工期，优化行业、产业、人才资源配置，弥补了传统碎片咨询服务的缺陷。由于全过程工程咨询的优势不断凸显，近年来，我国多个省市先后出台全过程工程咨询实施方案、操作指引、咨询合同和招标文件示范文本等政策文件，助力全过程工程咨询加速落地。在政策文件中也给出了全过程工程咨询的定义，具体定义见表1-1。

政策文件中全过程工程咨询的定义　　　　　　　　　　表1-1

政策文件名称	发文部门	全过程工程咨询定义
《国务院办公厅关于促进建筑业持续健康发展的意见》（国办发〔2017〕19号）	国务院办公厅	采用多种服务方式组合，为项目决策、实施和运营持续提供局部或整体解决方案以及管理服务
《工程咨询行业管理办法》（国家发展改革委令第9号）	国家发展和改革委员会	对工程建设项目前期研究和决策以及工程项目实施和运行的全生命周期提供包含设计和规划在内的涉及组织、管理、经济和技术等各有关方面的工程咨询服务
《关于推进全过程工程咨询服务发展的指导意见》（发改投资规〔2019〕515号）	国家发展改革委和住建部联合发文	大力发展以市场需求为导向、满足委托方多样化需求的全过程工程咨询服务模式。重点培育发展投资决策综合性咨询（项目决策阶段）和工程建设全过程咨询（建设实施阶段）

根据《建设项目全过程工程咨询标准》T/CECS 1030—2022定义，全过程工程咨询简称"全咨管理（WMC）"，是指咨询人在建设项目投资决策阶段、工程建设准备阶段、工程建设阶段、项目运营维护阶段，为委托人提供涉及技术、经济、组织和管理在内的整体或局部的服务活动，包括全过程总控管理服务和单项咨询服务，其中单项咨询又包括基本咨询和专项咨询。全过程总控管理简称"总控管理"，是指为实现项目预期的进度、成本、质量、效益等总体目标，由咨询人对项目策划、组织、协调和控制等全过程进行总体统筹，并运用专门的知识、技能和工具等，对工程项目全过程进行管理的活动。

2. 全过程工程咨询的特征

1）服务周期覆盖全生命周期，跨阶段管理

全过程工程咨询在覆盖范围上可以实现包含项目投资策划、建设实施及运营维护的项目全生命周期。围绕项目全生命周期提供工程咨询服务有以下两方面的优势：一方面，可以实现生命周期统一部署，将项目运营维护阶段或经营生产阶段的需求在项目策划阶段提前考虑，纳入统筹规划，形成一体化设计；另一方面，可以实现对工程项目各个阶段的诸多细节进行跨阶段把控、从多时间维度进行集成化治理（罗岚，2022），有效提高项目整体质量。

2）服务内容专业覆盖面广，灵活性高

全过程工程咨询服务内容除了包含传统工程咨询服务外，还涵盖了许多与工程项目相关的其他专项咨询服务，基本上能够覆盖工程项目所涉及的各个方面。这种服务内容的专业整体覆盖带来两方面的优势：首先，全专业覆盖对各独立专业之间服务及权责界限进行模糊，加强各专业服务的目标一致性，促进不同专业之间的沟通与协作，从而加速业务融合进程；其次，服务内容的全专业覆盖并不意味着在实际服务中必须提供工程项目的所有专业咨询服务，而是为客户提供更多选择。客户也可以根据项目的实际情况和自身需求，在专业服务的"菜单"中选择所需服务，从而提高咨询服务的灵活性。

3）咨询组织结构一体化，整体性强

全过程工程咨询通常由一个咨询团队实施，并且其咨询组织结构呈现出一体性。这种一体性在外部表现为业主仅委托一个咨询团队来开展全过程工程咨询业务，并且只与其一方签订服务合约，从而有效减少合同风险、降低沟通成本，并明确权责划分。在内部，一体性体现在全过程工程总咨询师对团队的统一管控，以及服务团队具有统一的服务计划、方法、服务要求和总体目标。这种内部一体化有助于团队形成统一的服务意识，提升服务水平，有效增强咨询服务的整体性。

3. 全过程工程咨询的范围

1）按业务确定全过程工程咨询服务范围

全过程工程咨询业务作为工程咨询企业为满足委托人要求所提供的智力服务，须符合现行的法律、法规、规章、规范性文件及行业规定要求和相应的标准、规范、技术文件要求等，遵循公正、公平、公开执业原则。全咨管理范围的确认过程一般包括规划范围管理、收集需求、定义范围、创建工作分解结构（WBS）、确认范围和控制范围六个过程，如图 1-1 所示。总控部要对全咨管理的服务范围进行全过程监督和控制。

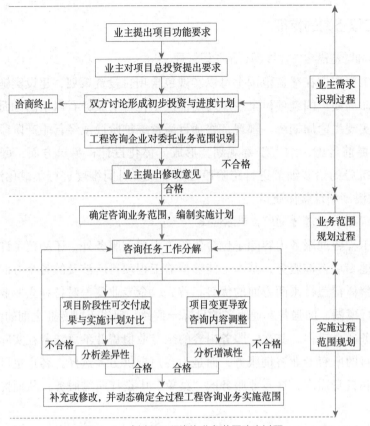

图 1-1　全过程工程咨询业务范围确定过程

2）按服务对象确定全过程工程咨询服务范围

全过程工程咨询服务范围按服务对象可分为为投资人服务以及为承包人服务两类，具体如图 1-2 所示。

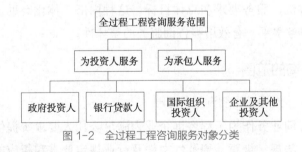

图 1-2　全过程工程咨询服务对象分类

（1）为投资人提供服务

①为政府投资人提供服务

在政府部门及相关机构的委托下，全过程工程咨询单位对其出资的建设项目、课题研究等提供咨询服务，包括规划研究、项目评估、工程勘察设计、工程造价管理、项目后评价、政策咨询等。

②为银行贷款人提供服务

在贷款银行的委托下，全过程工程咨询单位对申请贷款的项目进行评估。同时，全过程工程咨询单位不能与项目的利益相关者存在任何商业利益和隶属关系，其需要对项目投资的效益和风险进行分析，提出独立的项目评估报告以作为银行贷款决策的参考。

③为国际组织投资人提供服务

作为本地咨询专家，全过程工程咨询单位或专业咨询工程师能够以下述形式参与项目的咨询服务，如受聘参与在华贷款及技术援助项目咨询服务、投标参与这些机构在其他国家或地区贷款及技术援助项目的咨询服务等。

④为企业及其他投资人提供服务

随着我国社会主义市场经济的发展和成熟，多元投资主体的投融资格局的形成，全过程工程咨询单位不仅需要按照工程项目程序提供常规的咨询服务，还需要对投资直接目的、投资时机、项目经济效益以及投资风险等信息进行重点关注。

（2）为承包人提供服务

承包人是指为工程项目承担土建与设备安装工程的施工单位以及提供材料、设备的厂商等。在进行承包商的选择时，投资人通常以采用招标（竞争性）的形式，以期在保证工程高质量的同时，尽可能降低工程造价。

在大中型项目中，全过程工程咨询单位与设备制造厂、施工单位等机构进行合作，共同参与工程投标，其作为投标者的分包商提供相关技术服务。若承包人以项目交钥匙的方式进行工程总承包，全过程工程咨询单位则需承担土建工程设计及安装工程设计、协助承包商完成成本估算及投标估价、辅助编制现场组织机构网络图、施工进度计划和设备安装计划、参与设备的检验与验收、参加整套系统调试及试生产等。全过程工程咨询单位以分包商身份承担工程项目咨询，直接服务对象是工程的承包商或总承包商，咨询合同只在咨询单位和承包商之间签订。

【综合案例：海文大桥全过程工程咨询服务】

1. 项目介绍

海南海文大桥（原名为"铺前跨海大桥"）是海口市演丰镇和文昌市铺前镇的连接桥梁，横跨铺前湾海域，使两地在当年琼北大地震震断地脉后时隔四个多世纪"再续前缘"。海南海文大桥总长度5.597km，其中跨海大桥长3.959km、桥头引线长1.638km，桥梁宽度32m，共分为主桥、跨断层引桥、文昌侧引桥和海口侧引桥4个区段。

海文大桥作为文昌木兰湾规划区与海口江东新区组团对接的关键节点工程，始于文昌滨海旅游公路，终于海口江东大道二期工程，是海南省迄今为止规模最大的独立跨海桥梁工程。

大桥桥址历史上曾发生过 7.5 级大地震，是潜在的震源区，因规划及地形条件限制桥址跨越铺前—清澜断裂带，该断裂带为全新世活动断层，探明其准确位置、产状及活动情况是我国桥梁建设中实属罕见的海域勘探，既有技术的实施难度极大。除了应对地震活动断层的复杂地质条件挑战，该桥梁还面临系列重大难题且无前例可循；桥址处于台风频发区域，超强台风"威马逊"和"海鸥"均经过桥位处，桥位设计基本风速 49.5m/s，为国内已建桥梁的最大风速；桥梁结构处于铺前湾强潮涌海域，潮差较大且海水腐蚀严重；海文大桥建设位于基础设施薄弱地区，周边道路配套环境和电力设施的缺乏也对大桥的建设造成一定制约。

面临如此复杂的建设条件，海文大桥项目实施了全过程工程咨询服务模式，在建设单位海南省交通运输厅（后变更为海南省交通工程建设局）的统筹领导下，由具备交通基础设施全产业链整合能力的 A 公司对工程项目进行全过程、全方位的项目管理。建设者们先后攻克了重腐蚀海域超大直径与多层主筋钢管复合桩基础施工技术、海洋环境大体积混凝土温控施工技术、空间复杂曲面索塔施工技术、强台风登陆区主桥大跨径钢箱梁双悬臂吊装施工技术、跨断裂带引桥大节段钢箱梁整跨吊装施工技术及强对流环境移动模架多跨现浇连续箱梁施工技术等一系列关键技术。

海文大桥全过程工程咨询服务模式的应用，使其工程建设目标全面高质量实现，取得了以下优异的实施效果：

（1）项目于 2015 年 10 月 10 日正式开工建设，概算批复工期 48 个月，计划于 2019 年 10 月 10 日建成通车，通过一系列有效措施以及各参建单位和参建人员的密切配合，实际于 2019 年 3 月 18 日完工通车，实际工期 41 个月，较原计划提前约 7 个月。

（2）项目概算批复总投资约 26.7 亿元。通过全过程工程咨询服务，实现了工程投资大幅降低。据工程结算办理过程预估，相比工程概算，节约投资额超过 1 亿元。

（3）海文大桥的各分部分项工程合格率 100%，整体质量控制成效显著，多次获得省部级奖项。

（4）面对高风险作业类型多，气象条件复杂等严峻挑战，项目实现了 1253 天生产安全零事故，连续两年荣获海南省平安工地示范单位，安全管控成绩突出。

（5）项目建设过程中克服众多技术难关。工程创优取得丰硕成果，实现了 7 项全国第一和 7 项海南省第一。

（6）项目建设过程中实施了有效的环境保护。海文大桥将全过程工程咨询模式运用到工程绿色环保管理工作中，在工程建设周期内大力推行标准化绿色环保措施，取得了良好的生态环保效果。

2. 全过程工程咨询服务的应用

1）海文大桥全过程工程咨询服务的主要工作内容

在海文大桥建设过程中，A 公司作为全过程工程咨询单位提供全过程工程咨询服务，服务涉及专业面较广，对团队及组织架构要求较高，服务范围包括项目策划、前期研究、工程设计、招标采购、工程施工和运营维护等阶段，服务内容包括可行性研究、初步设计和多项专项技术研究咨询工作等。

（1）项目前期决策阶段

工程决策阶段，A公司负责预可行性研究报告（代项目建议书）和可行性研究报告编制、协助评估和评审的工作。主要研究内容包括项目实施的发展意义研究，社会经济和交通运输调查，项目技术标准论证，复杂建设条件下的方案比选及确定，项目的投资估算及资金筹措，项目经济评价等。因工程可行性研究报告的评估、评审需要大量的技术支撑材料，A公司指挥部确定了全部技术支撑材料项目，并协助建设单位在工程可行性研究报告的评估、评审前，委托相关单位完成了全部技术支撑材料的编制及评审工作，并将相关结论纳入海文大桥的工程可行性研究报告中，为工程可行性研究报告的技术可行性提供依据。

（2）勘察设计阶段

项目勘察设计阶段，A公司负责协助建设单位进行初步设计的第三方评估、外业验收、图纸评审、概算审查等工作以及完成初步设计的报批工作。在施工图设计单位招标完成后，负责协助建设单位进行施工图设计及报批、工程详勘的管理及验收工作，为勘察设计质量和工作进度提供保障。其中，所涵盖的勘察设计咨询具体内容为桥位区测量、工程地质测绘、工程物探、工程地质钻探、准备和编制项目设计规定、总体设计、结构设计及分析、工程概算、设计文件的编制及审查。在充分考虑重大设计原则及方案、牵涉多家设计及研究单位相关事项的基础上，A公司通过组织召开专题设计协调会、评审会、讨论会，协助建设单位进行决策和协调。

（3）招标采购阶段

A公司在遵守国家及海南省的相关法律、法规、规章和规范性文件的前提下，根据项目的具体特点，协助建设单位采用公开招标的方式，以筛选出信誉良好、综合实力强大的专业单位参与工程建设，确保专业单位具备以下关键要素：丰富的同类型跨海大桥建设经验、完善的质量控制和管理体系，以及较强的履约能力。为了科学地进行海文大桥的招标工作，项目建设单位及全过程工程咨询单位在招标工作前对项目标段的划分进行了专门研究，制定海文大桥招标工作方案，上报招标方案以便建设单位审查批准，办理招标采购过程中所需的各项行政审批手续，组织起草和审核各项合同，参与合同谈判工作，协助建设单位与勘察设计、施工、监理、咨询服务等单位签订合同。

（4）施工阶段

项目施工阶段投资量大、周期长、参建单位多、协调关系复杂，是实现项目建设目标和参建各方利益的关键阶段。全过程工程咨询单位作为建设单位组织机构的延伸，其代表建设单位的管理范围涉及从施工前准备到正式开工建设直至全面完工期间所有的管理活动，尤其是对项目施工过程中的各施工工序的质量、安全、环保、进度、投资进行全方位监控。A公司在施工准备阶段建立项目管理指挥部并派遣项目管理人员、制定项目管理大纲和项目管理手册并上报建设单位审批、办理项目施工许可等有关手续。在工程正式开展建设的过程中，A公司主要负责以下施工咨询服务：

①统一管理工程进度、质量、安全、文明施工等事项，并收集、编制各项工程报表和管理工作报告，向建设单位及时报送。

②对各参建方的合同进行管理并监督其履约情况。

③负责工程建设期间的造价控制。根据相关规范和施工合同的要求，制定工程计量支付管理办法，明确各参建单位的工程计量支付工作内容、要求和程序等，及时进行合格工程的中间计量和支付及结算。

④工程设计变更须严格按照相关办法执行，变更资料应按规定及时报建设单位备案。

⑤负责办理工程保险，监督施工单位和工程相关单位办理有关保险。

⑥协助建设单位开展针对本项目的专题科学研究。

⑦协助建设单位开展征地拆迁、光缆搬迁等工作。

（5）竣工验收阶段

工程竣工验收是项目投入（试）运营的根本前提，通常被视作为对工程质量把关的最后一道"门槛"。A公司负责协助建设单位组织海文大桥工程中间验收、各单项工程的验收及项目交工结算、交工验收。若验收质量不合格，全过程工程咨询单位组织工程返工，避免建设单位承担相应修复费用。

A公司为管理竣工验收的档案资料，在海文大桥工程项目指挥部成立伊始就设置了档案室，配置专职档案人员1名，负责项目文件材料的收集、保管和提供利用工作，并通过"三纳人"和"四参加"的管理制度，即将档案工作纳入项目的整体规划、年度工作计划、领导议事日程和人员的岗位职责，并参加基本建设项目竣工验收，科研成果鉴定、购置的设备开箱验收和立品试制定型鉴定，以督促参与工程建设的设计、施工、监理等单位从档案的源头抓起，做好文件材料的日常形成和安全保管工作，做到工程完工时资料整理基本完成，为本项目顺利通过档案验收奠定基础。

海文大桥工程后期，A公司编制项目保修方案，建立保修制度，协助建设单位组织项目试运营及移交使用，并配合政府审计部门完成对项目的审计，及时办理项目财产权属登记并按照批准的财产价值向建设单位办理资产交付手续。

（6）运营维护阶段

海文大桥作为重大基础设施，提升其运营维护工作的质量十分关键。A公司在运营维护阶段先就运营维护工作作出策划，策划的工作重点在于编制工程用户手册，包含工程概况、工程运营主要设备布置、工程日常维护运营检查、工程定期运营维护检查、工程各部位养护要求、工程非永久构件更换施工要求、工程运营维护管理实施办法等内容。在策划的基础上委托方授权范围内开展工程设施的养护管理，对需要外包的工程运营维护服务内容，开展采购支持。

对于海文大桥跨断层引桥的结构安全而言，地震和断层活动是最严重的威胁。结合建设单位和运营维护单位的统筹领导，A公司致力于建立完善的运营维护阶段安全管理规章制度，并利用BIM技术构建桥梁运营维护及健康监测系统。通过整合设计施工阶段和运营维护阶段的BIM数据，以提升桥梁的养护效率和智能化水平。在运营维护过程中，A公司定期进行运营维护质量评估活动，为建设单位或项目法人单位提供评估报告和合理化建议。在服务期届满前，A公司对运营维护阶段的咨询工作进行总结，向建设单位或项目法人单位提交服务总结报告，并对《工程用户手册》提出合理化更新建议。

2）海文大桥全过程工程咨询服务模式的特色

海文大桥作为大型跨海桥梁工程，其建设条件复杂、技术难度高、工程投资大，项目复杂性高，需要具有较强复杂性驾驭能力和集成化项目管理能力的建设者和管理层。全过程工程咨询模式的成功实施，也为同类重大工程建设积累了宝贵的经验。此次工程咨询实现了真正的全过程咨询。A公司十年磨一剑的海文大桥全过程工程咨询之路从工程建设阶段向工程运营维护阶段延伸，使其在海文大桥的服务延伸为真正意义上覆盖项目全生命周期的"全过程工程咨询服务"。

海文大桥建设过程中的咨询工作的"全过程"体现在"时间早、阶段全、范围广"三个方面。首先是咨询工作实施的时间早。A公司早在2009年即向铺前跨海大桥提供全过程工程咨询服务，在时间上具有前瞻性，与2017年国家大力培育、发展全过程工程咨询接轨，对国内工程咨询领域具有行业引领性。其次是咨询服务阶段全。海文大桥全过程工程咨询服务的阶段全面涵盖工程生命周期的各阶段，是当前国内少数已经实施完成且真正实现"全过程服务"的成功案例之一。最后是咨询服务范围广。海文大桥项目建设过程中，A公司既提供了预可行性研究、可行性研究和初步设计及勘察等专项服务，从项目策划到施工建设的全过程全方位项目管理服务，还提供了运营维护阶段的运维咨询和养护管理服务。传统咨询项目中此三类服务往往由不同单位分别向建设单位提供，海文大桥的全过程工程咨询为进一步提升咨询企业服务的广度和深度提供了借鉴（刘闯等，2021）。

思考与讨论题

1. 简要概述全过程工程咨询起源、发展与变革。

2. 概述全过程工程咨询含义及特征。

3. 从业务和服务对象的角度概述全过程工程咨询服务范围。

2

全过程工程咨询理论基础

本章导读

全过程工程咨询依托于工程项目管理的理论，并在其基础上融入全过程工程咨询服务的特色。本章主要包含两方面内容：一是概述集成管理理论、项目治理理论、交易成本理论、价值链理论、利益相关者理论等基础理论，同时说明如何将其与全过程工程咨询项目服务相结合；二是为契合全过程工程咨询复杂化、协同化等行业发展趋势及工程可持续发展要求，从项目过程、项目管理、可持续发展视角出发，介绍系统工程理论、协同理论、可持续发展理论等相关理论在全过程工程咨询领域的应用现状。

学习目标：了解基础理论以及术语；理解相关理论的概述；熟悉各理论与全过程工程咨询服务结合的思路或方法。

重难点：集成管理理论的四个方面、全过程工程咨询项目治理模式、全过程工程咨询价值链模型、全过程工程咨询项目管理协同内涵。

2.1 全过程工程咨询的基础理论

1. 集成管理理论

1）集成管理理论概述

集成是一种影响组织结构的方法，提升系统整体协调效率的技术手段。集成管理强调的是各集成要素通过发挥其协同作用加强一体化产生的影响。集成管理是以项目整体利益最大化作为目标，在确保项目各项工作有机协调和配合的前提下所开展的综合性和全局性的项目管理工作和活动过程。集成管理包括目标集成、组织集成、过程集成和信息集成等四个方面（房勤英等，2022）。

目标集成。工程项目作为一个复杂的集合体，其运作过程中同时存在着质量、成本、进度等多个相互制约的目标。这些目标之间相互联系、相互制约，形成了对立统一的有机整体。例如，如果过于追求缩短工期，可能会导致质量下降、投资增加等问题，而任何一个目标的变化都会对其他目标产生较大的影响。在这种情况下，目标集成具有重要作用。目标集成通过构建目标集成管理模型，以平衡各目标之间的关系，从而更好地完成项目。

组织集成。在工程项目的实施过程中，为了实现项目目标并满足建设单位对一体化服务的需求，将前期投资决策、勘察设计、招标代理、监理、造价、项目管理等各参与方组织成一个联营体，并进行集成管理。

过程集成。将项目全过程看成一个整体，通过分析各阶段之间的联系与区别，运用集成的整合性，实现项目"决策—勘察设计—招标采购—施工—竣工与运营"的一体化管理，减少全过程资源浪费。

信息集成。信息管控是项目管理实现集成化的重要工具之一。咨询单位与各项目建设参与方基于信息管理平台收集、处理、储存自身业务信息，并运用该平台对信息进行传递、应用、反馈，完成设计与其他技术的协调、融合，以实现信息集成，进而达成项目集成化管理的目的。

2）集成管理理论与全过程工程咨询的结合

（1）全过程工程咨询目标集成

为实现全过程工程咨询项目的基本目标，首先，需从项目角度对建造成本进行控制；其次，从建设单位角度对工程造价进行管理；最后，从施工承包商角度对施工成本、质量、进度以及合同、信息等进行管理。管理目标之间的关系较为复杂，既相互联系又相互制约，目标的集成关系如图2-1所示。咨询方项目经理部作为全局管控的协调中心，在制定咨询目标的过程中需确保项目各个目标要素间以及各个专业目标间关系的均衡性和合理性，而非仅关注某一专业目标的最优，同时咨询方项目经理部也应考虑各阶段目标的优先性。

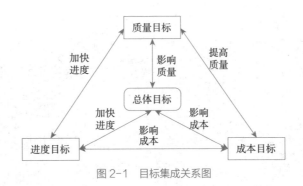

图 2-1　目标集成关系图

①全过程工程咨询成本目标

成本目标是在建设项目实施前期，根据项目的性质、特点和要求对项目投资费用以及用途进行计划和安排。从项目的投资、实施到运营的全过程中，以策划的计划投资为目标，通过采取动态管控措施，将实际发生的投资额控制在预先计划的范围内，通常将全生命周期成本目标设定为建设项目系统内的全生命周期费用最小化或收益最大化。

②全过程工程咨询进度目标

进度目标是建设单位在项目建设实施过程中对项目全生命周期进度和时间的安排，是项目实施策划中的一项十分重要的内容。在满足工程建设要求和目标的前提下，通过计划、组织、控制和协调等手段，实现预期的项目进度目标，并尽可能缩短工期。

③全过程工程咨询质量目标

质量目标是指项目参与方为了满足委托方的要求并持续改进质量管理体系的有效性而作出的承诺或制定的目标。质量目标贯穿于工程项目的全生命周期，明确工程项目在质量方面的目标和要求，是确保质量控制的基础，同时也是判断一个项目是否成功的重要依据。

（2）全过程工程咨询组织集成

组织集成是一种新的组织模式，它是在动态联盟、虚拟组织等组成集成理念指导下，将项目各参与方联合起来形成的管理组织。在项目建设的各个阶段，不同的参与方都会涉及其中，因此项目管理的形式也多种多样。然而，各参与方有不同的目标与利益，导致业务上的分割严重，缺乏整体性和规范性。我国相关政策鼓励各咨询单位采取联合经营和并购重组的方式，以客户需求为导向，联合建设项目的各参与方，形成完整的涵盖全生命周期的咨询服务体系，从而提供一种综合性的多元化服务。

组织集成的目的是形成一个咨询联合体，以满足业主目标需求，并对项目的重难点进行识别和分析。在组织集成中，全过程工程咨询单位扮演着主体角色，其责任是制定组织集成的运行制度和规则，同时协调各参与企业之间的关系。在全过程工程咨询单位的领导与协调下，促使全过程工程咨询组织集成成员企业形成一个以项目为中心的整体，保证全过程工程咨询单位对外的一致性和连续性。全过程工程咨询单位多专业组织集成模式如图 2-2 所示。

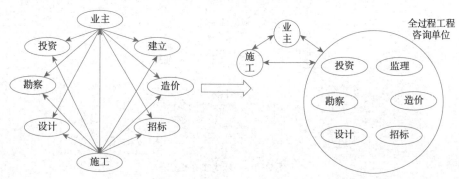

图 2-2　全过程工程咨询模式中的多专业组织集成模型

（3）全过程工程咨询过程集成

相比于其他行业，建筑业的建设过程具有较强的分割性，往往涉及不同的参与方和子过程。因此，在传统工程咨询模式中，不同阶段的咨询任务通常由不同专业的咨询方负责。然而这就与项目法人全生命周期负责制形成了一个"基本矛盾"。过程集成是将项目所有阶段整合为单一阶段，将不同专业团队整合为单一团队，由该团队负责对项目全生命周期内的相关信息进行系统性整合，其核心思想源于并行工程。全过程工程咨询过程集成是指以一定的方式对工程项目决策、规划设计、实施、运维等全生命周期内的活动进行组织和整合，并且对各流程间的逻辑关系进行组织和构建。

全过程工程咨询的过程集成主要表现为工程咨询的各个阶段紧密搭接、专业和阶段内任务有效协同，同时各阶段间逻辑清晰，交付流程流畅。咨询方不是站在工程某个阶段和某个主体或职能岗位的位置上思考问题，而是将建设项目的前期策划、勘察设计、招标采购、施工、竣工运营各个阶段作为一个整体，因此在阶段过渡以及专业配合时，更能从全局视角出发进行判断，尽可能防止出现因分割而产生的诸多问题，对各阶段内部的任务以及各阶段之间的专业进行科学协同，促使形成连续且系统的集成管理系统。

（4）全过程工程咨询信息集成

在项目全生命周期中不可避免地会产生大量信息，然而项目各阶段及各个参与方间极易出现信息割裂，导致信息不对称。为了改善现阶段工程咨询项目的信息管理现状，可将 BIM 技术与集成管理理论相结合，构建可实现各参与方集成管理的虚拟环境，对各参与方在各阶段产生的信息进行集成。同时，可在 BIM 信息集成管理平台上应用用户权限控制技术，实现信息共享和协同工作，将传统式的信息流结构转变为 BIM 集成化的信息流结构，以便于项目各参与方对各自信息进行灵活处理，工程项目信息传递方式的转变如图 2-3 所示。

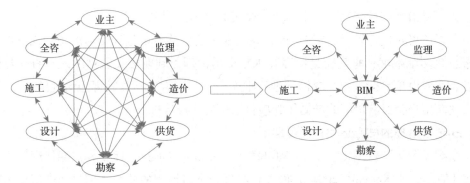

图 2-3　工程项目信息传递方式的转变

2. 项目治理理论

1）项目治理的定义

随着相关研究的不断推进，项目治理逐渐在项目和企业两个层面得到应用。项目层面，项目治理更加关注项目参与方之间的交易关系，通过治理结构与治理机制的有效匹配实现项目成功（严玲等，2012）。企业层面，项目治理是将项目组合与企业目标进行适配，被视为企业治理的一部分，其目的在于通过项目的成功确保企业成功（Roger，2005）。学者们对项目治理的理解如下：

①项目治理是一种组织制度框架

英国学者特纳（Turner）最早提出项目治理的概念，其作为一种组织制度框架能够帮助项目利益相关者确定共同利益并获得良好秩序。项目治理对项目利益相关者间复杂的权、责、利关系进行了科学地规定（严玲等，2004），在制度层治理框架下，妥善解决利益相关者间的冲突，以实现项目目标和项目增值的利益协调。

②项目治理是一种企业管理的形式

英国项目管理协会将项目治理定义为：公司治理中专门针对项目活动领域所进行的治理工作（Tony，2005）。其定义与企业的项目管理相似。一些学者认为，项目治理对于项目实现组织目标至关重要，包括促使项目朝着实现内外部利益相关方及公司自身利益的方向前进的价值体系、职责、程序和政策（Muller，2009）。此类观点将项目治理视为企业管理的形式之一，未对项目治理与企业管理的区别进行明确界定。

③项目治理是一种活动和过程

项目治理是一套结构、系统和过程，其目的是确保项目能够有效交付使用，充分发挥作用，并实现预期的利益（Keith，2003）。项目管理的定义与其相似，但略有不同，项目管理是一种流程，其目的是建立和维护项目利益相关方之间规制关系（丁荣贵等，2013）。

④项目治理的最终目标在于向用户交付有价值的产品

温奇（Winch）基于交易费用理论，构建了建设项目全过程交易治理理论框架。该框架包含两个维度：垂直交易治理和水平交易治理，利益相关者被纳入垂直交易治理维度。在建设项目全过程交易治理理论框架中，第三方的参与被视为治理的有效手段，以实现向用户交付有价值的产品作为项目治理的终极目标。

⑤项目治理的核心是项目经理层

组织视角下，特纳（Turner）和基冈（Keegan）将项目经理和客户端代理视为治理主体（Turner & Keegan，2001），而项目经理为项目治理的核心。项目经理层作为项目治理的关键，其面向的是较刚性的内部组织结构、较柔性的合同共同体以及更松散的外部利益相关方，（杨飞雪等，2004）。然而，影响项目成败的因素复杂多样，并非全部问题均源于项目经理层。虽然学者们对项目治理内涵的理解有所不同，但普遍认为项目治理是以项目为中心，围绕项目所展开。

2）项目治理与项目管理的辨析

在项目中，不同的主体之间（例如业主与项目团队、承包企业与项目团队）应采用不同的治理方式。基于这一观点，项目的基本治理可以分为交易治理和公司治理两个维度。本书将围绕这两个维度对项目治理和项目管理的目标、对象以及方法进行辨析（王卓甫等，2014）。

（1）目标。项目管理和项目治理的最终目标是相同的，都是为了实现项目的成功完成。然而，它们的管理期望有所不同。在工程承包方的项目管理中，期望是通过合理高效地运用知识、技能、工具和技术，降低工程的建造成本，从而实现企业的利润最大化。而在工程项目治理中，业主方的治理期望是在满足既定的工程功能、质量标准和建设工期的前提下，获得造价最低的交易客体（即工程项目本身）。同时，公司管理层的治理目标是在完成交易合同任务的同时，获得更高的企业利润。

（2）对象。根据项目管理的定义以及将项目管理概念引入我国的初始目的，可以看出项目管理的对象是资源。项目治理是为了实现业主方与项目代理方之间权、责、利关系的合理调节，因此，治理的对象是组织和人，是通过组织和制度的安排来实现的。

（3）方法。项目管理理论基础是系统工程的思想和方法。交易治理的方法就是交易合同的签订以及合同履行过程中合同双方为了更好地实现自身的目标需要采取的方法。项目治理中的公司治理方法可以应用一般企业的治理方法。

3）全过程工程咨询项目治理

目前关于全过程工程咨询项目治理的研究不多，且其重点主要侧重于理论方面。在现有研究成果的指导下，将立项、建设、运维三个阶段的工程咨询整合在一起，就构成了全过程工程咨询项目的治理结构，如图2-4所示（胡章喜，2020）。

（1）立项阶段

立项阶段的投资决策综合咨询，指的是此阶段所涉及的除评估咨询以外的其他工

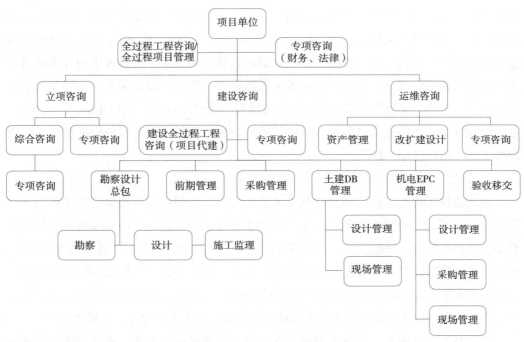

图 2-4　全过程工程咨询项目治理结构

程咨询服务，由一家咨询单位总承包或牵头，对立项阶段的工程咨询进行统筹。

（2）建设阶段

在建设阶段，全过程工程咨询可能会采用两种不同的模式或业务组合。第一类是建设全过程工程咨询或委托建设管理，包括建设项目管理和勘察设计等专业技术与专项工作。第二类是勘察设计总承包，即把建设项目的勘察设计全部委托给一家工程咨询单位或由多家工程咨询单位组成的联合体，根据国际经验，也可以纳入施工监理业务，从而形成勘察设计和施工监理的业务组合。例如，一条铁路或公路等大型项目通常会被分成多个标段，每个标段对应不同的区域或工程部分。一家工程咨询单位作为总承包方，负责勘察设计和施工监理的总体技术统筹和管理，而各标段的具体勘察设计和施工监理可以由总承包单位自行承担或分包给多家勘察单位和监理单位。

（3）运维阶段

在运维阶段，工程咨询目前需要扩大业务覆盖面，包括设施设备监护、环境监测、安全评价、产品与服务评价、大修、改扩建设计等，国际上也有工程咨询单位从事资产管理等运维业务的案例。

3. 交易成本理论

1）交易成本理论概述

1937 年经济学家科斯（Coase）在《论企业的性质》中提出交易成本理论。它的基本思路是：围绕交易费用节约理念，将交易作为分析单位，找出区分不同交易的特征因素，然后分析每种交易所适用的体制组织（Coase，1993）。Coase 认为，交易成本由信息搜寻成本、谈判成本、缔约成本、监督履约情况的成本、可能发生的处理违约行为的成本所构成。交易成本的存在来源于人的两大天性：一是有限理性，即受人的见识、预见、技能、经验等所限，个体完全理性行为受到限制；二是存在机会主义倾向，包括合同欺骗、反悔或者其他存在欺诈性质的行为，使得主体对可能的机会主义行为保持警惕（温晓俊等，2007）。

　　2）交易成本理论在全过程工程咨询中的体现

　　随着建设工程项目施工和管理技术的不断提高，在保证实现质量、进度和安全等目标的前提下，工程项目实体成本（主要为建筑安装工程费用）的可降低空间将日益有限。这情况使得工程项目材料交易成本的控制和管理成为工程成本管理的重中之重。因此，准确地辨识工程交易成本，建立合理的工程交易制度，构建稳定的供应链体系，有助于最大限度地减小工程交易过程中信息不确定性和机会主义倾向，降低交易成本。全过程工程咨询模式充分体现了制度经济学中交易成本理论的思想，主要体现在：

　　（1）节约交易成本。传统工程项目各阶段采取单独管理模式，而其管理结果又相互联系，因此单个阶段管理为获得其他阶段的信息需付出较高的信息费用。工程项目采取全过程咨询模式，则可大大降低谈判费用、合同签订费用、监督执行的成本等。

　　（2）提高生产效率。建设工程项目各阶段以及咨询服务内容间具有较强的关联，传统的分阶段式工程咨询容易导致不同咨询单位在交接过程中产生时间损耗、信息遗漏等问题，进而使工程项目部分阶段的生产效率下降。全过程工程咨询模式采用单个咨询单位或者多家咨询单位联合组成的联合体，可保持项目各阶段管理的连续性，提高了生产效率，实现投入节约和进度保证。

　　（3）控制能力加强。在全过程工程咨询模式中，由一家机构对项目各个阶段实施统一规划管理，易实现对阶段性成果的监督、检查和相互协调，同时可以加强对项目的控制能力，更有利于达成发包方的目标要求。

4. 价值链理论

　　1）价值链理论概述

　　波特（Porter）认为价值链是面向客户的价值创造活动过程和参与主体所构成的链条，并依据此提出了价值链模式，如图 2-5 所示（Porter，2001）。

　　价值链的核心思想是从"链"的视角出发，对企业中所有现有以及潜在的价值增值活动进行精准有效的识别，建立一个自上而下、由内到外的完整的价值链系统。价值链通常由两部分构成，分别是企业内部价值链和外部价值链。

　　（1）企业内部价值链：指由企业内部的各个职能部门、各个作业环节所组成的价值链，其主要包括企业的各项基本活动以及辅助活动。基本活动包括进料后勤、生产、

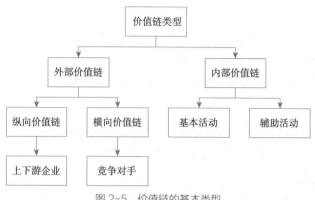

图 2-5　价值链的基本类型

销售、售后服务；辅助活动包括采购、企业基础设施、研究与开发、人力资源管理等。

（2）企业外部价值链：指构成本企业与其他相关企业外部价值网的有序价值活动，主要包括上游供应商价值链、竞争对手价值链以及下游顾客价值链，其核心为创造顾客价值，其根本目标为有效实现价值增值，其主要表现形式为战略合作。

2）全过程工程咨询价值链模型

全过程工程咨询对传统咨询模式中割裂的服务内容进行统筹、整合，从而形成了系统的全过程工程咨询服务体系。进一步地，通过对全过程工程咨询的基本价值活动和辅助价值活动进行识别和整合，并分析价值的类型，就形成了全过程工程咨询价值链模型，具体如图 2-6 所示（张蓉等，2021）。

（1）基本价值活动

全过程工程咨询可划分为五个阶段，即：前期阶段、勘察设计阶段、招标采购阶段、施工阶段和竣工与运营阶段。根据全过程工程咨询服务阶段划分及业务模式，其基本价值活动具体描述如下：

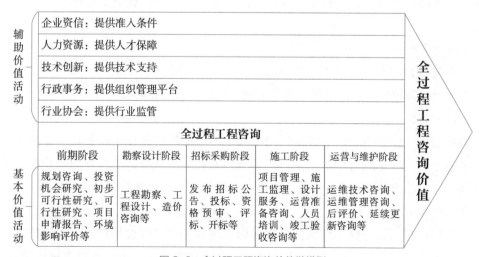

图 2-6　全过程工程咨询价值链模型

①前期阶段

前期阶段又称为投资决策阶段，即从项目策划至确定项目立项的阶段。该阶段的基本价值活动主要包括：规划咨询、投资机会研究、初步可行性研究、可行性研究、环境影响评价、社会稳定风险评估等专项技术评价。

②勘察设计阶段

勘察设计阶段是指投资决策后，从完成项目立项至开工建设的阶段。该阶段的基本价值活动主要包括：工程勘察、工程设计、造价咨询等。

③招标采购阶段

招标采购阶段发生于勘察设计之后，直至项目正式开工建设。该阶段的基本价值活动主要包括：发布招标公告、投标、资格预审、评标、开标等。

④施工阶段

实施阶段是指工程项目从开工建设至竣工验收的阶段。该阶段的基本价值活动主要包括：项目管理、工程监理、设计服务、人员培训、竣工验收咨询等。

⑤竣工与运营阶段

竣工与运营阶段指工程项目建成后投入正常生产运营的阶段。该阶段的基本价值活动主要包括：运维技术咨询、运维管理咨询、绩效评价、项目后评价、更新改造咨询等。

（2）辅助价值活动

根据全过程工程咨询服务的运营管理模式，其辅助价值活动可分为五类：

①企业资信

工程咨询行业是一个智力型服务行业，选择专业化、高水平的全过程工程咨询机构，能够提高合同履约质量，降低业务管理成本，提高工程效率和效益。因此，咨询企业应重点关注咨询机构的资质、声誉、同类工程业绩、团队相关工程经验及其诚信状况等，咨询机构应依据国家发改委制定的《工程咨询单位资信评价标准》增强企业资信。

②人力资源

人力资源是实现价值链的有效保障，主要指项目团队的组建与管理，包括任务分解、岗位责任和权限、人员配置、业务培训、绩效考核、薪酬安排等。

③技术创新

咨询理论、技术与方法的开发活动指的是价值链形成过程中的各种创造和改良活动，其他是全过程工程咨询价值增值的关键因素和技术支撑。工程咨询企业应以工程为载体，以人员为对象，进行资源、组织、运行机制、环境和外部的协同创新。

④行政事务

行政管理活动贯穿整个价值链，信息化手段有助于实现数据资源的快捷传递、高度共享，促使行政管理向无纸化、标准化、透明化方向发展，降低项目管理中的耗费，提高管理效率。

⑤行业协会

行业协会的工作主要包括制定行业规范、业务标准，开展业务培训和职业道德教育，以及建立健全对咨询机构及从业人员的诚信考评、约束、处罚和激励机制，加强对行业的检查与管理。

（3）全过程工程咨询的价值分析

建设工程是人类生产实践中的重要组成部分，涵盖了科学、政治、技术、财务、经济、环境、社会和文化等多个方面的要素，构成了一个综合性的整体。因此，对建设工程进行全方位科学管理的全过程工程咨询也具备多元的价值。全过程工程咨询的价值在于协调统一和增值保值工程技术、财务、经济、环境和社会等多个价值层面，以下为各类价值的具体内涵。

技术价值：在工程项目中，技术价值是其基础价值，具体体现在以更低的全生命周期成本实现项目既定功能。它涵盖了技术先进性、规模适宜性、功能科学性、经济合理性、使用可靠性等方面，直接影响着工程项目的使用价值和经济效益。

财务价值：财务价值指的是投资项目的盈利能力、偿债能力和财务生存能力。它是从项目角度考察财务可行性的信息支持，也是减少和规避投资风险、发挥投资效益的关键依据。

经济价值：经济价值是指投资项目在宏观经济方面的合理性。主要包括项目的经济效益和效果，引导和促进社会资源优化配置，实现企业利益、地区利益与全社会利益的有机结合与平衡。

环境价值：环境价值关注项目实施后可能产生的环境影响，通过系统识别、预测和评估，提出科学合理的环境保护措施，最小化环境生态破坏，以实现绿色建设和可持续发展的目标。

社会价值：社会价值是指工程项目在国家、地方、社区三个层面对社会发展和目标人群作出的贡献，主要包括提升人民教育水平和知识技能，提高人民健康水平，促进社会公共福祉增长以及公平分配等方面。

5. 利益相关者理论

1）利益相关者理论概述

20世纪中期，利益相关者理论率先在欧美等资本国家掀起思想浪潮，该理论不再将企业视为以股东利益至上为核心驱动价值的独立个体，而是将企业看做与各利益相关方共同打造的一个价值生态系统。在这个价值生态系统中，各项价值交互活动都涉及利益相关者的参与。企业的价值创造、价值实现和价值提升都离不开这些利益相关者的合作和共同努力。

虽然很多学者都对利益相关者进行了研究，但至今还没有形成对其统一的界定。

国际上关于利益相关者的界定主要有两大流派：一种是以弗里曼（Freeman）为首的广义流派，该流派认为影响企业目标实现和受企业目标影响的主体均是企业利益相关者；而以克拉克森（Clarkson）为首的狭义利益相关者流派则认为只有主动承担经营过程中的风险，同时将自身特有的专用性资产投入到企业价值创造过程中，并对企业有利益要求或需求的主体才是企业的利益相关者（Freeman，1983；Clarkson，1995；蔡若诗，2021；王怡，2022）。西方学者中，Freeman 对利益相关者的表述较有代表性，在他的著作《战略管理：利益相关者分析里》中将利益相关者定义为"能够影响组织目标的实现，或受到组织实现其目标过程影响的所有个体与群体"。利益相关者间为非均质，不同的利益相关者在项目中的地位及对项目的作用也有所差别。

在本书中，建筑工程项目的利益相关者被定义为在项目的全生命周期中能够影响项目实现或受项目影响的团体或个人。根据利益相关者对项目的影响程度，本书将建筑工程项目的利益相关者分为两类："主要利益相关者"和"次要利益相关者"。主要利益相关者指的是与项目有合法契约合同关系的团体或个人，直接参与项目的交易和合作，包括业主方、承包方、设计方、供货方、监理方以及为项目提供融资的金融机构等。次要利益相关者是指与项目有隐性契约，虽未正式参与到项目的交易中，但仍受项目影响或能够影响项目的团体或个人，例如政府部门、环保部门以及社会公众等。

此外，学者丁荣贵提出了从三个维度识别建设工程的主要利益相关者的模型。第一维度为过程维，是指项目建设全生命周期内所处的阶段，可将建设期整体划分为项目决策阶段、勘察设计阶段、招标采购阶段、施工阶段、竣工与运营阶段。第二维度为任务维，是指为实现所处建设阶段的目标而完成的一系列工作任务，不同的建设阶段的任务不同，可根据该阶段任务的时间前后顺序进行列举，也可以依据平行关系列举。第三维度为角色维，是指完成某一阶段的某项工作任务的单位或部门，包括任务发起者、任务管理者、任务实施者三部分如图 2-7 所示。

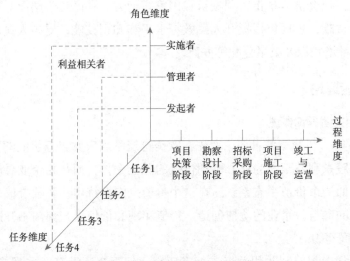

图 2-7　项目利益相关者识别三维模型

2）利益相关者理论与全过程工程咨询的结合

近年来，部分学者提倡从动态发展的视角出发，对项目成功进行更加全面、系统地衡量。在保证项目造价、进度和质量以及项目给投资人和承包商带来的利益的前提下，应充分关注项目决策、勘察设计、施工和运营阶段等项目的全过程、全生命周期所涉及的不同利益群体及其相关职责。表 2-1 展示了建筑工程项目全过程工程咨询主要利益相关者的职责。

人们对项目成功的理解从起初相对单一的"三角（开发商——设计方——承包商）"标准逐渐向系统化、全过程方向发展，项目成功不仅仅是指项目实施阶段的成功，而应是全过程、全生命周期的成功。

全过程工程咨询主要利益相关者职责 表 2-1

参与方	责任	利益及现状
政府部门	作为监管方，负责制定标准、规范、政策，对整个建筑行业进行管理	负责审批工作，确保工程质量，保障客户合法利益
建设单位	作为工程项目发起人、组织者、受益者，承担发包、招标、实行监理、竣工验收等工作	在实际工程中，为实现自身利益最大化，时常会出现压低造价、压缩工期等现象
咨询单位	提供包含规划、决策以及设计在内的涉及组织、管理、经济和技术等方面的咨询服务	明确全过程工程咨询的工作流程以及工程咨询方内部、工程咨询方与委托方、其他利益相关方之间的管理接口关系
设计单位	在工程中具有龙头作用，勘察设计文件须符合强制性标准，设计质量对于工程质量具有决定性作用	充分组织人力、物力，设计出契合时代、满足开发要求且迎合市场的优质作品
施工单位	在工程中居于主体地位，对施工质量、进度、成本负责，按照工程设计要求、施工技术标准和合同约定，对建筑材料、构配件、设备和商品进行施工	提高工程质量、降低工程成本，提升管理效率和科学化水平以争取最大利益

3）全过程工程咨询利益相关者协作机制

（1）建造成本导向下全过程工程咨询利益相关者协作机制的形成条件

为实现范围经济，利益相关者选择建立协作机制，利益相关者建立协作机制的必要前提是降低建造成本。首先，建设项目的利益相关者应密切合作，基于综合集成管理需求和建设成本的范围经济诉求，达成有效的协作机制共识。其次，全过程工程咨询单位需要依托资源整合平台，建立高效的协作机制，为企业实现统一标准化提供接口。最后，全过程工程咨询利益相关者协作机制运行中，需要设计关系治理机制针对全过程工程咨询利益相关者进行管理，避免因建造成本绩效的不确定性和时效性而引发参与主体间的冲突和矛盾，从而保障协作机制有效运行。

（2）建造成本导向下全过程工程咨询利益相关者协作机制的实现路径

全过程工程咨询利益相关者协作机制的实现路径以建造成本目标为导向，探索标准化和经济化的路径。构建全过程工程咨询协作机制涉及四个步骤：首先，根据建筑项目的建造任务和建造成本，识别基于全过程工程咨询的利益相关者，选择对建设项目建造成本影响较大的利益相关者作为重点研究对象。其次，根据综合集成管理理念和范围经济诉求，建立全过程工程咨询利益相关者的协作机制和统一标准化的平台型组织结构，以实现资源整合和范围经济，从而降低建造成本。通过这样的措施，可以提高项目的效率和质量。再次，建立协作机制后，全过程工程咨询利益相关者应根据建设项目的综合集成管理特点和建造成本绩效，对参与主体进行治理，确保协作机制的有效运行，进而降低建造成本。通过有效的治理，可优化资源分配和协调工作，提高项目的效率和降低成本。最后，需要对全过程工程咨询利益相关者协作机制对建造成本的影响进行评估，并对协作机制的绩效进行反馈。该反馈机制有助于不断优化和改进协作机制，确保其持续发挥降低成本的作用，进而提升整体项目绩效。

2.2 全过程工程咨询的相关理论

1. 系统工程理论

1）系统工程理论概述

系统是由具有特定功能的且相关联的多个要素所构成的一个整体。系统工程应用定量分析和定性分析相结合的方法，通过计算机技术，对系统的构成要素、组成结构、信息交换和反馈控制等进行分析、设计、制造和服务，实现最优设计、最优控制和最优管理的目的，充分挖潜和发挥人力、物力资源，并借助各种组织管理技术，协调局部和整体之间的关系，以实现系统综合最优化。

2）全过程工程咨询与系统理念的结合

（1）规划全过程工程咨询服务体系

面对工程咨询服务类型所呈现的多元化趋势，鉴于设计环节在全过程工程咨询中的主导作用，全过程工程咨询服务应发挥规划—设计板块的引领作用，加强前期项目策划、综合规划和投资决策的有效衔接，制定策划先行、投融资为导向的综合规划实施方案和解决路径。

全过程工程咨询服务工作可以形成前瞻性与落地性高度融合的"策划＋规划＋设计"系统规划咨询服务体系。该服务体系以"策划＋规划＋X专项领域"为产品构建模式，从而提升"策划＋规划＋设计"所引领的智库核心竞争力，打造具有咨询平台竞争优势的"3+2"系统规划咨询解决方案，其中，"3"指的是策划、规划、设计，而"2"则是投资解决方案和产业解决方案。系统地解决方案并从技术方案、实施路径、成本测算等方面实施统筹，重点打造面向规划综合实施方案的咨询体系。

（2）建立全过程工程咨询融合创新发展模式

全过程工程咨询服务工作可以建立"策划＋规划＋设计"所引领的融合创新发展模式，打开作业边界，调配工作路径，实施高效管理。全过程工程咨询单位从项目策划和规划设计着手，组织各专业模块进行融合创新，从投资决策、工程建设、运营管理等项目全生命周期角度，打通跨阶段咨询服务，形成不同类型咨询服务组合模式。例如，在项目决策和建设实施两个阶段，重点探索投资决策综合性咨询和工程建设全过程咨询服务模式。

①投资决策综合性咨询阶段：策划＋规划＋设计＋可行性研究专项服务。投资决策综合咨询要结合策划及规划设计方案，充分论证建设内容、建设规模，并按照相关法律法规、技术标准要求，深入分析影响投资决策的各项因素。

②工程建设全过程咨询阶段：策划＋规划＋设计＋建设管理咨询服务。咨询单位应提供包括招标代理、勘察、设计、监理、造价、项目管理等全过程咨询服务，满足建设单位一体化服务需求，增强工程建设过程的协同性。

（3）提升"策划＋规划＋设计"系统规划的全过程工程咨询能力

通过"策划＋规划＋设计"系统规划咨询服务体系，针对工程建设项目全生命周期成本效益开展实操的项目实践，全过程工程咨询服务单位从城市开发运营角度，统筹推进规划、建设、运营于一体的全过程一站式系统服务，为项目落地提供有效的解决方案。此外，针对重大城市建设工程项目，策划、规划和设计是城市建设重大项目实施全过程咨询的前端基础，更须以策划先行、规划设计方案为主导充分表述业主投资意图，充分发挥城市规划师和建筑师的主导作用。为此全过程工程咨询专业团队需高度协同、融合创新，并持续提升三方面能力：项目市场策划能力、项目专项服务能力和项目伴随服务能力。

2. 协同理论

1）协同理论概述

（1）协同理论内涵

协同思想最早由学者安索夫（Ansoff）提出，他于20世纪60年代将协同引入企业管理。Ansoff认为当遇到潜在的机会时，企业需要熟知自身的资源和能力范围，并将其与潜在机会作对比，判断自己能否通过本次机会来开展新业务，这一过程便是协同。哈肯（Haken）教授是最早研究协同理论的学者之一，1969年他从系统论的角度出发，指出在任何系统中，若各子系统之间能够彼此密切沟通交流、协调、共同协作并形成有效的集体效应，它们之间就能产生1+1>2的整体协同效应，各系统的作用也能得到最大强度的发挥。在此背景下，组织系统集成被定义为系统各个要素、各个子系统之间能够彼此配合，实现协同要素的耦合，最终获得跨越式的整体放大效应的过程（Ansoff，1957；Haken，1980；毕建新等，2013）。

（2）协同理论的关键概念

①协同效应

协同效应是指在一个复杂而开放的系统中，各个子系统之间相互作用而产生的整体或集体效应，是一种经由协同作用而产生的结果。

②序参量

序参量是来源于系统内部的、为描述系统整体行为并标志系统发生相变而引入的宏观状态参量。

通过协同理论的相关概念，协同系统的演变过程可总结为：在系统所处环境发生改变的背景下，系统原有运行模式也随之变化并逐渐趋向于变革临界值；此时，由系统中的要素以及子系统随机组成的系统运行模式正趋于多元化；不同运行模式间相互竞争，最后得到优胜模式，即序参量。序参量对系统内要素和子系统的运行具有重要影响，促使产生新的系统架构，获得协同效应。

2）全过程工程咨询与协同理论结合

（1）基于政企协同的全过程工程咨询服务发展模式及作用分析

①基于政企协同的全过程工程咨询服务发展模式

全过程工程咨询模式在我国仍处于探索阶段，尚未形成大量的成功案例和完善的行业管理标准，全过程工程咨询涉及多方相关企业，包括政府、投资主体、建设单位及咨询监理、勘察设计、运营管理、工程管理等政府方面缺乏监管和规制的经验，咨询业缺乏进一步发展的经验，单单依靠政府部门或咨询企业难以实现全过程工程咨询的快速健康发展，因此政企协同才是破除全过程工程咨询现有发展阻碍的正确选择。

②基于政企协同的全过程工程咨询服务发展模式的意义

政企协同是刺激全过程工程咨询发展的基础条件，属于一种创新型举措。政企将自身的优势充分有效地利用起来，达到优势互补的效果，刺激全过程工程咨询的持续发展。对于工程咨询企业来说，其拥有充足的且具有丰富专业服务技术经验的工作人员，能够保证全过程工程咨询工作整体效率的提升。与政府部门相比，工程咨询企业在行业信息与行业沟通方面存在巨大的优势，因此可以在政府制定全过程工程咨询的相关政策的过程中给予相应的建议，解决政府部门专业性欠缺的问题。

从咨询企业外部的角度来看，政府为其创造和谐的市场环境，为集成化增值服务创造良好的前提条件。咨询企业获得政府部门的强有力支持，能够不断增强全过程工程咨询服务的质量与水平。政企协同的方式能够促进全过程工程咨询服务市场向着规范化方向发展，如图2-8所示。

（2）全过程工程咨询项目管理协同内涵和发展

①传统的工程咨询服务具有较强的专业化分工以及明确的阶段性过程，因此其忽视对整体工程建设的协作管理，反而过分强调咨询服务单位自身各阶段的工作。而全过程工程咨询服务与协同理论的有效结合，充分弥补了传统咨询在对工程整体把握上的不足。这一结合突出强调项目中各利益相关者及要素之间的协同配合，从而实现更好的项目整体管理和执行（Li，2018）。

②传统的工程管理模式注重由业主进行统一管理和采购，委托其他单位负责设计、施工和单阶段咨询服务，同时对项目各利益相关者进行内部管理，以实现"1+1+1=3"

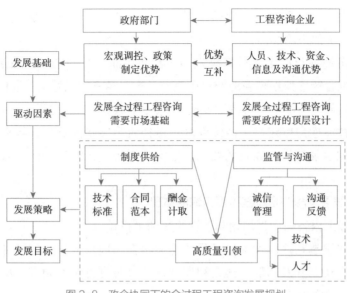

图 2-8 政企协同下的全过程工程咨询发展规划

的管理效果。然而，这种传统模式忽视了工程项目管理中可能出现的"断层"问题，导致项目各阶段间的边界明显，缺乏有效的协同。为优化工程项目管理模式，全过程工程咨询协同管理强调基于系统协同思想对工程项目系统进行连续性管理。在确保工程项目各阶段顺利实施的基础上，将工程各阶段整合为工程"过程链"，并对其进行统一管理。

③过去采用单阶段工程咨询服务的项目管理是根据人为计划所进行的行为，其缺乏"自组织"且项目实施过程中组织结构较为僵硬。而全过程工程咨询单位为加强各阶段的知识共建共享、提高管理效率，须自组织地在管理中建立环境适应能力较强的组织能力。

全过程工程咨询服务要求工程项目各子系统内部及其之间相互协调，共同协力运作，以实现工程目标。通过将协同理论、全过程工程咨询和工程项目管理三者结合，可以克服传统工程咨询单位的单向性沟通协作问题，加强管理的信息化水平，提高工程项目实施的可靠性，优化资源配置，同时还能够实现提升工程质量、加快工程作业进程以及提高管理效率等多重协同效果。因此，利用协同思想来解决全过程工程咨询和工程管理的问题，成为工程项目管理发展的必然要求。

3. 可持续发展理论

1）可持续发展理论概述

"可持续发展"这一概念在 1980 年联合国大会上首次使用。社会学家、经济学家和自然科学家分别从各自的学科领域出发对可持续发展的含义进行了阐述。20 世纪 90 年代，学术界对于可持续发展的认知基本达成共识，主要有四种代表性定义：

（1）从社会属性角度定义可持续发展：在不超过生态系统承载能力的前提下，最大程度地提高人类的生活品质。

（2）从经济属性角度定义可持续发展：注重生态、社会与经济发展的协调统一，将经济增长的重心转移到提高经济增长质量上，实现经济"又好又快"的增长。

（3）从自然属性角度定义可持续发展：关注与资源的永续利用，核心是环境保护。

（4）从科技属性角度定义可持续发展：重视科学技术的进步，认为可持续发展归根到底是要转向更加清洁、高效的技术，以实现零排放、循环经济，以降低能源消耗和污染排放。

2）可持续发展理念在全过程工程咨询的体现

（1）全过程工程咨询项目规划与设计阶段的可持续

建筑项目的挑选直接影响项目工程的正常实施和项目运作后的经济效益。全过程工程咨询单位应帮助开发商等主体在初期选择项目时进行全面调查、反复检验、合理决策，从而高效地掌控工程建设效益。

设计阶段是掌控建筑能耗和工程造价的一个重点阶段，该阶段的设计成果文件，如设计图纸决定了建筑环境影响和项目成本。全过程工程咨询中设计阶段的咨询服务是对设计成果文件进行复核及审查，纠正偏差和错误，提出优化建议，出具相应的咨询意见或咨询报告。因此，设计阶段的工程咨询企业可以帮助设计单位对建筑材料和环保装饰装修材料、新能源与自然资源等进行选择实现项目成本与环境影响的有效均衡；同时也便于建筑在运维阶段的节能使用，建筑生命周期末的材料回收利用，整体降低环境污染影响。

（2）全过程工程咨询项目施工阶段的可持续

咨询单位在工程项目全生命周期中应秉持绿色施工理念。这意味着建筑施工单位在施工过程中不仅要关注建筑产品的安全性和稳定性，还要重视环境保护，减少资源浪费，以促进建筑产品与环境的协调发展，从而实现工程项目的可持续发展。同时，监督施工单位根据施工实际情况有效改善施工工艺与技术，尽可能减少施工过程中污染物的产生和排放。

在实行绿色施工过程中，工程咨询单位与施工单位应相互配合，有效策划绿色施工计划，并对其进行严格实施与控制。在明确施工过程及项目特点的前提下，工程咨询单位明确绿色工程的控制目标，有助于承包商对控制目标意义的深入理解。在实际管理过程中，施工单位以控制目标为限制条件，对各施工阶段施工进度的实际控制数据进行记录，定期对照控制目标。在此基础上，结合实际数据，联合工程咨询企业共同制定技术和管理解决方案，以实现项目的绿色管理。

（3）全过程工程咨询项目阶段的可持续

作为项目策划期及建设期的工程技术和管理咨询服务提供方，全过程工程咨询单位具备单项业务咨询方所不具备的项目综合信息优势和全过程掌控能力。借助 BIM 模型及其他数字化管理手段，全过程工程咨询单位能够为业主提供专业的运维服务，帮助用户全面深入地了解项目资产属性和功能，构建更为高效的运维管理体系。基于BIM等技术的全过程工程咨询运维具有两方面优势：一是有助于降低运维成本，提高运营效率，从而实现项目整体投资效益的提升和资产全生命周期的保值增值；二是全过程工程咨询单位针对运维期外部市场环境及政策环境的变化，能够及时帮助业主识别运维风险，并提供有针对性的风险应对及管控方案，降低项目运营风险，为区域经济的协调发展和可持续发展作出贡献。

思考与讨论题

  1. 简述建筑项目集成管理的四个主要方面。

  2. 选取典型建筑工程案例，分析并建立全寿命周期项目目标集成管理模型。

  3. 简要论述全过程工程咨询项目治理结构与机制。

  4. 为何全过程工程咨询模式可以有效地降低项目交易成本？

  5. 分析建筑工程价值链中"价值"与"链"的含义。

  6. 简要概述全过程工程咨询价值链模型。

  7. 全过程工程咨询项目利益相关者包括哪些，他们各自的职责是什么？

  8. 如何实现建筑项目利益相关者协作？

  9. 举例分析系统的概念和特征。

  10. 谈谈基于全过程工程咨询的建筑项目协同管理应用思考。

  11. 政企协同如何推动全过程工程咨询服务发展？

  12. 谈谈全过程工程咨询如何助力工程项目可持续发展。

3

全过程工程咨询方法与工具

本章导读

全过程工程咨询基于前述相关理论，依托多种方法和工具对建筑工程项目进行有效的全生命周期管理。本章分别从不同方面阐述了工程项目全过程咨询的常用方法与工具。价值工程法、挣值管理、限额设计、全生命周期成本管理等方法可对工程项目成本加以有效地控制；PDCA循环、ABC分类控制法等方法可对工程项目的全面过程实现高质量管理与管控；质量功能展开、原型逼近法等方法用于发掘委托方真实需求。

学习目标：了解各方法与工具的基本定义；理解各方法如何助推全过程工程咨询服务工作；掌握各方法与工具的运用流程和原则。

重难点：挣值管理的基本参数及指标体系、全过程咨询对限额设计的优化、生命周期成本管理的应用。

3.1　价值工程法

1. 价值工程概述

1）价值工程的定义

价值工程，也称为价值分析，是一项从客户视角出发，以需要完成的任务为核心，通过寻求更低成本的解决方案，实现某个对象（产品或服务功能）的创造性活动。其中，价值是指对象具有的必要功能与取得该功能的总成本的比值，即：

$$V = F \div C \tag{3-1}$$

其中，V 表示研究对象的具体价值，F 表示研究对象本身性能，C 表示全生命周期成本。由表达式（3-1）可以得出，在确保实现既定功能的前提下，为了获得更高的价值，管理者应控制全生命周期成本，譬如提高资源利用率，降低利用资源成本，进而降低全生命周期成本。

2）价值工程的一般工作流程

价值工程活动是按照一定程序所进行的有组织、有计划的活动，价值工程的工作程序包含如图 3-1 所示的五个不同阶段（李冬伟等，2021）。

图 3-1　价值工程的工作流程

（1）成立价值工程工作小组

价值工程工作小组中的成员是由掌握专业技术知识和管理知识的专业人员组成，具备一定的资质，包括擅长建筑工程设计、施工技术管理、质量管理、财务成本管理、物资设备采购等工程项目相关领域。此外，应设立价值工程小组准入制度严格筛选成员，以确保小组的成员具备全面的功能分析能力。

（2）明确研究对象和目标

在召开价值工程工作会议时，需要提前明确研究对象和目标。组织者应该清楚地阐明研究目的及范围，使小组成员对工作内容有初步了解，并准备研究任务所需的基础资料，形成清单。而后小组成员搜集支持功能分析和成本分析所需的相关资料和数据。具体来说，这些资料应包括招投标文件、设计资料、施工过程资料、施工图预算、成本计划以及施工期间的人员、材料和机械设备费用等。

（3）分析整理产品的功能

功能分析是价值工程中的关键步骤，通过对功能进行分类和根据功能特性建立系统性的分析图来实现。功能分析在价值工程中起到了重要的作用，能够准确地表达研究对象的功能，描述功能特性，进而认识研究对象的实质。

①首先明确什么是功能，功能是指一个产品的具体作用，以及使用效果是否能够满足人的需求和发展。功能具有复杂性和多样性的特点，需要对研究对象内在品质进行剖析，将其分散成各个不同的部位，以发掘所有的功能。在功能分析中，还需要考虑功能的大小和约束条件，并用简练的语言来描述，保证功能定义的合理性。

②定义功能后，需要对照功能的逻辑关系进行分类整理。功能分类的结果可以制作成图表形式，如功能树、功能矩阵等，并根据图表中的功能进行有效性和可操作性的判断。在检查功能分类表时，需要注意是否存在分类不当的情况，并进行调整和修正。

③价值工程特点是结合定量与定性分析，以综合评估项目的价值和效益。功能的定量分析主要通过性能指标来表示，如规格、密度、质量等。由于产品之间的差异较大且数据信息有限，产品间的相互比较意义有限。因此，功能的定性分析通常采用专家打分法，通过专家对各个功能进行评分，并将得分值求和，最后按照总分来表示评价结果，实现量化分析。

（4）方案设计

价值工程的主要目的是提供可行的、可实施的建议或者方案。实施方案不同，评价准则根据实施方案的不同而不同（沈岐平等，2008）。最典型的评价准则是费用、功能、时间和总体方面。项目使用费用是其中一个重要的评价准则，主要从三个角度考虑：首先是项目自身节约能力，包括一次性投资节约能力和项目运营期的节约能力；其次是修改设计的成本，根据项目实施方便性的不同，可能进行设计的修改所产生额外的成本；最后是由资产折旧成本、管理费用等构成的间接成本的影响。在时间方面主要取决于项目各阶段自身的特点、对项目工程本身耐久性以及可靠性的要求不同所决定。在功能方面主要考虑项目方案的安全性以及可操作性问题。在方案设计创造时，比较方案间在经济和技术上的差异，寻找最佳方案，但需要注意从全局的角度去评价方案的可行性，不能仅仅局限于某个单一功能。

（5）方案实施与反馈

①方案审批。在完成方案的编写之后需要提交给相关部门，经审批通过后方可实施。

②实施、检查及成果评价。从技术、经济和社会方面等不同层面检查方案的实施结果并对其进行科学合理的评价。

2. 全过程工程咨询项目价值提升

1）质量价值提升分析

工程咨询的质量功能是指具备按照建设单位要求完成咨询工作的能力，即招投标能力、组织协调能力以及减少资源浪费的能力，从而提高项目的质量和效益（武建平，2020）。

招投标过程中，可以根据建设单位需求灵活改变对施工单位资质水平的基准要求，以筛除能力不足的公司。传统工程咨询的招投标需要进行不同专业的招投标，需要更多管理人员，招标工作内容多，难度大，失败可能性较大。相比之下，全过程工程咨询公司的招投标只需一次，且采用联合体投标形式，招投标管理人员较少，专业公司资质风险能够转移给全过程工程咨询公司。在保证必要咨询水准的前提下，传统工程咨询模式的成本高于全过程工程咨询模式的成本。

组织协调是指咨询公司在服务过程中与建设单位、前期后期专业及平行专业之间沟通信息，以确保服务质量。咨询公司需要具备良好的组织协调能力，以充分理解建设单位对项目的需求，并减少由于理解误差引起的设计变更。传统工程咨询模式的组织协调需要由建设单位或项目管理公司承担，但由于缺乏专业管理人员，沟通协调能力较差，导致沟通效率与准确率降低。相比之下，全过程工程咨询具备项目管理公司在专业咨询方面的管理能力，不增加沟通环节，各专业同属一个咨询单位，沟通途径畅通，有效提升信息沟通效率。因此，全过程工程咨询模式在不增加成本的前提下，有效提升了沟通效率。

全过程工程咨询模式的各专业属于同一咨询单位，专业之间可以更加紧密地沟通，确定衔接需求，避免不必要的工作，从而降低成本。因此，在相同咨询需求下，全过程工程咨询模式的成本控制相对于传统咨询模式更具有优势。

综合对招投标、组织协调、减少资源浪费的价值分析结果，全过程工程咨询模式有效提升了工程咨询质量方面的价值。

2）进度价值提升分析

工程咨询的进度功能是指辅助建设单位按照预期完成工程建设任务的能力。进度功能的价值提升与缩短工期的能力相关，能力越强，缩短相同工期所产生的费用越低，进度功能的价值提升越高。进度价值主要受工程咨询服务进度和工程施工进度影响。

咨询服务进度影响是指工程咨询专业提交专业成果所花费的时间。在传统工程咨询模式中，咨询公司按照合同完成规定任务或获得既定成果，然后将其交付给建设单位，进入下一阶段。在全过程工程咨询模式中，由于各专业隶属于同一单位，可以利用快速路径法来压缩工期。即将前后专业进行重叠，按施工部位或工序划分咨询服务内容，集中资源先完成位置或工序靠前的服务，使后续专业可以在本专业整体成果交付之前开始工作。相比传统咨询模式，全过程工程咨询模式在不改变投资和质量的情况下显著缩减服务期限，压缩进度工期。

施工进度影响是指工程咨询专业对工程施工工期的影响。在传统工程咨询模式下，建设单位为减少自身管理资源投入，通常采用总承包模式进行施工发包。对于有特殊工期要求的项目，可能会采用平行发包模式来压缩工期。平行发包模式需要建设单位投入更多的项目管理资源或者选择项目管理公司来协调管理工作。全过程工程咨询模式包含了项目施工管理、招投标、造价管理、合同管理等服务内容。当需要从总承包模式改为平行发包模式时，全过程工程咨询模式只需在一定程度上提高咨询费用，不需要重新招标确定新的参建单位。因此，全过程工程咨询模式可以在略微增加投资的情况下压缩工期。

3）投资价值提升分析

工程咨询的投资功能是协助建设单位控制工程投资，包括咨询成本及施工建设成本。

咨询成本是建设单位为获得相应咨询服务所做的投入，包括招标费用、管理费用和咨询费用等。全过程工程咨询模式只需进行一次招标活动，并且早期介入项目，企业有足够的时间来调配人员和合理分配咨询人员，因此可以减少因工作量突增而导致的额外组织费用。相比传统咨询模式，全过程工程咨询模式的咨询成本相对较低，并且有较大的压缩空间，在保证质量和工期的前提下可以有效降低工程咨询成本投入。

施工成本是建设单位在施工建造、设备采购等实体工程方面的投入。施工成本的大小取决于设备型号、施工工艺等的选择。在传统咨询行业中，对于设备型号、施工工艺等的选择存在两个问题：一是企业对设备型号了解较少，通过向厂家咨询来获取相关信息，设备选用方面不利于节省设备投资；二是企业对施工工艺缺乏深入了解，施工过程可能因为施工工艺的调整而增加成本。全过程工程咨询模式通过提供全面的工程管理服务，包括对设备选型和施工工艺的专业指导，帮助建设单位更好地控制施工成本。

3.2 挣值管理

1. 挣值管理的基本理论

1）挣值管理的含义

挣值管理（Earned Value Management，EVM）作为一种从项目成本和进度控制角度测度项目绩效的管理方法，是指对考察时点上进度计划的预算成本、实际成本以及已完成工作量的预算成本三个参数的综合比较分析。

挣值管理的核心思想是在对项目的成本费用和工期货币量进行描述的基础上，对比分析项目的预期目标与实施状况，其目的是监督项目的真实进展情况。挣值管理根据"挣值"（Earned Value，EV）这一并不具有经济含义的中间变量，编制了一个反映项目成本和项目工期各自变动情况及其相互影响的综合指标体系，以预测项目成本和工期未来变化趋势。通过分析预期目标及实施情况的偏差，监督控制项目实际进展情况。

2）挣值管理的基本参数及指标体系

挣值管理法克服了常规成本控制法仅关注成本控制，而忽略进度控制的缺点，通过引入 3 个中间变量对 2 个偏差指标、2 个绩效指标以及 2 个预测指标进行计算，对项目的运行状况作出评价，如图 3-2 所示。

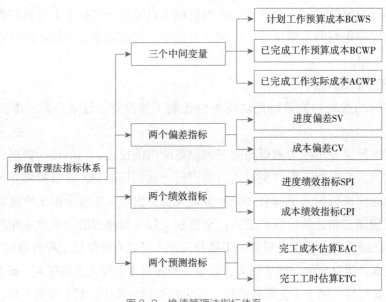

图 3-2　挣值管理法指标体系

（1）中间变量（BCWS、BCWP、ACWP）

①计划工作预算成本（Budgeted Cost of Work Scheduled，BCWS），是指某阶段计划完成的工作将要消耗的资源预算，是综合项目进度计划和预算定额后得出的中间变量。

在进行项目挣值计算前，应根据工作结构分解中的各部分工作内容，编制各工作预算定额，以确定各阶段计划工作预计耗费的成本，计算公式如式（3-2）。

$$BCWS = 计划工作量 \times 预算定额 \qquad (3-2)$$

②已完成工作的预算成本（Budgeted Cost of Work Performed，BCWP）也称挣值，是指项目实施期间截止到某个时间点实际完成的工作量及按照预算定额计算出来的工时（或费用），是反映项目实际进展情况的重要参数，计算公式如式（3-3）。

$$BCWP = 实际工作量 \times 预算定额 \qquad (3-3)$$

③已完成工作的实际成本（Actual Cost of Work Performed，ACWP），是指项目实施期间截止到某个时间点已完成工作所耗费的实际成本，计算公式如式（3-4）。

$$ACWP = 实际工作量 \times 实际单价 \qquad (3-4)$$

（2）偏差指标（SV、CV）

①进度偏差（SV）

项目进度偏差（Schedule Variance，SV），是指在某个时间节点项目提前或者落后的进度，是测度进度绩效的指标，计算公式如式（3-5）。

$$SV = BCWP - BCWS \qquad (3-5)$$

当 SV<0 时，表示项目进度落后；

当 SV>0 时，表示项目进度提前；

当 SV=0 时，表示项目实际进度与计划进度一致。

②成本偏差（CV）

项目成本偏差（Cost Variance，CV），是指在项目的某个时间节点项目成本超支或节约的情况，是测度项目成本绩效的指标，计算公式如式（3-6）。

$$CV = BCWP - ACWP \tag{3-6}$$

当 CV<0 时，表示项目成本超支，实际成本超过预算成本；

当 CV>0 时，表示项目成本节支，实际成本未超过预算成本；

当 CV=0 时，表示项目实际成本与计划成本相符，项目执行效果良好。

（3）绩效指标（SPI、CPI）

①进度绩效指标（SPI）

项目进度绩效指标（Schedule Performance Index，SPI）是测量项目进度绩效的指标，其反映了项目团队实际进度与计划进度的差异情况，计算公式如式（3-7）。

$$SPI = BCWP \div BCWS \tag{3-7}$$

当 SPI>1 时，表示项目进度提前，即实际进度提前于计划进度；

当 SPI<1 时，表示项目进度延后，即实际进度落后于计划进度；

当 SPI=1 时，表示项目实际进度与计划进度一致。

②成本绩效指标（CPI）

项目成本绩效指标（Cost Performance Index，CPI）是测量预算项目成本绩效的指标，其反映了已完成工作的成本绩效，计算公式如式（3-8）。

$$CPI = BCWP \div ACWP \tag{3-8}$$

当 CPI>1 时，表示项目成本节支，即实际成本低于预算成本；

当 CPI<1 时，表示项目成本超支，即实际成本高于预算成本

当 CPI=1 时，表示项目实际成本与计划成本一致。

（4）预测指标（EAC、ETC）

①完工成本估算（EAC）

完工成本估算（Estimate At Completion，EAC），是指对项目最终完工时预计花费的成本进行预测，即在项目某个报告时点，估算项目最终完工时所将花费的总成本。EAC常用计算方法如下：

若项目当前的成本偏差幅度能够反映项目整体的偏差情况，则计算公式为：

$$EAC = ACWP + (BAC - BCWP) \times (ACWP / BCWP) \tag{3-9}$$

其中，BAC 为项目的总预算。

若项目进展到下一报告时点时，未发生偏差，之前报告时点的偏差属于偶然事件，则计算公式为：

$$EAC = ACWP + (BAC - BCWS) \tag{3-10}$$

若项目需要彻底重新估算所有未完成工作将产生的成本，则计算公式为：

$$EAC = ACWP + 所有未完成工作的当前估算值 \tag{3-11}$$

②完工工时估算（ETC）

完工工时预测（Estimate Time To Completion，ETC），是指对项目当前尚未完成工作将耗费的时间进行预测，进而预测出整个项目完工总时间。ETC 常用计算方法如下：

若项目未完成部分的工作效率将按照计划的效率完成，则计算公式为：

$$ETC = AT + (OD - AT \times SPI) \tag{3-12}$$

若项目未完成部分的工作效率与已完成部分工作的效率相同，则计算公式为：

$$ETC = AT + \frac{OD - \dfrac{AT}{SPI}}{SPI} = \frac{OD}{SPI} \tag{3-13}$$

若项目未完成部分的工作将按照全新的效率完成，则计算公式为：

$$ETC = AT + 剩余工期的重新估算值 \tag{3-14}$$

其中，AT 为项目到报告时点已耗费实际工期（Actual Time，AT），OD（Original Duration，OD）为项目初始预计工期。

2. 挣值管理在项目管理中的应用

总体来说，使用挣值管理方法的步骤为：确定项目的成本目标和进度目标；清晰明确地定义项目的工作范围，并建立一个用于对比的基准计划；跟踪和监控项目目标的执行情况；根据基准计划与实际情况进行对比，有序地评价项目的绩效（Fleming & Koppelman，2016）。下面按操作顺序说明挣值管理的使用方法：

1）定义工作范围

在挣值管理中，全面定义项目的工作范围并估算各项工作的价值具有重要作用。但是项目进行过程中存在各种不确定因素，即使经验丰富的管理者也无法在项目开始时完全准确地定义工作范围。为此，应随着项目情况的变化及时完善工作范围的定义，为后续工作提供正确的基础。

2）制定进度计划

挣值管理的实施需制定每项工作任务的起止时间，并按照任务的空间顺序来规划项目的整体进度，如此能够确定计划进度对应的预算费用，也就是项目的计划工作预算成本。并且，根据已完成的工作，可以确定计划进度对应的实际成本，即项目的已完成工作的预算成本。在建筑工程项目中，工作任务种类繁多，通常使用关键线路法来计划整体进度。关键线路法是基于网络图对各项工作间的相互关系进行表示，确定出控制工期的关键路线，在一定工期、成本、资源条件下得到最优计划安排，以实现缩短工期、提高工效、降低成本的目标。因此，处于关键路径上的工作任务通常对成本和进度具有较大影响，需加以重点关注。

3）估算项目成本

为了制定一个可行的成本计划，需要对整个项目进行工作分解，并估算每项分解工作所需的费用，从而得到按工作分解结构汇总的项目总成本，作为编制成本计划的基础。

4）选择控制账户并建立基准

通过上述步骤中所有的工作任务就可以获得挣值管理所需的可供对比的基准进度和费用。在项目工作分解时，需要整合不同工作任务的相关费用，并选择一个适当的控制账户来建立相关计划。每个控制账户应有清晰的工作范围定义，所有控制账户的集合构成项目的整体基准。在挣值管理过程中，通常会测量每个控制账户的挣值绩效指标，而所有控制账户绩效的汇总则代表了项目的总体绩效。

5）计算偏差和绩效

计算偏差和绩效涵盖项目实施的全过程。通过比较实际成本（ACWP）与项目基准，可以监控出现的偏差，并采取相应的纠偏措施。通过比较已完成工作的预算成本与实际成本的相对偏差，可以评估项目的成本绩效。如果项目出现超支的情况，往往很难逆转这种状况。

6）预测项目完成时的总费用和总时间

预测项目全部完成所需的总费用有两种方法。第一种方法是基于当前的成本情况，重新制定剩余工作的详细费用估算，并与已发生的成本相加，从而得出完工估算。但是重新制定详细的剩余工作费用估算需要花费较多的管理成本，因此在实际操作中不太可行。第二种更为实际的方法是利用已知的成本绩效情况，假设其保持不变，以此来预测 EAC。

7）举例说明

某项目计划工期为 4 年，预算总成本为 800 万元。在项目的实施过程中，通过成本核算以及成本与进度的相关记录可知：开工后第二年末实际成本发生额为 200 万元，所完成工作的计划预算成本额为 100 万元。将其与项目预算成本进行对比可知：工期过半时，项目计划成本发生额应为 400 万元。据此可对项目的成本执行情况和计划完工情况进行如下分析：

由已知条件可知：

PV=400 万元　AC=200 万元　EV=100 万元；

CV=EV-AC=100-200=-100 成本超支 100 万元；

SV=EV-PV=100-400=-300 进度落后 300 万元；

SPI=EV/PV=100/400=25% 两年只完成了计划工期的 25%，相当于总任务的 1/4；

CPI=EV/AC=100/200=50% 完成同样的工作量实际发生成本是预算成本的 2 倍。故在此情况下，需要及时调整并安排后续投资，加强对项目的管理，咨询单位需要协助施工单位分析导致成本目标和进度目标不符合预期的原因，对项目进行有效管理。

3.3　限额设计

1. 限额设计概述

限额设计是指根据批准的设计任务书、投资估算控制初步设计以及初步设计总概算控制施工图设计，将前一阶段设计审定的投资额和工程量分解到各专业、各单位工程和分部工程。在保证各专业使用功能的前提下，通过限定的额度进行设计和筛选方案。除此之外，应尽量避免不合理的技术设计和施工图设计变更，以确保总投资不超过限额。限额设计可以从纵向和横向两个方面控制工程投资。

（1）纵向控制

在概念设计、方案设计、初步设计、施工图设计等设计阶段，将项目投资金额控制在既定范围内，以实现限额设计的纵向控制。

①在初步设计阶段，需要重点关注方案选择，以确保将方案的项目预算控制在设计任务书批准的投资限额内。

②在施工图设计阶段，需要重点了解施工图设计造价的变化情况，并按照批准的初步设计所确定的原则、内容、项目目标和投资额进行严格实施。在设计过程中，由于条件变化而导致的局部修改和变更属于正常情况，但如果初步设计发生重大变更，则需要重新提交给初步设计审批部门进行审批，并以重新批准的投资控制额为准。

（2）横向控制

通过健全设计单位对建设单位以及设计单位内部的经济责任制，加强经济责任制落实，实现限额设计的横向控制。设计开始之前，可根据估算、概算、预算等不同阶段对工程投资进行分配和考核，每个阶段的投资指标不能超过上一阶段的指标。为有效执行限额设计，可将责任明确到个人，并建立奖惩机制来激励和约束相关人员，以确保项目按照限额进行设计和实施。实践证明，限额设计作为以最少投入获取最大产出的有效途径，能够有效促进设计单位改善管理、优化结构、提高设计水平。限额设计的本质是技术经济问题，良好的限额设计能够有效控制整个工程项目的投资。

限额设计是建设项目投资控制过程中的关键一环，要求设计人员与经济管理人员密切合作，将技术与经济相结合。设计人员应根据投资和造价进行方案比较分析，优化设计并提高工程造价意识。经济管理人员需及时计算工程造价，并为设计人员提供信息和建议，通过动态监控工程造价，确保投资在可控范围内。

2. 全过程咨询对限额设计的优化

1）限额设计的不足

（1）限额设计忽略了科学衡量项目全生命周期造价成本

对于常规工程建设项目，"限额"和"限量"设计是控制工程投资最有效的方法之一。然而，该方法仅仅关注项目前期初始投资额，不考虑后期运营和维护成本，对于建筑全生命周期造价成本并没有科学准确地衡量。因此，限额思路会对设计方案造成限制，导致一些前期投入成本较高的高新技术、新型材料等无法充分应用于工程项目中，进而增加项目后期运营成本。

（2）限额设计缺乏全局观

限额设计指标分解到专业，导致设计人员往往只关注完成本专业限额指标，并没有从全局视角出发进行设计。为避免这种情况的发生需着力提高概预算人员的参与度，概预算人员需在方案设计阶段及早介入，对设计方案、材料、设备以及施工图纸等进行整体造价分析，以获得技术经济最优的设计方案。

（3）限额设计操作不到位导致工程功能与成本不匹配

实行限额设计时，设计人员有时会因过于关注或追求功能目标、进度目标、业主不合理需求等，忽视项目成本目标或功能与成本的匹配度，导致项目成本与功能目标失衡或不匹配的现象时有发生，严重的还会推翻立项批复与前期设计成果，需重新进行方案设计和技术经济论证；增加了项目的许多无形时间成本和费用成本，与价值工程原理背道而驰。

（4）限额设计考核难以实现有效激励

限额设计考核通常根据各专业完成限额设计指标进行，其中主体专业限额设计指标的完成情况基本依赖于本专业的优化设计工作，辅助专业限额设计指标的完成情况受其上游专业所提资料的影响较大。因此，在进行限额设计考核时难以界定其超出或节省部分的确切来源，进而导致考核有失公正，无法起到有效的激励作用，阻碍后续项目的限额设计推行。

2）全过程工程咨询服务模式下限额设计与投资控制创新

（1）决策阶段限额设计与成本控制

此阶段设计单位应充分理解项目建设目标和功能目标，协助建设单位落实功能目标、设计标准及投资总额限制。基于此提出初步总体方案，确定项目总体规模，做初步技术经济论证和投资估算，协调项目管理单位审查功能目标与设计标准，完善修订标准和方案后，协调建设单位确定总投资目标并合理分配设计限额总指标和分项指标。

决策阶段要求设计、咨询及概预算人员及早关注业主需求，充分深入项目实地调研，统筹功能目标、成本费用、标准、资金使用需求等，优化布局，合理设计，并融合地域特色和业主个性化需求，努力提供技术经济最优的方案与投资限额建议，为后续限额设计的全面实施奠定基础。

（2）设计阶段限额设计与成本控制

此阶段主要目标是有效平衡项目建设的技术先进性和经济合理性，在满足建设单位提出的各项功能性要求框架下推进设计工作的顺利完成，且通过设计限额控制措施及方案确保方案总造价及各分项造价指标不突破限额。严格执行投资限额和工作量并控制各分项工程的经济技术指标，最终实现对造价的有效控制与管理。

方案比选中同步引入造价控制，统筹工程量指标、造价指标限额分配，引导建设单位同步重视和统筹功能目标与投资目标。充分利用工程咨询人员、造价人员资源，优化设计后及时获取工程量及造价成本费用的反馈信息，及时对比限额目标，使设计在优化调整过程中的经济性更明确、方向更强。

（3）招投标及发包阶段限额设计与成本控制

招投标阶段是对前期限额设计目标的重要检验阶段，同时也是对后期完成限额投资目标进行的技术分解工作，其准确性至关重要。因此，该阶段重点做好项目标底的科学编制，统筹兼顾项目合同分包、管理、投资、风险控制等需求。

招投标阶段造价管理除兼顾前期的限额设计投资目标，还应详细考虑计价的规定、市场以及招标文件等，统筹兼顾项目具体条件及整个工程特点，使招投标更加公平、公正、客观。

限额设计管理团队在参与招投标阶段的管理过程中要坚持"单价、总价双控"的原则，对工程造价进行有效控制。管理过程中合理描述清单内容，根据实际情况，对项目分部分项工程单价进行合理、实时配合与调整，确保各阶段报价和分项单价的合理性。

（4）施工阶段限额设计与成本控制

在施工阶段，工程咨询单位对工程项目施工现场进行跟踪，针对施工过程中容易引发争议的合同管理、工程变更、现场签证、材料价格和形象进度等与工程费用相关的问题，配合业主提供咨询服务并对成本进行控制，确保工程造价符合实际情况，并科学利用建设资金，最大程度发挥业主的投资效益。

①限额设计管理团队通过参与施工组织设计审核，选择科学合理的施工方案、施工技术措施是节约成本，推进进度的必要前提。科学的施工方法和施工技术措施能够合理统筹多方资源，缩短工期，节约成本。

②限额设计管理团队与造价管理部门协同工作，并在施工图交底过程中对投资目标及分部分项工程限额设计目标进行交底，积极跟进总包招标和专项招标以及材料设备采购，将限额设计管理理念贯彻落实到全过程造价管理过程中，以期取得项目投资目标的实现。

③限额设计管理团队将参与项目合同管理。为避免施工单位索赔事件发生，合同签订前设计单位限额设计管理团队与建设单位管理人员一起对合同风险进行评估，并

就可能发生索赔事项进行预案研判。在施工过程中，还应注意收集各类信息，了解整个施工过程，一旦参与建设的任意一方或外部环境因素对项目限额设计目标和项目进程产生影响，可在限额目标许可范围内合理审核索赔费用，避免施工索赔失控。

④限额设计管理团队将参与项目现场施工管理，协助施工单位、项目管理单位完成技术管理与成本控制，对施工进度、质量、成本、安全、健康、风险等综合管理内容给予技术方面的支持和关注，及早发现问题、分析问题、解决问题，确保项目建设目标实现。

（5）竣工验收阶段限额设计与成本控制

本阶段限额设计管理团队的主要工作内容，一是配合审价单位出具和审核相关文件，对设计文件及变更签证中相关内容做出技术解释澄清，并最终完成限额设计目标和目标完成情况总结报告。二是将在本项目限额设计管理过程中形成的管理文件、技术文件、操作规程等资料进行整理归档，复核签章手续等相关内容，并完成工作移交。三是对优秀经验成果在不与项目保密协议发生冲突及与建设单位协商后，设计团队可组织材料进行行业内的技术交流及对外宣传。

3.4　质量功能展开

1. 质量屋及其结构

1988 年，美国学者豪瑟（Hauser）与克劳辛（Clausing）提出了质量屋（House of Quality，HOQ）这一概念。质量屋作为实现质量功能展开系统的重要工具，是一种直观的，便于将顾客实际需求转化为另外一种较为体系化的表达方式，并将顾客需求与具体的产品特性相关联的二维矩阵展开图表（向模军，2007）。

质量屋的基本结构类似于房屋的基本结构，能够形象直观地将顾客需求展开进行评估。质量屋由"左墙""天花板""屋顶""房间""右墙"以及"地下室"六部分构成，依次代表"顾客的需求及其重度""产品特性或工程措施""产品特性自相关关系""顾客需求和产品特性之间的相关关系""市场竞争性评估"以及"产品特性重要度、技术竞争性评估、目标值"，如图 3-3 所示。

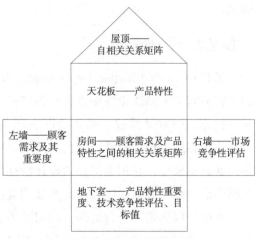

图 3-3　质量屋基本构成图

1）顾客需求及其重要度

顾客需求及其重要度作为质量屋的左墙，决定着构建质量屋的成败，对构建质量屋具有至关重要的作用。准确获取顾客的真实需求是该步骤的重点工作，在调查过程中，首先应有针对性地选择调查对象，并基于市场调查获取顾客对于产品真实的想法或感受；其次，运用合理的方法，将顾客需求信息进行分类并采用适合的分组手段整理、分析出顾客的真实需求；最后，对真实顾客需求进行重要度分析。

2）产品特性或工程措施

产品特性或工程措施作为质量屋的天花板，是满足顾客需求，实现产品特征和功能的重要手段。为将相对抽象的客户需求具体化、产品化，需同与产品的设计、生产相关的工作人员进行合作，运用头脑风暴法精准领会顾客需求，将顾客需求，转化为便于理解的专业术语，即产品特性。

3）产品特性自相关关系

产品特性自相关关系作为质量屋的房顶，主要表示各产品特性之间的相关关系，其呈三角形。在自相关关系矩阵中，一般根据其相关关系程度的大小，用相应的特殊符号来表示相关关系的强弱。

4）顾客需求和产品特性之间的相关关系

顾客需求和产品特性之间的相关关系作为质量屋的房间，主要表示产品特性对顾客需求的影响程度。通过将顾客需求和产品特性进行两两比较并赋值，建立呈矩阵形状的二维展开表，以反映顾客需求与产品特性相关关系程度。

5）市场竞争性评估

市场竞争性评估作为质量屋的右墙，是一种综合评估方法，基于明确的顾客需求，将本企业产品与竞争对手的产品进行比较和分析判断本企业产品在市场上的竞争力，并确定自身的优势及产品目标。

6）产品特性重要度、技术竞争性评估、目标值

产品特性重要度、技术竞争性评估、目标值为质量屋的地下室。其中，技术竞争性评估是对产品特性进行评估。在此基础上，产品特性重要度通过顾客需求的重要度以及顾客需求和产品特性的相关程度，并运用比例分配法或独立配点法来确定。

2. 质量功能展开概述

QFD（Quality Function Deployment，QFD）是一种以顾客需求为出发点，将获取的顾客需求输入到质量屋中并转化为产品的生产特性，从而生产出符合顾客需求的产品的技术。QFD 是通过一系列的图表和矩阵来完成，QFD 通过规范化方法将顾客需求转化为相应的产品特性。为使产品设计特征满足顾客需求，需对顾客需求进行识别并判断其重要性，在识别产品的设计特征的基础上建立与顾客需求的对应关系。在满足顾客需求能力方面，比较设计产品和竞品的优缺点，通过质量屋技术，将产品服务设计特征与顾客需求进行对应，运用较为直观的图像形式体现企业能力、顾客需求和设计特征之间存在的关系，以实现"需求"与"相应措施"之间的映射（李延来等，

2009）。由于工程质量是业主关注的重点，因此，质量工程展开在理论上可以将业主需求与建设工程联系起来，为建设工程质量改进提供依据（翟丽，2000）。

3. 基于质量功能展开的工程质量改进模型

1）质量功能展开工作小组的组织体系构建

（1）成立质量功能展开工作小组

在运用 QFD 进行建设项目质量改进时，不仅涉及诸多工作领域，而且涉及较多专业的建筑知识。因此，为了达到最佳的改进效果，有必要成立一个跨职能的、综合的工程质量改进 QFD 工作小组。QFD 工作小组成员应具备不同专业背景，以便于解决复杂、多方面的业务问题。

（2）构建质量功能展开工作小组信息交流模型

虽然 QFD 小组成员所属部门不同、工作领域不同，但 QFD 小组成员都有着共同的目标。图 3-4 中，QFD 工作小组成员相互交流，构成了信息交流网，明确了 QFD 工作小组的运作方式，极大程度地提高了团队合作能力以及 QFD 工作小组的工作效率。图 3-5 中，QFD 工作小组负责对建设工程质量改进过程中冲突进行协调与决策，QFD 工作小组决策的内部信息支持由各部门提供，外部信息支持则由数据库网络信息源提供。该模式极大程度上加强了 QFD 工作小组成员之间以及 QFD 工作小组与部门之间的信息交流，有利于 QFD 工作小组的效能提升。

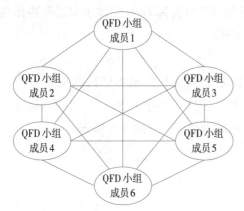

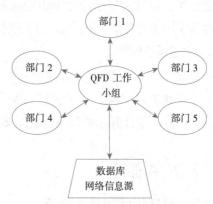

图 3-4　QFD 工作小组内部信息交流模型　　　　图 3-5　QFD 工作小组与其他各部门间信息交流模型

2）业主需求分析

在运用 QFD 进行建设项目质量改进时，准确获取业主需求并提高业主方满意度是 QFD 的关键环节。基于日本质量管理专家卡诺博士（Kano）所提出的 KANO 模型，业主需求可分为基本型需求、期望型需求和兴奋型需求，具体定义如下：

基本型需求是指业主方对一个工程最基本的质量要求，在一般情况下，是指工程必须满足的最基本质量功能或属性（唐中君等，2012）；期望型需求是指业主方对工程期望的质量要求，一般情况下，不是工程必须要实现的质量功能或属性，但这类要求实现的越多，业主的满意度就越高；兴奋型需求是指超出业主方对工程的期望，往往会给业主带来惊喜，是工程难以实现的质量功能或属性（王霜等，2006）。

通常情况下，施工单位更加侧重于基本型质量需求的实现，业主方则侧重于期望型质量需求的实现。因此，从业主角度而言，施工单位不应仅关注基本型质量需求。在当今施工单位林立的时代，施工单位应在深入了解业主方质量需求的基础上，提高工程质量与服务水平，满足业主方期望型质量需求，实现提高企业竞争力，占据未来市场的目标（Aluko，2020）。

3）工程质量特性分析

工程质量特性是从技术角度出发，对业主需求的直观体现，是建设工程的核心组成部分。在运用 QFD 进行建设项目质量改进时，应先获取业主需求并对其进行分析，而后基于业主需求对工程质量特性进行描述。从业主需求角度来看，建设工程质量特性是指满足业主需求的固有特点的集合；从建设工程质量价值角度来看，建设工程质量特性应具有经济性、安全性、适用性、耐久性、可靠性、可持续性。

业主需求与工程质量特性具有多重相关性，即几个业主需求可能仅满足一个工程质量特性，也可能一个工程质量特性可能满足几个业主需求在对 QFD 理论深入学习和探讨后。QFD 工作小组结合业主信息，运用亲和图法对其进行整理。亲和图法通过对工程项目相关的需求信息进行收集，将需求性问题按照相关关系或者互相亲近程度进行汇总分类，以解决复杂的需求识别问题，有助于充分发挥 QFD 工作小组团队协作能力，对业主需求进行层次化分析（周天祥等，2003）。

4）质量屋的构建

质量屋的构建过程一共分为五步，即：①根据访谈法、亲和图法获取业主的需求→②计算业主需求权重→③展开工程质量特性→④建立"业主需求－工程质量特性"相关关系矩阵→⑤计算工程质量特性重要度并构建质量屋，如图 3-6 所示。

3.5　PDCA 循环

1. PDCA 循环模式的基本原理

1）PDCA 的概念

PDCA 是由英语 Plan、Do、Check 和 Action 四个单词首字母组合而成，其强调做事情的条理性。PDCA 循环管理法起初由美国管理专家威廉·爱德华兹·戴明（William Edwards Deming）提出，又称"戴明循环管理法"。PDCA 循环管理法于20 世纪 70 年代后期传入我国，最初运用于全面质量管理领域，现已推广至诸多行业及领域。

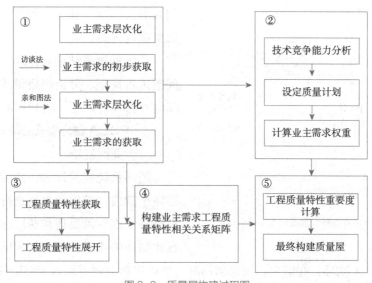

图 3-6   质量屋构建过程图

2）PDCA 循环模式的基本内容

PDCA 循环模式是由四阶段和八步骤组成的循环系统，如图 3-7 所示。

（1）PDCA 循环模式四阶段

①拟定计划，主要包含制定方针、目标和实施计划等内容；

②执行计划，主要是指统筹各方资源和力量执行计划；

③全面检查，主要是指检查计划的执行情况，既包括执行到位的部分，也包括执行不到位的部分；

④总结处理，主要是指分析问题产生原因，总结经验与教训。

（2）PDCA 循环八步骤

①分析现状，找出存在的问题，主要包括产品质量问题及管理中存在的问题，并用数据对存在问题进行说明，以确定需要改进的主要问题；

②分析引发问题的各种影响因素，并对影响因素进行排列；

③确定影响质量的主要因素；

④针对影响质量的主要因素制定措施，提出改进计划并对其效果进行估计；

⑤实施既定的措施计划；

⑥依据措施计划的要求，检查并验证执行结果是否达到预期效果；

⑦总结检查结果，将成功经验与失败教训

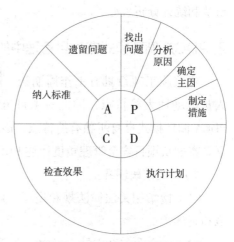

图 3-7   PDCA 循环四阶段和八步骤

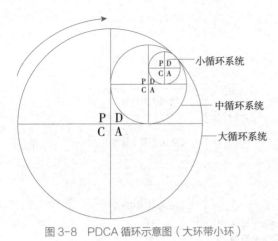

图 3-8　PDCA 循环示意图（大环带小环）

归入有关标准、规程、制度之中，对现有成果进行巩固；

⑧依据检查结果对循环中尚未解决的问题进行梳理，分析因质量改进造成的新问题并将其转入下一次 PDCA 循环中。

3）PDCA 循环模式的基本特点

（1）周而复始

循环系统包括计划、执行、检查、总结四个阶段，且周而复始进行循环。循环每进行一次便可发现和解决部分问题，若在此循环中还有尚未解决的问题，将其转入下一个 PDCA 循环，在解决新问题的同时力争解决前面遗留而尚未解决的问题。

（2）大环带小环

大环是小环的母体和导向，小环则是大环的分解过程和动力，共同协作推动整体目标的实现，如图 3-8 所示。例如，一个施工企业是一个 PDCA 大循环系统，各个项目经理部或机关各处室是中循环系统，项目经理部各部门部员是小循环系统。在实际工作中，一环扣一环，一级带一级，有条不紊地进行工作。

（3）阶梯式上升

PDCA 循环的目标是促进事物顺利发展，每一次循环的过程就是每一次提升的过程。应做好每一次循环的总结工作，既要巩固已有成绩，同时也要发现不足，不断提高工程项目的管理水平。

（4）运用统计工具

PDCA 循环通过运用科学的数理统计方法进行工程质量管理，以发现及解决问题、实现目标，常用统计方法包括：直方图、控制图、因果分析图、排列图、相关图、分层法和统计分析表等。

2. PDCA 循环模式在项目管理中的应用

建筑施工项目具有工作周期长、露天高空作业多、工艺流程复杂、体力劳动多、人员流动性大等特点，因此对项目进行安全管理具有一定程度的压力与困难。由于 PDCA 循环模式自身所独有的特点，该模式在施工安全管理的定性研究中取得了重要进展。本书从项目安全管理角度详述 PDCA 各阶段工作重点：

1）计划阶段任务

（1）搜集相关法律法规和规程，以合法文件为依托，协助丰富、更新企业各项规章和制度。

（2）以企业安全方针为导向，在适应项目特点的前提下制定明确的安全目标。

（3）全方位识别、评价和控制危险源，对曾引发过伤亡事故的危险源制定详细的检查与评价计划。

（4）灵活运用 PDCA 循环模式，对以前循环引起事故频发的危险源首先进行检查和改进。

2）实施阶段任务

（1）明确组织机构，书面说明与项目安全管理相关人员的作用、职责和权限，尤其要明确交叉部门的责任人。重点关注权责统一，避免出现责任明确但权力不足或权力大但责任不明的问题。

（2）严格落实住房和城乡建设部下发的关于安全培训与教育工作文件。项目有关人员的学习时间应不少于规定的最低学时要求。培训计划必须明确具体的培训内容、对象、人数和时间，并制定详尽的培训计划，使各工种都能接受相应的培训，提升安全意识和操作技能，确保持证上岗。

（3）确保安全物资采购质量。搭设脚手架的钢管、扣件和安全网以及安全带、安全帽等确保管理和作业人员安全的原材料、周转材和防护用品必须符合国家强制性标准。优选供应商，严格管控采购、租赁的安全物资流程。

（4）重视分包管理。劳务分包与专业工程分包是项目完成施工任务的两种重要方式。一方面，需要严格筛选分包企业，对分包企业的资质、信誉、技术能力等进行评估，以杜绝非法转包和违法分包的情况发生。另一方面，在分包工作中需要关注分包人自行采购和使用的材料是否合格。此外，除在合同中明确规定相关要求外，还应进行现场检查，确保分包人使用的物料符合质量标准和安全要求。

（5）注重施工过程的管控。针对计划阶段已经确定的危险源，按照既定的安全计划要求和步骤，制定各类安全程序和制度。施工组织设计、专项施工方案等应具体明确、可操作性强，并按照要求审批、执行，确保与危险源相关的各类施工过程与活动处于可控状态。

（6）完善应急救援架构与程序。项目部应结合实际制定常规事故处置预案与频发事故处置预案，明确组织机构，人员和相关职责。同时，应急响应与联动机制要精准、迅速、可操作性强。各类与安全相关的场所、设施、设备要维护得当，应急救援计划应在演练与事故发生后不断总结经验，更新完善。

3）检查阶段任务

企业和项目部应根据不同的检查类型确定具体的检查内容和标准，同时编制相应的检查评分表，并配备必要的检验和测试工具。项目安全检查的重点是检查内容和方式，以及时发现事故苗头，消除安全隐患。需要注意的是，安全检查和内部审核需要并行，在该阶段应及时发现存在的安全问题，并采取相应的措施进行改进和评估。

（1）安全检查内容包括：既定安全目标的实现情况；安全生产责任制的落实与执行情况；各类安全生产责任制的执行情况；排查各类危险源的彻底性、编制各类措施的完备性和相关防护措施是否真实有效；相关法律法规、规范标准的执行是否到位。

（2）安全检查方式包括：自查和互查，以及上级单位的抽查。安全检查的类型包括日常巡查、专项检查、季节性检查、定期检查与不定期巡查等多种形式。项目经理部应根据每天的施工动态进行有针对性的安全检查，以确保及时发现和解决安全隐患。总包单位应定期组织各类分包单位按照相关标准进行安全检查，以统一安全管理标准。企业应根据承揽工程所在地的气象和地理环境特点，组织季节性安全检查，对安全问题进行排查和整改。

4）改进阶段任务

项目部应根据检查中发现的问题和隐患，确定责任人和对应措施，并设定整改期限，定期进行复查，以确保检查的效果；企业应定期总结和分析安全检查中发现的隐患和问题，并确定频繁发生的危害或者重大隐患，制定相应的改进和治理措施；对各种安全检查进行其有效性、合理性和真实性评估，分析隐患产生的原因，制定有针对性的改进措施，并跟踪验证和评价这些措施的实施效果，在特定情况下，如法律法规变化、组织机构变化、项目发生安全事故等，需要进行安全生产情况评估；企业和项目应建立安全检查和改进活动的记录和资料库，以完善检查和改进阶段的工作效果。

此外，基于PDCA循环理论构建项目管理体系有助于工程咨询企业更好地适应实际情况进行项目管理。该体系可以及时有效地管理和监控项目，并将项目管理转变为一个动态的螺旋上升过程，通过不断提升项目管理水平，可以提高工程咨询企业的竞争力。同时，合理分配有限资源，并发挥规模效应，可以促进企业科学稳定发展，提高企业效益。

3.6　原型逼近法

1. 原型逼近法的内涵

原型逼近法最早由孙占山在《大中型管理信息系统的SDPA开发方法》一文中提出，他将原型逼近法与生命周期法相结合应用于信息系统的开发，形成相应的四个步骤：（1）开发初始原型；（2）利用原型精化用户需求；（3）反复修改和扩充原型；（4）实现目标系统（孙占山等，1990），其示意图如图3-9所示。构建初始模型，不断调整达到新的状态，形成新的可交付成果的过程。综上所述，原型逼近法可理解为首先建立原型，通过不断的需求分析提出修改意见，调整原型的状态，达到由简单到复杂的

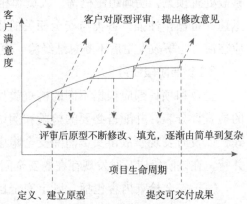

图 3-9　原型逼近法分析图（尹贻林等，2011）

分析过程，逐步还原事物的本质状态，并做出可交付的成果。

2. 原型逼近法在业主需求分析中的应用

将原型逼近法运用到施工招标项目的业主需求分析中，以招标代理机构的角度建立招标项目中对业主需求进行分析的原型逼近模型，以满足业主需求，具体步骤见图 3-10（尹贻林等，2011）。

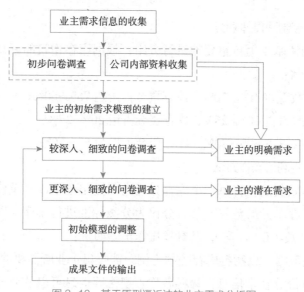

图 3-10 基于原型逼近法的业主需求分析图

步骤一：业主的初步需求信息的收集，即需求分析模型的建立。分析和采集企业的内部信息，包括业主对投标人已完成类似工程项目的情况、资质条件、资金状况、信誉等级、履约情况分析等的要求，结合对业主的初步问卷调查进行分析。根据公司内部资料收集及初步调查（调查问卷一），建立业主需求的原型。在此基础上，针对收集的资料和问卷情况，设置具体的调查问卷，可针对不同的部门发放不同的问卷，从质量、费用、进度、合同等多个方面更深入细致地了解业主的需求。

步骤二：在对问卷一修正的基础上设计问卷二，可按照费用、质量、进度等方面分别找业主方的相关人员进行调查。

步骤三：在第二次问卷调查的基础上，针对问题的回答情况，设计更多包含开放式题目的问卷三。通过问卷三的发放及信息的反馈，可较为准确地还原业主的项目需求。问卷不断深入、细化的过程是对原始需求模型的不断的调整过程，在这个过程中明确业主的各种需求，达到原型逼近，实现由简单到复杂的处理过程。

步骤四：对以上问卷调查的结果进行分析，检测和调整业主需求分析的原始模型，通过双方沟通确认在了解业主需求时，则可停止；若仍存在疑问，可再设计问卷重复上述步骤，最终达到对业主需求的充分了解。

3.7　ABC 分类控制法

1. ABC 分类控制法概述

1）ABC 分类控制法的定义

Activity Based Classification，简称 ABC 分类法，又称帕雷托分析法，其根据物资的技术特征以及经济特征，对事物进行分类，区分出重点和一般，并有区别地确定各类物资的管理方法。

2）ABC 分类控制法具体划分

ABC 分类控制法基于项目重要性进行分组，根据库存物料的累计百分比，对物资进行分级管理与控制：

A 类：品种和数量占 10%~20%，库存资金占用达 75%~80%；

B 类：品种和数量占 20%~25%，库存资金占用 20%~25%；

C 类：品种和数量占 60%~70%，库存资金占用为 5%~10%。

3）ABC 分类控制法操作方法

控制法的基本做法是，将每一个库存单元的年需用量乘以其单价，并以价值的高低或其百分比、库存单元的数量或其百分比为分类标准进行排序，以确定关键的少数（A 类）和次要的多数（B、C 类），其具体操作步骤如下：

（1）收集相关数据：以物料库存控制为例，需收集企业所需要的物料名称、规格、年需求量、物料单价等基本信息。物料名称、规格等信息可以从公司所需或所用的物料清单中获得，但物料的年需求量和单价等信息只能通过财务管理人员处理现有的统计信息或进行合理估算来获得。

（2）按价值高低排序：将每种物料的年需求量乘以单价求得其价值，并按各物料价值由高到低依次排序。

（3）计算整理

①计算每一物料品种数量（或库存单元）占所有物料品种数量的百分比；在按价值排序的基础上，依次梯级计算物料品种数量的合计以及占所有物料品种数量的累计百分比。

②计算每一物料品种价值占所有物料品种价值的百分比，及如上所述的累计百分比。

（4）分类管理：依据一定标准进行 ABC 分类。A 类存货需进行重点规划和控制，B 类存货进行次重点管理，而 C 类存货进行一般管理即可。

2. ABC 分类控制法在建设工程质量管理中的具体应用

ABC 分类控制法在建筑工程质量管理领域的应用有助于建筑施工单位有效识别建筑物的主要质量问题，并针对具体问题实施相应解决方案，以获取良好的经济效益；

有助于增加建筑施工单位对市场的了解，例如：哪种材料更具性价比，哪种材料更适合建筑物的整体设计风格和质量标准等。

1）基于 ABC 分类控制法下的工程建设施工质量问题

由于自然环境及所用材料对建筑物质量具有一定影响，因此不同地区建筑施工的侧重点也存在不同之处，对于安全事故发生的预防也有所不同。若施工单位毫无侧重地针对所有问题进行无差别防护，虽然可以保证建筑物安全质量，但不可避免地会出现成本增加、资源浪费以及工期延长等后果，进而无法有效满足人民群众的需求。ABC 分类法在建筑工程质量管理中的应用针对主要问题进行重点防护，对于次要的问题进行一般性预防。

施工单位应调查该环境周围建筑物已经发生或正在发生的问题，统计该环境中短时间内出现的风、雨、雪等自然条件和其他天气因素的频率，按照一定的要求进行计算，确定各相关数据的百分比，并按照一定的标准对各种数据进行分类，得出 A、B、C 三类数据并最后绘制 ABC 分析图。在确定导致工程不合格的因素后，项目部应立即采取相应的应对措施。若经分析发现墙体开裂问题发生频率最高，引起人民群众恐慌不安感最大，则应针对该问题进行重点防护，其他问题类比进行相应处理；若经分析发现降水因素是对建筑物影响最大的自然因素，则施工单位应加强建筑的防水能力和抗腐蚀能力。

2）基于 ABC 分类控制法下的建筑施工材料选择

建筑中所需的材料种类繁多，主要包括钢筋、木材、水泥、混凝土以及门窗安装的金属、塑料、橡胶制品等。若对所有的材料进行筛选，容易导致工程工期延长，且收效甚微。ABC 分类控制法的运用既能够选择出合格的材料又能节约资源，避免不必要的人力物力浪费。

建设施工单位相关责任人可以从材料市场中选择几家具有所需材料资源的行业龙头企业，并从长期合作伙伴中选择几家材料供应商，分别搜集它们所提供材料的价格、质量、特性等因素，进行数据计算处理并绘制 ABC 分析图，从而确定出与自身企业发展较为契合的建筑材料供应商。A 类材料一般是关键且需求量大的材料，此类材料所需资金多，对建筑质量的影响最大，因此建议选择更可靠的供应商并与之建立长期稳定的合作关系；B 类材料一般是次要材料，所需资金较少，建议施工单位集中采购；C 类材料通常是品种繁多且复杂的一般材料，其选择标准较前两者可尽量宽松。

此外，根据 ABC 分类控制法数据对质量问题和施工材料进行预防处理时，为了保证建筑工程质量还需要对有关的施工人员进行培训，以提升施工人员素质，确保其按照规范进行科学施工。同时建设工程施工单位应及时更换老化的设备，保证建筑施工质量安全。

3.8　全生命周期成本管理

1. 全生命周期成本

全生命周期成本（Life Cycle Cost, LCC）是指建筑物或者建筑物系统在一段时间内的形成、运行、维护和拆除的总的折现后的货币成本。

全生命周期成本划分方式繁多，本教材将其分为初始化建设成本，运营成本，维护成本以及残值。全生命周期成本的计算方法如式（3-15）所示。在对式中各个参量具体赋值时，需将其不断细化，直至可以用函数表达为止。比如运营成本可以细化为能源费、材料费、人力成本等组合。

$$LCC = C_0 + \sum_{t=0}^{T} O \times PV_{sum} + \sum_{t=0}^{T} M \times PV_{sum} - S \times PV \qquad (3-15)$$

其中：$PV_{sum} = \dfrac{(1+r)^t - 1}{r \times (1+r)^t}$；$PV = \dfrac{1}{(1+r)^t}$

C_0：初始化建设成本；O：运营成本；M：维护成本；S：残值；PV_{sum}：现值和；T：生命周期；t：时间变量；r：折现率；PV：折现系数。

2. 全生命周期成本管理的概述

1）全生命周期成本管理的概念

1974 年 6 月，英国学者戈登（Gordon）提出了"全生命周期成本管理（Life Cycle Cost Management）"的概念，其核心思想是从工程项目的全生命周期出发，综合考虑建设成本和运维成本，使项目整个生命周期的总造价最小化。

对上述全生命周期成本管理概念的理解可深化为以下四点：

（1）全生命周期成本管理是工程项目投资决策阶段的重要分析工具之一，可用于投资方案的比较和选择。

（2）全生命周期成本管理在设计阶段可通过一定的方法（如目标成本法），计算出工程项目全生命周期的成本，以指导设计人员在保证工程质量的同时更好地开展项目设计工作，确定最优的设计方案。

（3）全生命周期成本管理以实现项目全部阶段工程造价的最小化为根本目标，因此全生命周期成本管理不仅可以用于确定工程造价、控制工程造价，还可以用于事后审计某一阶段的工程造价。

（4）全生命周期成本管理涵盖范围广，涉及主体多，不仅包括投资单位、施工单位、材料和设备供应单位、咨询单位等相关企业，还包括能够代表社会大众的政府，以及工程项目的最终享有者。

2）全生命周期成本管理的优势

传统的工程造价管理通常将建设成本最小化作为其决策依据，常常忽略项目交付后的运营维护成本，未考虑建设成本与运营维护成本之间的平衡关系，管理范围只涵盖建设期。全生命周期成本管理与我国传统的工程造价管理相比，具有以下几点优越性：

（1）投资决策更理性，全生命周期成本管理关注的不仅是工程项目的建设造价，而是注重指导人们从工程项目的全生命周期角度出发，全面且充分地考虑工程项目的建设成本和工程项目的运营维护成本等因素，基于全生命周期工程造价最小化的原则，对投资方案进行最优选择，使投资决策更趋于理性。

（2）方案设计更科学，全生命周期成本管理引导设计人员自觉地对工程项目进行综合考虑，即以全生命周期的角度进行建设成本和运营维护成本的全面考虑，在保证工程项目性能和质量的基础上，进行更加科学的方案设计，从而实现全生命周期的工程项目成本目标（董士波，2003）。

（3）方案实施更合理，全生命周期成本管理要求从工程项目全生命周期的角度出发，综合考虑工程造价，使施工组织设计方案的评价更加科学，工程合同的总体规划和工程项目施工方案的确定更加合理。

（4）社会效益更显著，全生命周期成本管理要求从全生命周期的角度出发对工程项目的造价和成本进行综合考量，使项目的不同参与主体进行合理的设计规划，采用符合国家标准的、无污染的节约型环保材料，采取节水、节能设施，加强收集和储存可回收物，实施施工废物的处理措施，实施一次性装修到位的措施等，实现降低工程项目总造价的目标，同时更能实现绿色环保和生态目标，提升建设工程项目的社会效益。

3. 生命周期内工程造价成本控制管理

全生命周期工程造价管理的特点有以下几点：相较于传统工程造价管理，全生命周期工程造价管理考虑的更加全面，除决策阶段、勘察设计阶段、招标采购阶段、施工阶段、竣工验收阶段之外，还包括运营及维护阶段；全生命周期工程造价管理的直接目的是实现整个生命周期内工程造价的最小化；全生命周期成本管理是一种技术手段，事前可主动控制成本，事后可以审计成本开支，具有较为先进的理念。该方法在工程项目全生命周期的各个阶段的应用描述如下：

决策阶段：分析项目的经济指标以及技术指标，与投资者的财务状况相结合，综合政策、环境等多方面因素决定是否投资。这一阶段需考虑到运营与维护的成本，以整个生命周期内花费最低作为选择决策的依据。

勘察设计阶段：设计单位对于设计人员考虑采用不同的结构形式，而建设单位则需要以限额的手段进行控制，以防止设计方案花费过大。采用定额的纵向控制是一个有效的方法，即对工程造价进行管理时，初步设计总概算不能超出投资概算，施工图预算不得超出初步概算。如不满足要求则需要设计单位进行调整，设计阶段的工程造价预算是施工阶段造价的预期，若这个阶段没有充分预料到施工阶段技术水平、组织能力，以及支付方式与合同规定的变化，则会在以后的建设阶段留下隐患，出现造价失控，在设计阶段进行造价调整控制的成本相对较低。设计方案的选择要以整个生命周期内工程造价最低为依据。

招标采购阶段：建设单位以设计单位出具的方案施工图及其预算为基础进行招标，投标单位根据本单位的具体情况编制投标书，一般分为技术标与价格标。技术标不仅要考虑到项目本身的建设方案，还要结合项目运营和维护的特点，给出综合的方案；价格标在评估时应以全生命周期内的总体造价最低为依据。

施工建设阶段：造价工程师需要按照编制的施工图预算进行工程造价管理，制定建设资金的使用计划，定期检查各项支出与控制值的差距，以工程量清单为基础定期支付相应进度的工程款项，严格把控设计变更及相关价格，合理进行工程结算，使得这个阶段的成本花费不超过施工图预算，确保在整个项目的生命周期中工程造价最低。

运营与维护阶段：施工单位确定最终的成本花费并对工程建设水平进行科学评估，移交项目资产，并对各个阶段的工程造价进行整理，为工程项目运营维护做好铺垫。运营维护计划的水平高低直接影响到总的成本造价，该计划的评估要以全生命周期内发生的成本最低为目标。在该阶段的造价管理中，施工单位在保证建筑结构具有诸如安全性基本功能的前提下，应当做出经济有效的运营维护计划，并采用专业经营模式和先进的技术手段，统一管理运营阶段的各类设施，提供优质的服务满足使用人员的需求，最大限度发挥各类设施的经济使用价值，降低运营和维护的成本。

计算题

1. 下表为同时开展的 4 个项目在某个时刻的计划值 PV、实际成本 AV 和挣值 EV，该时刻成本超出最多的项目和进度最为落后的项目分别是（   ）。

项目	PV	AC	EV	CV	SPI
1	10000	11000	10000		
2	9000	7200	6000		
3	8000	8000	8000		
4	10000	7000	5000		

A. 项目 1，项目 1   B. 项目 3，项目 2

C. 项目 4，项目 4   D. 项目 2，项目 4

2. 某公司正在进行中的项目，当前的 PV=2200 元、EV=2000 元、AC=2500 元，当前项目的 SV 和项目状态是（   ），该项目的 CPI 和成本绩效是（   ）。

（1）A. –300 元；项目提前完成　　　　　B. +200 元；项目提前完成

　　　C. +8000 元；项目按时完成　　　　　D. –200 元；项目比原计划滞后

（2）A. 0.20；实际成本与计划的一致　　　B. 0.80；实际成本比计划成本要低

　　　C. 0.80；实际成本超出了计划成本　　D. 1.25；实际成本超出了计划成本

3. 某特大城市拟投资建设一交通项目，以改善目前已严重拥堵的某城市主干道的交通状况，该交通项目有地铁、轻轨和高架道路三个方案。该三个方案的使用寿命均按 50 年计算，分别需每 15 年、10 年、20 年大修一次。单位时间价值为 10 元/h，基准折现率为 8%，其他有关数据，见表 1、表 2。不考虑建设工期的差异，即建设投资均按期初一次性投资考虑，不考虑动拆迁工作和建设期间对交通的影响，三个方案均不计残值，每年按 360 天计算。寿命周期成本和系统效率计算结果取整数，系统费用效率计算结果保留两位小数。

各方案基础数据表　　　　　　　　　　　　　　表 1

方案	地铁	轻轨	高架道路
建设投资（万元）	1000000	500000	300000
年维修和运行费（万元/年）	10000	8000	3000
每次大修费（万元/次）	40000	30000	20000
日均客流量（万人/d）	50	30	25
人均节约时间（h/人）	0.7	0.6	0.4
运行收入（元/人）	3	3	0
土地升值（万元/年）	50000	40000	30000

现值系数表　　　　　　　　　　　　　　表 2

n	10	15	20	30	40	45	50
（P/A.8%，n）	6.710	8.559	9.818	11.258	11.925	12.108	12.233
（P/F.8%，n）	0.463	0.315	0.215	0.099	0.046	0.031	0.021

问题：三个方案的年度寿命周期成本各为多少？

4. 某企业保持有 10 种商品的库存，有关资料如表所示，为了对这些库存商品进行有效的控制和管理，该企业打算根据商品的投资大小进行分类。

（1）请您选用 ABC 分析法将这些商品分为 A、B、C 三类？

（2）并给出 A 类库存物资的管理方法？

商品编号	单价/元	库存量/件
a	4.00	300
b	8.00	1200

续表

商品编号	单价 / 元	库存量 / 件
c	1.00	290
d	2.00	140
e	1.00	270
f	2.00	150
g	6.00	40
h	2.00	700
i	5.00	50
j	3.00	2000

思考与讨论题

1. 基于价值工程的理念，建筑项目成本如何实现有效地控制，以获得最大收益？

2. 如何理解限额设计，其目标是什么？

3. 谈谈对质量屋技术的理解。

4. 质量功能展开实施的步骤有哪些？

5. 画出 PDCA 循环管理法的示意图并简述 PDCA 四个阶段和八个步骤。

6. 简述基于原型逼近法的项目需求转化机理。

7. 全生命周期成本管理有何特点？

4

全过程工程咨询组织模式

本章导读

为避免传统工程咨询模式存在的信息碎片化、管理零散化等问题，全过程工程咨询模式对传统工程咨询模式进行了改革创新，以最大程度地实现集成管理效益，从而提高工程项目的服务效益、增值效益。这对于全过程工程咨询更好地适应当前的市场发展，具有十分重要的意义。本章从全过程工程咨询单位和全过程工程咨询人员的角度，论述了其相关能力要求，并详细介绍了全过程工程咨询组织模式类型以及全过程工程咨询的优点。

学习目标：熟悉全过程工程咨询单位以及咨询人员的相关要求；了解全过程工程咨询的多种组织模式类型。

重难点：全过程工程咨询组织模式。

4.1　全过程工程咨询单位以及人员相关要求

1. 全过程工程咨询企业能力要求

全过程工程咨询服务单位（Whole Process Engineering Consulting Service Unit）的组织形式可以是独立咨询机构也可以是联合体（孙宁等，2020），主要对建设项目全生命周期提供组织、管理、经济和技术等各方面的工程咨询服务，包括项目的全过程工程项目管理、投资咨询、勘察、设计、造价咨询、招标代理、监理、运行维护咨询、BIM咨询及其他咨询等全部或部分专业咨询服务。咨询企业承担工程项目的全过程工程咨询服务必须具备相关资质和能力。企业资质是咨询企业承担全过程咨询服务的必要条件，即企业所具备的服务能力，通常体现在咨询企业提供咨询服务所具备的组织、管理、经济和技术等方面的能力，具有良好的信誉、相应的组织机构、健全的工程咨询服务管理体系和风险控制能力。

根据《关于推进全过程工程咨询服务发展的指导意见》（发改投资规〔2019〕515号）规定，工程建设全过程咨询项目负责人应当取得工程建设类注册执业资格且具有工程类、工程经济类高级职称，并具有类似工程经验。工程建设全过程咨询单位提供勘察、设计、监理或造价咨询服务时，应当具有与工程规模及委托内容相适应的资质条件，符合法律法规及相关政策规定，并且业务负责人应具有法律法规规定的相应执业资格。

《工程咨询行业管理办法》（国家发展改革委 2017 年第 9 号令）还设置了有关信用评价标准以及相应的信用管理制度。例如，第二十三条规定工程咨询单位资信评价等级以一定时期内的合同业绩、守法信用记录和专业技术力量为主要指标，分为甲级和乙级两个级别，具体标准由国家发展改革委制定。进一步参照《工程咨询单位资信评价标准》，甲级包括甲级专业资信、PPP 咨询甲级专项资信、甲级综合资信；乙级包括乙级专业资信和 PPP 咨询乙级专项资信。甲乙两级均需在专业技术力量、合同业绩和守法信用记录三个方面满足相应的资信评价标准。因此实施过程中需要国家发展改革委审批核准项目的全过程工程咨询企业除具备相应的资质条件外，还需满足国家发展改革委有关的信用评级标准。

2. 全过程工程咨询人员能力要求

基于全过程工程咨询服务的特征政府也提出了相关的行业人才要求。住房和城乡建设部、国家发展和改革委员会于 2019 年 3 月 15 日联合印发的《关于推进全过程工程咨询服务发展的指导意见》中规定：咨询单位要高度重视全过程工程咨询项目负责人及相关专业人才的培养，加强技术、经济、管理及法律等方面的理论知识培训，培养一批符合全过程工程咨询服务需求的综合型人才，为全过程工程咨询业务的开展提供人才支撑。鼓励全过程工程咨询单位与国际著名的工程顾问公司开展多种形式的合作，提高业务水平，提升全过程工程咨询单位的国际竞争力（李雪良，2021）。

在全过程工程咨询项目中负责项目可行性研究、前期策划、规划设计、项目融资、工程造价、工程监理、项目管理、项目后期运营中的一项或者多项工程咨询服务任务的相关咨询人员都可以称为全过程工程咨询师（阮明华等，2019）。根据在项目中担任的岗位职责以及在项目中扮演的角色、服务内容的不同，全过程工程咨询师又可以分为总咨询工程师和专项咨询师。

1）全过程工程咨询总咨询工程师

住房和城乡建设部建筑市场监管司于 2020 年 8 月 28 日发布的《关于征求全过程工程咨询服务合同示范文本（征求意见稿）意见的函》中明确指出：全过程工程咨询总咨询师是主持全过程工程咨询服务工作的负责人。全过程工程咨询总咨询工程师在工程项目中具有组织、领导以及协调的核心作用。对专业咨询工程师而言，有助于进行集约管理和资源共享；对承包人而言，有助于进行协调沟通以及监督管理；对投资人而言，有助于进行项目增值，以提高工作效率；对全过程咨询单位而言，有助于进行统筹咨询、解决信息不对称问题。

（1）角色定位

全过程工程咨询总咨询工程师是咨询服务提供方与业主之间的重要沟通桥梁；是代表业主实施项目方案的重要项目管理者及利益相关方协调人。

（2）岗位职责

全过程工程咨询总咨询工程师，作为全过程工程咨询服务单位的代表，同业主方进行沟通，带领咨询服务团队为业主提供全过程的、全生命周期的工程项目方案；代表业主进行全过程工程项目管理，提供整体的、全过程的、全生命周期的工程咨询服务，为业主降低风险，保证效益。

（3）资质要求

国家发展改革委、住房和城乡建设部于 2019 年 03 月 15 日发布的《关于推进全过程工程咨询服务发展的指导意见》的文件中明确规定：全过程工程咨询总咨询工程师需有工程建设类注册执业资格、工程类、工程经济类高级职称，具有类似的工程经验。

（4）能力要求

全过程工程咨询总咨询工程师需要具有工程知识与应用能力、项目管理知识与应用能力、合同与商务能力、技术统筹能力、项目整合管理能力、独立判断与承担责任能力、人际技能与沟通能力、团队管理与领导力、职业健康安全与可持续发展管理能力以及职业道德与廉洁管理能力。

2）全过程工程咨询专项咨询师

《关于征求全过程工程咨询服务合同示范文本（征求意见稿）意见的函》中明确规定：全过程工程咨询专项咨询师是主持相应单项咨询服务工作的负责人。全过程工咨询专项咨询师需协助总咨询师协调、管理各专业、各阶段的咨询工作。

（1）角色定位

根据全过程工程总咨询工程师的总体方案意见，专项咨询师负责组织团队完成相应的单项工程咨询任务。

（2）岗位职责

全过程工程专项咨询师负责协助总咨询工程师制定合理的解决方案，并带领团队完成对应的单项工程咨询任务。

（3）资质要求

《关于推进全过程工程咨询服务发展的指导意见》文件中明确指出：全过程工程咨询专项咨询师若承担工程勘察、设计、监理或造价咨询业务的，应具有法律法规规定的相应执业资格；若承担除上述业务以外其他咨询业务的，不作出明确的要求。

（4）能力要求

全过程工程咨询专项咨询师应具有工程知识与应用能力、项目管理知识与应用能力、独立判断与承担责任能力、人际技能与沟通能力、团队管理与领导力、职业健康安全与可持续发展管理能力以及职业道德与廉洁管理能力。

4.2　全过程工程咨询组织模式

1. 全过程工程咨询国际组织模式

国际通行的组织模式主要分为"一站式全过程工程咨询"和"工程设计 + 工程项目控制与管理"两种。"一站式全过程工程咨询"即一站式全生命周期工程顾问服务是由一家大型综合咨询组织机构提供的服务，其核心优势在于能够为客户提供从项目规划、前期可行性研究到勘察、设计、施工甚至项目运营和维护等全方位的咨询服务。美国 AECOM（艾奕康）咨询集团、荷兰 ARCADIS（凯谛思）咨询公司和瑞典 SWECO（斯维科）工程公司等国际知名的工程顾问公司，均可提供一站式全过程工程顾问服务（丁士昭，2018）。这一模式的优点在于能够实现一体化的工程项目管理，减少信息传递和协调的复杂性，有助于项目高效运作。但是一站式全过程工程咨询可能存在过于庞大的组织结构和潜在的利益冲突等挑战。

"工程设计 + 工程项目控制与管理"模式是一种更加分散的组织方式。在这种情况下，业主可以选择与提供设计类服务的公司和提供工程项目控制与管理类服务的公司分别签约，从而将设计和项目管理的职责分开。这种模式的优势在于业主可以更灵活地选择专业领域的专家，并更好地控制项目的不同方面。然而，这也可能导致信息传递和协调方面的问题，需要更强的项目管理能力来确保各个方面的协调与合作。这两种组织模式各有其优缺点，客户应当根据项目需求和自身情况选择适合的服务方式。

2. 全过程工程咨询国内组织模式

全过程工程咨询管理服务可由一家具有综合能力的咨询单位独立实施，也可由多家具有投资决策、勘察、设计、监理、造价、招标采购、运营维护等基本咨询服务能力和项目管理能力的单位联合实施（曹海波，2020）。由多家咨询单位联合实施的，应当明确联合体牵头单位及联合体成员单位的权利、义务和责任（晋艳等，2023）。业主单位仅仅需要同全过程工程咨询公司谈判，达成共识，签订合同，后由全过程工程咨询公司代表业主单位完成项目的可研、规划、设计、监理、造价、项目管理、甚至项目运营（孙宁，2020）。全过程工程咨询模式如图 4-1 所示。

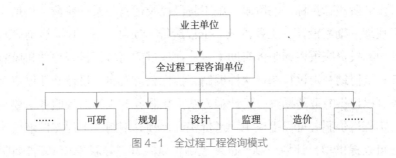

图 4-1　全过程工程咨询模式

由于工程项目自身的差异，建设单位关注重点也有所区别。目前，我国全过程工程咨询组织模式包括以下几种：

1）"1+N" 模式

全过程工程咨询服务的 "1+N" 模式中，"1" 指全过程工程项目管理（必选项），而 "N" 则包括但不限于投资决策综合性咨询、勘察、设计、招标采购、造价咨询、监理、运营维护咨询以及 BIM 咨询等专业咨询（可选项）。同时，在全过程工程咨询服务的 "1+N" 模式中，"1" 是企业的核心业务能力，"N" 则是为了弥补本企业短板而需要提升或融合的其他业务。

2）"1+N+X" 模式

全过程工程咨询服务的 "1+N+X" 模式中，"1" 指全过程工程项目管理，由 1 家企业或联合体承担；"N" 指专业咨询的数量，可由 1 项或多项，由 1 家企业或联合体中具备资质的企业承担；"X" 指不由承担全过程工程项目管理的企业实施，但应整合咨询协调管理的专项服务。

3）"1+X" 模式

全过程工程咨询服务还可以采取 "1+X" 模式。其中 "1" 为全过程工程项目管理，"X" 为可选择的专业咨询服务，X ≥ 1。该模式强调 "全过程项目管理" 牵头，与 "1+N" 模式无本质区别。

4）"管监+"模式

全过程工程咨询服务的创新模式即"全过程项目管理+工程监理+其他咨询服务"，也被称做"管+监+"或"管监+"模式。《房屋建筑和市政基础设施建设项目全过程工程咨询服务技术标准（征求意见稿）》明确指出：工程咨询企业可从事"工程监理与项目管理"等一体化服务活动。该模式强调"全过程项目管理+工程监理"牵头（王晶晶，2021）。

3. 全过程工程咨询组织模式优点

1）提升服务整体性和集成性

工程建设全过程工程咨询服务从项目全生命周期的角度出发，涵盖了建设项目决策阶段、勘察设计阶段、招标采购阶段、施工阶段以及运营与维护阶段，囊括了投资决策咨询、招标代理、勘察设计、工程监理、工程造价、项目管理、BIM咨询等众多专业咨询服务。其中，投资决策咨询服务有助于客户在项目前期进行投资评估和风险评估；招标代理服务是指协助客户进行招标文件编制、招标公告发布、投标文件评审等工作；勘察设计服务可以提供专业的勘察、设计和方案优化服务；工程监理服务主要是监督工程施工过程；工程造价服务可以提供工程造价咨询、预算编制、工程支付审核等服务；项目管理服务可以提供项目计划编制、进度控制、风险管理等服务；BIM咨询服务可以提供BIM技术应用咨询和BIM模型管理服务。这些服务通过实现工程项目集成化管理和各专业咨询服务的有机结合，提高了项目决策的科学性和项目管理的效率。

2）明确服务目标

全过程咨询采用一家咨询单位进行服务，首先避免了各个分包商之间关系的处理，减少业主的管理工作和资源投入，加大了项目运行效率；其次避免了信息在各个承包商之间的传递，减少了信息的失真，提高了工作效率，缩短了工期。因此，在进行全过程工程咨询服务时，应统一管控项目目标、高度整合项目资源，以实现项目整体目标。

3）明确主体责任

全过程工程咨询服务内容囊括了投资、设计、施工、信息技术、人力资源、风险管理等类型，对于服务过程中运用的技术、采用的设备等，其承担责任的主体只有全过程工程咨询机构一家单位，主体责任明确，有利于咨询委托方进行项目管理和落实责任。

4）优化咨询效率和服务质量

全过程工程咨询服务将过去碎片化的专项咨询服务整体化和集成化，使相对独立的单项业务咨询进行跨组织的集成，使得全过程工程咨询服务机构能够充分整合各方资源、运用信息化手段进行流程再造，提供优质高效的多业务跨阶段的综合性咨询服务（王碧剑，2022）。

【综合案例：大河变电站全过程工程咨询管理】

1. 案例介绍

由于区域用电负荷的不断增加，大河变电站已无法满足城市的用电需求，同时由于其外观老旧，也在一定程度上降低了城市的美观度。因此，为进一步扩大供电容量，国家电网宁波供电公司于 2017 年 12 月开始进行"上改下"工程，计划将大河变电站从地上移至地下，变电站"头顶"的大片空地则用于建设公园绿地。区别于一般变电站项目，该项目是全省第一座公用地下变电站。项目综合考虑了地方政府关注的项目投资、环境和社会影响以及国家电网关注的项目运转安全要素。项目采用国网技术论证先行，地方政府经济审查跟进的跨行业双线并审决策，在充分技术调研和论证的基础上，开创性采取了一般民用工程模式建设建筑本体部分，EPC 模式完成整体工程的设计、电力部分的安装施工、设备的采购，并按概算总额包干的模式向具备总承包资质的电力设计院发包。既发挥了不同建设行业的技术优势，又确保了行业的利益；既符合了地方建设项目的监管模式，又执行了电力行业的安全规定。

2. 全过程工程咨询应用

宁波 110kV 大河变迁扩建项目由建设单位、使用单位、全过程工程咨询单位、EPC 工程总承包单位、建筑部分承包单位等多方主体参建。作为一个典型的全过程工程咨询项目，A 公司结合服务内容及要求，确立了项目经理牵头的包括项目工程管理组、投资合约组、招标代理组、造价咨询组、资料信息组、BIM 信息组的组织架构，成立项目咨询管理部。依据签订的全过程工程咨询合同，由 A 公司形成的全过程咨询团队以项目管理、成本管控为主线，提供了从项目立项到整体工程投用直至完成资产移交的所有服务，主要内容包括项目管理、招投标代理、全过程造价咨询、BIM 技术应用等，团队成员配置及分工见表 4-1。

全过程工程咨询团队人员配置及分工　　　　　　　　　　　　　表 4-1

人员职务	工作职责
项目经理	全面负责项目策划和管理，制定项目目标，组织协调各参建单位及项目组内部的职责分工，确保总体建设目标如期顺利实现
项目前期工程师	从项目立项开始，负责建设项目的各类报批报建的办理，确保工程合法、及时、顺利实施，同时协调工程各参建方进行工程验收、资产移交，做好与各职能部门的对接和手续办理
合约工程师	起草、审批、订立与工程相关的各类合同，发起各类工程款项的支付和结算，并做好相关的费用标准收集、资料档案归档等
招标代理工程师	制定各类限额以上招标文件的编制、收集市场投标单位的信息，组织相关的考察及开标工作，确定承包方并完成合同的备案
施工管理工程师	负责施工现场的管理工作，对工程投资、进度、质量建设安全监管及文明施工进行有效管理和组织协调

人员职务	工作职责
造价咨询工程师	编制工程投资计划、项目概算、预算、工程量清单，审核各类工程款项的支付、各类工程联系单、竣工结算等工作
BIM 工程师	建立工程信息模型，检查设计错漏碰缺，在施工过程中开展协同办公，建立设计、施工、设备安装协调模型及完善的竣工模型
资料信息员	根据工程特点及城建档案馆要求，收集并整理工程前期到资产移交过程中的各类项目资料，并承担款项支付的流程办理工作

在项目管理方面，A 公司负责协助建设单位对项目进行总体策划，确定建设方案，代替建设单位进行项目从立项开始的各类报批报建管理、综合协调管理、设计优化管理、合同管理、现场管理、档案管理、验收移交等；在招投标代理方面，A 公司承担从电力部分的 EPC、建筑部分的总承包，到两部分的监理，以及过程中超出限额规定的各类发包的招投标代理工作；在全过程造价咨询方面，A 公司提供整个项目周期内全过程工程造价控制、招标控制价的编制、结算审核等；在 BIM 技术应用方面，A 公司在前期设计阶段进行可视化方案优化，检查设计错漏，在项目实施阶段开展协同办公，建立设计、施工、设备安装协调及竣工模型。

2020 年 5 月 28 日，随着宁波供电公司调控中心调度员发出指令，110 千伏智能公用地下变电站正式投产。如今，大河变电站"面貌一新"，走进新大河变电站，许多"豪华配置"映入眼帘，如具有防水、防火等作用的独立的废水泵房和消防泵房；具有"中央空调"作用的大马力排风机房；能够进一步提升设备管理的智能化水平、精益化水平的智能运检管控平台和全新辅控系统。

3. 问题

1）简要阐述宁波 110kV 大河变迁扩建项目采用的全过程工程咨询组织模式及相应的人员配备。

2）简要说明 EPC 模式下全过程工程咨询的优势。

思考与讨论题

1. 概述全过程工程咨询总咨询工程师以及专业工程咨询师的相关人员要求。

2. 概述全过程工程咨询组织组织模式分类以及具体含义。

3. 概述全过程工程咨询组织组织模式优点。

4. 创新全过程工程咨询组织模式，并进行简要说明。

5

全过程工程咨询的合同
管理及取费机制

本章导读

目前，工程建设过程主要依靠工程合同来约束参建各方的行为，协调各方的关系。基于市场经济的模式，参建各方都在追求自身经济利益的最大化。这种相对独立的关系使得各方相互制约和相互监督，达成对于工程质量、工期、造价，项目实施效果的控制。然而，随着这种关系的不断强化以及市场竞争的日趋激烈，签订工程合同和加强合同管理显得越来越重要。因此，本章分别就合同形成、合同履行、合同收尾三个阶段对合同管理的相关内容展开了详细论述。

虽然我国工程咨询行业已经进入了"全咨"时代。但国家层面尚未颁布详细、可操作的取费机制，缺乏成熟统一的规范性指导文件。因此，本章通过总结目前试点省市所运行的全过程工程咨询收费标准，以人员工作时间、提供服务类型等全过程工程咨询工作要素作为切入点对全过程工程咨询取费机制进行了介绍。

学习目标：熟悉全过程工程咨询各阶段合同管理的具体工作内容；了解全过程工程咨询取费机制的现状并掌握相关的取费机制。

重难点：全过程工程咨询取费方法。

5.1   全过程工程咨询的合同管理

1. 合同管理咨询服务的概述

建设项目的合同管理是指投资人与全过程工程咨询单位通过合同的方式明确各方的权利和义务，并授权全过程工程咨询单位对工程项目进行的全过程或分阶段的管理和服务活动。同时，全过程工程咨询单位根据投资人委托的管理和服务的内容，承担与工程建设相关的管理工作，协调各承包人、供应商之间的合同关系、合同的起草和编制，解释合同具体条款及解决合同争议与纠纷等。

合同管理是法律手段与市场经济调解手段的结合体，是工程项目管理的有效方法。合同管理要以法律为依据，保证合同的合法性；要在合法范围内将合同作为双方的最高行为准则，确保合同的权威性；要在遵循双方意愿的同时，要求合同各方为自己的行为负责，通常不允许他人介入和干涉，保证合同的自由性（江平，1999）；合同各方应真诚合作，履行诚实信用（苏红燕，2003）。

全过程工程咨询项目合同管理应在明确工程咨询管理内容及确定管理方法的基础上，根据合同内容及项目实施程序和现状等，明确合同双方责任和共担的风险，把握合同管理要点。具体来说，全过程工程咨询合同管理包括：

（1）根据项目性质、合同类型及单项招采金额等信息确定招标组织方式，系统梳理项目合约规划。

（2）由项目负责人牵头建立标准合同管理程序。

（3）明确合同相关各方的工作职责、权限和工作流程。

（4）明确合同工期、造价、质量、安全等事项的管理流程与时限等。

（5）协助投资人进行建设项目合同签订前、后的管理。

（6）明确合同执行过程中争议的解决机制，并将其纳入项目负责人考核绩效。

2. 项目合同管理策划

1）合同策划概述

合同策划是对单个项目合同的总体概述，在此基础上初步确定合同的内容、权利和义务。合同总体策划是在项目分解发包前，依据业主情况、承包商情况、工程特点、环境特点，对项目相关的合同进行整体策划，以明确对合同的签订与实施有重大影响的决策事项，包括项目结构分解、工程承投资人、合同类型、招标方式、合同条件、重要合同条款等。合同总体策划主要解决的是从项目整体把握项目分解包和存在的界面问题。

2）合同总体策划目标

工程合同总体策划对整个项目的计划、组织、控制有着决定性的影响。因此，一些根本性和方向性的合同问题需要提前把控。在项目的开始阶段，投资人（有时是企业的战略管理层）必须考虑合同的承发包模式、合同种类和合同条件的选择、合同的主要条款和管理模式的制定、工程项目相关的各个合同在内容、时间、组织、技术上的协调等问题并作出决策。

3）合同总体策划内容

在工程合同的总体策划中，应对与工程项目相关的因素包括工程项目特点、投资人信息、承包人信息及项目所处环境给予考虑。

（1）工程方面

项目的类型、范围和分解结构，项目的规模和特点、技术的复杂程度，工程设计的准确程度，质量要求和工程范围的确定性、规划的程度，招标的时间和工期的限制，项目的成本效益，工程风险程度，资源的可用性（如资金、材料、设备等）等。

（2）投资人方面

投资人的资信度，资金保障能力，管理水平，投资者的目标和目标的确定性，投资者的实施策略，投资人的融资和管理模式，期望对项目进行的管理深度，投资人对工程师和承包商的信任程度等。

（3）承包人方面

承包人的能力、资信、规模、管理风格和水平，本项目的目标与动机，目前的经营状况，以往类似项目的经验、经营战略、长期动机，承包人承受和抵御风险的能力等。

（4）环境方面

工程所处的法律环境，建筑市场竞争激烈程度，原材料价格的稳定性，地质、气候、自然环境、作业现场条件的确定性，资源及时供应的概率，获得其他资源的可能性，工程的市场方式，工程惯例等。在建设项目建设过程中，开发商通过合同分解项目目标，委托项目任务，并实施对项目的控制。

3. 合同形成阶段的合同管理

招投标是合同管理的首要步骤之一。招标人期望以最低运作成本，建成符合质量要求的工程；投标人意图以最低的施工管理成本，以相关规范要求，完成工程的建设施工任务，最大程度地获取利润。在这一阶段，全过程工程咨询单位根据投资人委托的管理和服务的内容，在招投标双方最佳经济利益的博弈中，负责招标采购阶段各个合同的协调与控制。

1）合同体系的确定

（1）合同体系内容

①合同管理策划

合同管理策划的内容包括制定合同管理原则、组织结构和合同管理制度。

a. 制定合同管理原则

需要满足与组织结构以及承包模式相关联的要求，同时应尽量减少合同界面，实行动态管理合同的原则。

b. 制定合同管理组织结构

为了使合同管理工作专业化，提高合同管理水平，全过程工程咨询单位应设立专门机构或人员负责合同管理工作。

合同管理组织的形式因项目而异，通常有以下几种情况：整个过程工程咨询单位的合同管理部门（或科室）必须专门配备负责项目相关合同管理的人员。对于大型工程项目，要成立一个项目合同管理小组，专门负责与项目有关的合同管理，合同管理小组一般由设计经理、采购经理和施工的项目经理等构成，分别负责设计合同、采购合同和施工合同的履行、管理和控制，并指定其中一人为合同管理负责人，合同管理负责人在该系统中负责所承担项目的合同管理日常工作，向项目经理或合同其他执行人员提供合同管理信息，对合同履行提出意见和建议。对于小型工程项目，如果工作量不大、不复杂，可以不设立专门的合同管理负责人，而将合同管理任务分配给各职能部门人员。

c. 制定合同管理制度

合同管理制度的制定主要包括合同制度、合同管理办法以及合同审批制度，使合同管理人员明确项目合同体系、合同管理要求、执行合同审批流程。

②合同结构策划

项目的合同结构应涵盖项目授标内容和项目实施的全过程，并保证不缺项、不重复。合同结构策划是在分解项目周期内所有工作的基础上，根据项目特点和业主要求，将所有工作包转化为相应的合同，并确定每个合同的合同范围。合同结构策划的一个重要原则是对项目进行分解，确保每个合同中的工作不被遗漏、重复或交叉。合同结构规划主要包括合同结构的分解和合同界面的协调。

a. 合同结构分解可以实现项目所有合同的系统规划，明确最小合同单元之间的逻辑体系以及单个合同的成本、进度和质量控制，进而合理地确定招标合同单元。合同结构分解的关键之处在于招标合同单元的确定，而招标合同单元的确定直接或间接取决于最小工作单元的分解和最小合同单元的确定。因此，合同结构的分解是以整个项目工程的分解为基础的。在一个典型的建设项目中，整个过程工程咨询单位必须首先确定项目结构分解中的工作组合形式并形成合同。

b. 合同结构分解的编码设置

全过程工程咨询单位在分解合同结构后，为了方便管理可以建立相应的合同编码体系（蒙晓莲，1995）。合同的编码设计与项目工作分解结构密切相关，一般可采用"父码 + 子码"的编码方法，具体描述如下：

　　合同结构分解能够清晰表示合同体系的层次结构和各个合同的关系，第一级表示整个合同体系，可使用1~2位数字、字母、英文缩写或汉语拼音缩写来表示，以方便识别合同的特征和与其他合同的区别。第二级表示合同体系中的主要合同，同样可以使用1~2位的数字、英文缩写或汉语拼音缩写来表示。按照这种方式逐级编制，一般编至各个承包合同。根据合同分解结构从高层向低层对每个合同进行编码，要求每个合同有唯一的编码（卢勇，2003）。

　　c. 合同界面协调

　　合同界面需按照合同在技术、价格、时间、组织等层面上的协调进行统一布置。在技术协调方面，分包合同应以主合同条款为基础，充分体现主合同的相关内容；各分合同的条款要保持一致且其所定义的专业工程应有清晰的界面和合理的搭接，相关责任主体也应明确；在价格协调方面，项目合同总体策划应将项目总体投资分解为各个合同，作为合同招标和执行控制的依据。对于大的单位工程或专业分项工程应尽量采用招标的方式竞价，实现价格的有效降低；对全过程工程咨询单位来说，基于合作经验以及对相应合同的后评价，通过确定信誉好的合作伙伴，可以有效减少管理过程中的摩擦损失，提高管理效率。同时，确定一些合作原则和价格水准，以保证整个合同的相对稳定；在时间协调方面，按照项目的总进度目标和实施计划确定各个合同的实施时间安排，各合同工期要相互吻合，满足总工期要求；在组织协调方面，应高度重视合同签订阶段和施工阶段的合同内容和合同管理过程的协调。

　　（2）合同体系策划的注意事项

　　合同体系策划时要注意以下事项：合同体系策划要保证合同的合法性、公正性以及项目实施过程的系统性和协调性，促使各方面的互利合作，确保高效率地完成项目目标；全过程工程咨询单位在合同体系策划时要注重工程项目的综合效率，理性地决定工期、质量、价格的三者关系，公平地分配项目风险；合同体系策划时应进行合同结构分解，并应遵循保证合同的系统性和完整性，保证各分解单元间界限清晰、意义完整、内容相当，便于按照项目的组织分工落实合同工作和合同责任以及考虑不可预见因素等原则。

　　2）合同内容的确定

　　合同内容的确定主要包括合同的起草、重要合同条款的确定以及合同计价类型的选择。

　　（1）合同的起草

　　合同条件中应当包含以下条款：

　　①合同当事人的姓名（或名称）和地址。合同中记录的当事人的姓名是识别合同当事人的标志，地址对于确定履行合同义务的地点和法院对案件的管辖权具有法律意义。

　　②标的。标的即合同法律关系的客体。合同中的标的条款应当明确标的名称，以

使其特定化，并能够方便权利义务范围的确定。合同的标的因合同类型的不同而变化，包括有形财务、行为和智力成果等。没有标的或者标的不明确，合同将无法履行。

③数量。合同标的物的数量衡量合同当事人的权利和义务的大小程度。它为计算价格和报酬的目的对合同标的物进行量化。合同双方应使用国家法定计量单位，以实现计量的标准化和规范化。

④质量。合同标的物的质量是指标的物的基本质量和方面的检验标准，标的物之间差异的特殊性以及标的物的价值和使用价值的集中性。为了确定对象的质量标准，使用国家或行业标准，或根据区域标准签署。在不违背国家标准和行业标准的前提下，当事人也可以对物品的质量要求进行约定。

⑤价款和报酬。价格和报酬是指受益一方支付给另一方作为受益对价的金钱。合同价格一般应按照市场价格机制来确定。

⑥履行期限、地点和方式。履行时间是指当事人交付标的物和支付价款及报酬的具体日期；履行地点是指当事人交付标的物和支付价款及报酬的地点；履行方式是指合同当事人履行和接受履行的方式，即当事人约定标的物的转移和价款及报酬的结算方式，它指的是具体的方法。

⑦违约责任。违约责任是指合同一方或双方不履行或不完全履行其合同义务而应承担的法律责任。违约责任包括支付违约金、赔偿金、继续履行合同等方式。如果法律规定了责任的范围，则按照其规定处理；如果法律没有规定范围，则通过当事人之间的协议处理。

⑧解决争议的方法。解决争议的方法是指合同当事人解决合同纠纷的手段和方法。

（2）合同中重要条款的确定

各合同中应明确各责任主体相关的责任和义务，保证各个合同条款的一致性，主要包括但不限于以下内容：

①全过程工程咨询单位的义务

全过程工程咨询单位应根据投资人的要求，在规定的时间内向施工单位移交现场，并向其提供施工场地地下管线和地下设施等有关资料，保证资料的真实、准确和完整；按合同的有关规定在开工前向承包人进行设计交底，制定相关管理制度，并负责全过程合同管理，支付工程价款；按照有关规定及时协助办理工程质量、安全监督手续等。

②监理单位的义务

监理单位根据《建设工程监理规范》GB 50319—2013 及监理合同的约定，对项目前期、设计、施工及质量保修期全过程监理，包括质量、进度、投资控制、组织协调、安全、文明施工等；工期延误的签认和处理等；施工方案认可、设计变更，施工技术标准变更等；并配合全过程工程咨询单位进行工程结算和审计工作（丁渔刚，2020）。

③总承包人的义务

总承包单位应负责提供完成工程所需的材料、施工设备、工程设备和其他物品，同时负责统一设计、维护、管理和拆除合同约定的临时设施。应当对在施工场地或者附近实施与合同工程有关的其他工作的独立承包人履行管理、协调、配合、照管和服务义务，并在合同中约定明确由此发生的费用是否包含在承包人的签约合同价中；应按监理单位指示为独立承包人以外的他人在施工场地或者附近实施与合同工程有关的其他工作提供可能的条件，并在合同中约定清楚由此发生的费用是否包含在承包人的签约合同价中；应遵从投资人关于工程技术、经济管理、现场管理而制定的制度、流程、表格及程序等规定，并负责管理与项目有关的各分包商，统一协调进度要求、质量标准、工程款支付等。

④分包商

除按一般通用合同条款外，应在专用条款作如下约定：除在投标函附录中约定的分包内容外，在投资人、全过程工程咨询单位和监理单位一致同意后，承包人可以将其他非主体、非关键性工作分包给第三人，但分包人应符合相关资质要求并事先经过投资人、全过程工程咨询单位和监理单位审批，投资人、全过程工程咨询单位和监理单位有权拒绝总承包人的分包请求和总承包人选择的分包商；在相关分包合同签订并报送有关行政主管部门备案后规定时间内，总承包人应将副本提交给监理单位，并保障分包工作不得再次分包；未经投资人、全过程工程咨询单位和监理单位审批同意的分包工程和分包商，投资人有权拒绝验收分包工程和支付相应款项，由此引起的总承包人费用增加和（或）延误的工期由总承包人承担。

⑤付款方式

付款方式可以在合同中进行约定，一般分为一次性付款和分期付款。一次性付款即投资人在约定的时间一次履行付款义务。该方式适用于造价低、工期短、内容简单的合同。分期付款一般分为按期付款和按节点付款。在总承包施工合同实施中，如按月度付款、按季度付款，即当月、当季完成的产值乘以付款比例进行支付；按节点付款，如根据工程实施节点、主体、二次结构、竣工等，完成相应进度才给予支付对应的进度款。

⑥合同价格调整

合同应明确约定合同价款的调整条件、范围和方法，特别是因价格、汇率、法律、关税等变化而调整合同价款的规定。

⑦对承包人的激励措施

如果承包人在提前竣工，提出新设计，使用新技术、新工艺使建设项目在工期、投资等方面受益（陈雪芩，冯伟鹏，2016），可以按合同约定进行奖励，奖励包括质量奖、进度奖、安全文明奖等。

（3）合同计价类型选择

按计价方式可分为单价合同、总价合同和成本加成合同。

①单价合同

单价合同是最常见的合同类型，应用广泛。在单价合同中，承包人只承担合同规定的报价风险，即对报价（主要按单价）的正确性和充分性负责，而投资者承担工程量变化的风险。单价合同可分为两种形式：固定单价合同和可调单价合同。固定单价合同，发包人在合同中约定综合单价所包含的风险范围，在约定的风险范围内综合单价不再调整，风险范围外的综合单价调整方式，可在合同中约定；可调整单价合同，一般在招标文件中规定合同单价是可调的，合同签订的单价根据合同约定的条款如在工程实施过程中物价发生变化等，可作调整。

②总价合同

完成项目合同内容后，以合同总价款支付工程费用。合同总价款在合同签订时确定并固定，不随工程的实际变化而变化。在总价合同中，承包商承担工作量增加和价格上涨的风险，除非有重大设计变更，一般不允许调整合同价格。总价合同可分为两种类型：固定总价合同和可调整总价合同。固定总价合同，建设规模较小，技术难度较低，承包人的报价以审查完备详细的施工图设计图纸及计算为基础，并考虑某些费用上升的因素，适用于工期较短的项目（一般不超过1年）；可调总价合同，在报价及签订合同时，根据招标文件的要求及当时的物价计算，适用于工期较长的项目，但要在合同条款中约定：如果在执行合同中由于市场变化引起工程成本增加达到某一限度时，合同总价应相应调整。

③成本加酬金合同

成本加酬金合同也称为成本补偿合同，是指项目建设的最终合同价格，通常是将项目的实际成本加上一定的酬金所求得。在签订合同时，往往不能确定工程的实际成本，而只能确定酬金数额的百分比或其计算原则。在这类合同中，投资人承担全部工程量和工程价格风险，而承包人不承担任何风险。

成本加酬金合同一般在以下情况下使用：投标阶段依据不准无法准确估价，缺少工程的详细说明；工程特别复杂，工程技术、结构方案不能预先确定；时间特别紧急以及施工技术特别复杂的建设工程。

3）合同文件评审

（1）合同文件评审内容

合同的评审主要针对合同合法性、完备性、一致性及合同各方的风险进行分析。

①合同的合法性审查分析

合同的合法性审查分析指的是全过程工程咨询单位的合同管理人员或全过程工程咨询单位聘请的律师对合同当事人的资格、合同客体的资格以及合同的内容进行合法性审查。

②合同的完备性审查分析

合同的完备性审查应由全过程工程咨询单位的项目经理负责，主要是针对合同条款的审查，尤其是专用条款。合同条款完备性审查方法通常与使用的合同文本有关。

③各合同间的一致性

建设项目中存在多种合同类型，为保证建设项目的成功，全过程工程咨询单位应对各合同的进度、内容等进行统一，保证各个合同之间的有效对接。

④合同各方风险分担分析

合同签订各方承担的风险分析就是对各方的权责利关系进行分析。在合同审查中应将各合同各主体的义务、权利、责任及其范围的限定详细具体地列出，基于此进行风险分担分析。

⑤合同条款的审查

首先要审查合同条款是否对合同履行过程中的各种问题都进行了全面、具体和明确的规定，有无遗漏。若有遗漏，需要对相关条款进行补充。其次审查合同条款是否存在以下情况：合同条款之间是否矛盾；当事人双方在合同中的权利、义务与责任是否平衡；条款中是否隐含较大的履约风险；条款用语表述是否清晰等。

⑥合同审查表

合同审查表是进行工程合同审查的一个重要技术工具。合同审查表主要由编号审查项目、合同条款号、条款内容、审查说明、建议等几部分组成。审查说明是对合同条款进行分析审查后，指出其存在的问题。审查说明应具体评估执行合同条款的法律后果，以及将给双方带来的风险和影响。合同审查完成后，整个过程工程咨询单位应以最简洁的方式表达合同审查的结果，并在合同谈判中针对合同审查期间发现的问题和风险与当事人进行协商，落实合同审查表中的建议或对策。

（2）合同文件评审注意事项

对合同文件进行评审时要注意对合同总金额大或重要的工程合同，全过程工程咨询单位必需组织其他相关部门或人员进行合同评审，填写评审意见表，经委托方审批后签订；在施工过程中，也需要对合同进行审查，审查应与前期工作相衔接，确保前后应连续一致，资料归档及时、完整。评审时应关注专用条款的约定和各合同间的一致性。

4. 合同履行阶段的合同管理

1）合同履行的原则

实际履行原则。当事人订立合同的目的是为满足一定的经济利益，满足特定的生产经营活动的需要。当事人一定要按合同约定履行义务，不能用违约金或赔偿金来代替合同的标的。

全面履行原则。当事人应当严格按合同约定的数量、质量、标准、价格、方式、地点、期限等完成合同义务。全面履行原则是判断合同各方是否违约以及违约应当承担何种违约责任的依据。

协作履行原则。合同当事人各方在履行合同过程中，应当相互协助，尽可能为对方履行合同义务提供相应的便利条件。由于工程承包合同履行是一个历时长、范围广、要求高的复杂过程，因此只有合同双方相互协作才能达到预期的合同效果。

诚实信用原则。对施工合同来说，投资方必须为承包商提供施工场地，及时支付工程款，并在合同实施阶段聘请工程师进行公正的现场协调和监督；承包商必须组织施工，在规定时间内按质按量完成施工任务，并履行合同规定的其他义务。

2）勘察设计阶段合同管理

（1）勘察设计阶段合同管理内容

勘察设计阶段合同管理内容主要包括：编制勘察设计招标文件；组织并参与评选方案或评标；起草勘察设计合同条款及协议书；跟踪和监督勘察设计合同的履行情况；审查、批准勘察设计阶段的方案和结果；勘察设计合同变更管理。

（2）勘察设计阶段合同管理程序

建设工程勘察、设计任务通过招标或设计方案的竞投，确定了勘察、设计单位后，应遵循工程项目建设程序，签订勘察、设计合同。勘察合同签订时，应由投资人、设计单位或有关单位提出委托，经双方协商同意，即可签订；签订设计合同时，除双方协商一致同意外，还应具有上级主管部门批准的设计任务书和上级主管部门批准的小型单项工程的设计文件。

（3）勘察设计阶段合同管理注意事项

①全过程工程咨询单位应当设专门的合同管理机构对建设工程勘察设计合同的订立全面负责，实施控制。承包人在订立合同时，应当深入研究合同内容，明确合同双方当事人的权利义务，分析合同风险。

②在合同的履行过程中，无论是合同签订、合同条款分析、合同的跟踪与监督、合同的变更与索赔等，都须以合同资料为依据。合同的跟踪和监督就是对合同实施情况进行跟踪并将实际情况与合同资料进行对比。合同管理人员应当及时将合同的偏差信息及原因分析结果和相关建议提供给项目人员，以便及早采取措施，调整偏差。同时，合同管理人员应当及时将投资人的变更指令传达给本方设计项目负责人或直接传达给各专业设计部门和人员。

3）施工阶段合同管理

（1）施工阶段合同管理

①合同实施控制

a. 依据

在建设项目施工阶段，全过程工程咨询单位对合同的控制主要依据如下文件：合同协议书；中标通知书；投标书及附件；施工合同专用条款；施工合同通用条款；标准、规范及现有有关技术文件；图纸；工程量清单；招标文件及相关文件；施工项目合同管理制度；其他相关文件。

b. 内容

全过程工程咨询单位或其发包的造价部门应协助投资人采用适当的管理方式，建立健全的合同管理体系以实施全面合同管理，确保建设项目有序进行。全面合同管理应做到：建立规范的合同管理程序；明确合同各方的工作职责、权限和工作流程；明确合同工期、成本、质量和安全等问题的管理流程和时间节点。

②施工阶段参与主体的合同管理

a. 依据

全过程工程咨询单位对各参与主体合同管理的依据除了国家和地方相关的法律法规、政策性文件，主要是双方在招投标以及合同履行过程中签署的文件，包括中标通知书、双方签订的合同协议书、专用条款、通用条款、补充协议、合同管理制度、总包管理制度等。

b. 内容

（a）采购合同管理

协助配合投资人检验采购的材料、设备。全过程工程咨询单位应对材料、设备供应商提供的货物进行检验，保证提供符合合同规定的货物，以及商业发票或相等的电子单证。

保证供应进度满足施工进度要求。全过程工程咨询单位应对材料、设备供应商的供应时间进行监督，防止因材料、设备不到位导致的施工进度拖延、窝工等情况。

甲供材料、设备采购合同管理。全过程工程咨询单位中应注意对甲供材料、设备供应合同的管理，在梳理合同结构时，首先需要明确甲供材料、设备范围，并根据总进度要求，及时完成甲供材料、设备的招标及供应工作，不能因甲供材料、设备供应的滞后影响施工进度。

（b）施工合同管理

项目施工合同管理包括全过程工程咨询单位协助投资人对总承包人的管理以及总承包人对分包商的管理两部分。全过程工程咨询单位对施工合同的管理主要指协助配合投资人对总承包人的管理；对分包商的管理一般是通过总承包人实施管理，总分包管理职责划分应在合同体系策划前界定。分包商不仅指总承包人按合同约定自行选择的分包商，也指投资人（或委托方）通过招投标等方式选择的分包商。

（c）全过程工程咨询单位对一般分包合同的管理

项目中主要包括总承包人和分包商两种承包人。全过程工程咨询单位通过监理单位主要对总承包人的质量、进度、投资等进行管理，任何分包商的管理均应纳入总包管理中，包括进度的统一、质量的检查、投资的管理、安全文明施工管理、现场协调等方面，对此，应要求总包商完成相应的分包管理制度。一般分包商是指与总承包人签订合同的施工单位。全过程工程咨询单位不是分包方，不参与约定分包权利和义务，与分包方也没有合同关系，但作为项目经理和施工合同的一方，分包管理主要表现为对分包工程的审批。

c. 程序

全过程工程咨询单位对总包合同的管理主要体现在针对总承包人和指定分包商的管理。

明确总承包人的义务。投资人与全过程工程咨询单位应监督总承包人按照合同约定的承包人义务完成工作，并督促承包人在产生变更、索赔等事件时，及时、合格的完成施工工作。

监督承包人工作的履行情况。全过程工程咨询单位应对承包人施工情况进行监督，保证其按照合同约定的质量、工期、成本等要求完成工作内容，并及时对变更、索赔等事件进行审核和处理。

总承包人对指定分包的管理。全过程工程咨询单位应协助配合投资人要求承包人需指定专人对分包商的施工进行监督、管理和协调，并承担与监督主合同履行过程时相同的责任。承包商管理主要通过发布一系列指令来实现。每个工艺设计顾问应要求分包商参加现场会议，以提高他们对工作的理解，增强他们对工作方案的主动性和认识。

d. 注意事项

第一，分包合同对总承包合同有依附性，分包合同应根据总承包合同做相应的修改；第二，分包合同需与总承包合同在内容上、程序上保持兼容和一致，分包合同在管理程序的时间定义上应比施工合同更为严格；第三，分包商不仅应掌握分包合同，还应了解总承包合同中与分包合同工程范围相关的内容。

（2）施工阶段合同争议处理

合同争议的处理有协议和解、调解、仲裁及诉讼四种解决途径。当合同争议产生以后，合同法提倡当事人先采用的和解或调解的方式，若无效则采用仲裁或诉讼方式（严玲，2019）。

全过程工程咨询单位在处理建设工程施工合同争议时应了解合同争议情况；及时与合同争议双方进行协商；提出处理纠纷的方案，然后与总工程师商定。当双方不能达成一致时，总工程师应独立、公正地提出对合同纠纷的处理意见。在建设工程施工合同争议处理过程中，对不符合施工合同规定的中止条件的，项目监理机构应要求施工合同双方继续履行合同。在有关施工合同纠纷的仲裁或法院诉讼中，项目监理机构按照仲裁机构或法院的要求，提供与纠纷有关的证据。

（3）施工阶段合同解除处理

①依据

合同解除要依据现行法律、法规；达到合同解除的事实及提交相关证据材料；符合解除合同的法定条件、解除合同的法定要件、解除合同的法定情形。

②内容

a. 投资人导致的施工合同解除

全过程工程咨询公司或其发包的监理单位应与投资者和施工单位协商，按照施工合同确定应支付给施工单位的金额，并出具工程款支付证明。

b. 施工单位导致的施工合同解除

项目监理单位应按照施工合同的约定，确定应支付给施工单位或偿还给投资方的金额，经与投资方和施工单位协商后，提出应支付给施工单位或偿还给投资方的书面确认。

c. 非投资人、施工单位导致的施工合同解除

项目监理单位应按施工合同的规定处理合同的终止事宜。

（4）合同风险管理

项目开工前，全过程咨询单位应召集相关单位对项目风险和主要风险源进行评估，制定相应的防范措施和应急预案（吴璇等，2014）；在项目实施过程中，应不断收集和分析各种信息和动态，以便更好地准备和采取有效措施应对潜在风险，并及时报告有关情况。当风险发生时，应尽一切努力保证项目的顺利实施和迅速恢复生产，确保按原计划实现既定目标，避免项目中断和成本超支。同时，整个工艺设计咨询单位也应定期向业主书面汇报临时风险管理报告。

4）合同备案管理

合同备案管理要依据国家的法律法规及地方的合同备案管理办法进行合同备案管理。

（1）合同文本的要求

合同当事人应当使用住房和城乡建设部、国家工商行政管理总局或省住房城乡建设厅、省工商行政管理局联合制定的合同示范文本订立合同。招标发包工程应依据招标文件中的合同条款订立合同。其他非招标建设工程的合同，当事人应在不违反法律、法规的前提下参照合同示范文本订立合同。

（2）合同备案时限要求

合同备案有相应的时限要求，合同当事人应当在合同签订后规定的时间内向相应的合同备案管理机构报送相关资料，申请办理合同备案。合同备案后，合同当事人如对合同进行补充、变更，应在补充、变更后规定时间内到原合同备案管理机构办理合同备案变更。

（3）合同备案时提供的资料

合同备案前，合同当事人应准备齐全办理合同备案时应提供的相关资料，并对资料的真实性、合法性负责。

5）合同档案管理

全过程工程咨询单位必须依据国家的法律、法规及建设工程合同等的内容对项目档案进行管理。合同档案管理应该配备专职人员进行负责管理，项目经理和人员应该

对归档文件的完整和系统负责，并建立合同档案管理体系。由于主合同文件是包含公司商业秘密的重要文件，因此在主合同文件生成后，应将原件归档保存日常工作中应当使用复印件。如确需使用资料原件的，需严格执行审批、催还、归档制度。严禁个人私自保管合同档案资料，严禁泄露合同档案资料中的内容。若相关人员在对照清单发现有未归档合同清单时，需要发于相关人员并督促其在指定期限完成归档。档案人员在进行归档工作时，也要加强同步收集、同步修改，确保资料的完整性和准确性。

5. 合同收尾阶段的合同管理

合同收尾阶段是指从项目投资人接管项目并向承包商颁发临时验收证书起至合同有效期结束的阶段，合同双方主要就一些收尾工作、遗留问题、质量保证、最终结算（包括返还保留金和解除履约保证金）和终止合同义务进行协商。

1）合同收尾管理

（1）专人负责，强调计划

由于合同收尾工作的复杂性，需要指定一人牵头，直接对项目经理负责，辅以对项目比较熟悉的各部门成员，组成项目验收、交接、资料归档、工程结算等精干工作小组，实施合同收尾工作，主要进行交接、验收和结算。合同收尾工作计划应由合同收尾工作小组负责人根据项目实际情况，结合合同条款编制，经项目经理主持召开各部门（特别是项目部的合同部、技术部、施工部）会议审核后，严格执行。

（2）内部协同配合，外部积极沟通

在合同收尾阶段，应更加注重项目部施工、技术、合同管理部门与分包商之间的内部协调与配合，包括必要的设计单位和公司各职能部门的参与，积极、坚决、严格地按照合同规定的验收交接、收尾工作计划等行事。加强与投资方、监理方等外部单位的联络、沟通和配合，以确保项目的顺利实施。

（3）重视合同收尾，做好保障工作

工程项目合同收尾阶段工作的好坏影响着承包人的企业信誉、项目收益、后续市场等。因此，工程项目承包人在该阶段既要策略地将项目执行过程中合同双方遗留的问题，同时，要从战略上与投资者保持良好的关系，为项目的后续签约和市场拓展打下良好的基础。

2）合同的后评估

（1）依据

合同后评估的依据包括：国家、行业和地方政府的有关规定；招标文件、工程合同、经认可的施工组织设计、工程图纸、技术规范等；施工过程中的变化，如出现的变更、签证等；施工过程中各项来往的信件、指令、信函、通知、答复、会议纪要等；施工进度计划和实际施工进度表；建筑材料和设备采购、订货运输使用记录等；由全过程工程咨询单位或监理单位签署的补充协议等文件；各方在合同执行过程中的各种往来文件等。

（2）内容

①后评价内容的分析

按照合同全周期控制要求，在合同执行完成后，全过程工程咨询单位应进行合同后评估。将合同各参与主体在执行过程中的得失进行总结，为全过程工程咨询单位同类型合同管理提供借鉴，为项目部及公司决策层提供参考。

合同评估主要是为委托方和整个过程工程咨询单位提供各合同对象的商业能力信息，并为实现下一步合作提供参考和依据。施工后合同管理评价的内容是施工后合同管理评价指标选择的依据，也是施工后合同管理评价结果的准确性。根据施工合同管理生命周期的特点，本书将能够影响施工后合同管理评价结果的因素分为三部分。

a.施工合同形成阶段的管理。施工合同形成阶段是施工合同整个生命周期的重要组成部分，是施工合同履行的前提条件。这个阶段包括施工合同的收集、招标和合同谈判。对这一阶段的评价是寻找从工程信息收集到施工合同签订整个过程中可能对施工合同管理产生重要影响的因素，通过对各种要素的分析来判断这一阶段的施工合同管理。

b.施工合同的履行阶段的管理。施工合同的履行阶段是施工合同管理的核心阶段，也是有效检验施工合同形成阶段的工作是否完整、正确，预期目标设定是否合理的阶段，通过合同监督等合同控制手段，及时改进前期工作中的不足之处，确保施工合同预期目标的实现。本阶段的主要内容是通过对施工合同履行过程的系统研究，探讨可能对施工合同管理产生重要影响的因素（如进度、质量和安全控制、合同条件分析、风险控制、合同交付等），通过对这些因素的分析，判断本阶段施工合同的管理情况。

c.施工合同组织管理。组织管理是有效实施施工合同后期管理评价的重要保障。通过施工合同管理队伍建设建立一支科学严谨的高水平施工合同管理队伍，建立起稳固的施工合同管理机构；通过施工合同管理制度建设，建立起权责明确、规范合理的施工合同管理模式。三者相互支撑，确保施工合同管理的规范性、严谨性和科学性。通过对施工合同组织管理的评价，探讨施工合同管理的重要影响。

②施工合同管理后评价基础评价指标体系的构建

a.施工合同管理后评价指标体系的构建原则

全面性原则。施工合同管理是一项复杂的系统工程，涉及施工的各个环节，同时也受到各种因素的影响。因此，要在系统整理施工合同管理的基础上，综合考虑，构建施工合同管理后的评价指标体系，为后续指标的优化筛选建立良好基础。

客观性原则。施工后合同管理的评价指标体系应与理论和实际情况充分结合。在指标体系的构建中，最重要、最关键的是如何能够在对指标进行高度抽象和概括的基础上，选择最具代表性的品质，以得出最接近实际情况的评价结果。

系统性原则。在施工合同管理的后评价中，评价者应从项目管理的角度出发，将施工合同管理作为项目管理的最重要部分之一，系统地考虑后评价指标的构建。

层次性原则。在指标体系的构建中可采用系统分解和层次分析等方法，形成树形结构的指标体系。

b. 施工合同管理后评价指标的构建方法

施工合同管理后评价指标体系的构造基本与一般统计指标体系的构造类似。建设工程合同管理评价指标体系的构建一般以描述性指标体系的构建为基础，大致可分为以下三个环节，包括评价指标体系的预选、筛选和确定，即所谓的"三步法"。在选择评价指标的过程中，可以采用以下三种方法：

频度统计法：在相关指标的频率统计中选择使用频率最高的指标，主要是在目前有关施工合同管理后评价研究的书籍和文章中。

理论分析法：主要是对基本要素和关键问题进行综合分析和比较，选择最重要的、有针对性的、符合要求的创新指标。

专家咨询法：在初步评价指标的基础上，进一步咨询相关领域的专家，对初步指标体系进行调整和优化。

（3）方法

全过程工程咨询单位对各参与主体进行评估，主要是由委托方、监理单位和全过程工程咨询单位的相关负责人对各参与主体进行打分，打分的项目与总分可自行设定。

表5-1为某工程项目中全过程工程咨询单位对施工单位打分时所采用的评估表范例。该评估表主要由施工单位基本信息、施工项目相关信息、评估内容及评估结论组成。其中，对施工单位的打分评估主要从材料情况、施工进度、安全文明、施工质量、配合情况、造价水平等方面进行，且各评估方面的权重不同。

某工程项目——施工单位评估表 　　　　　表5-1

编号：

合同编号		评估时间	
企业名称		联系人	
企业地址		电话、传真	
施工内容		电子邮箱	
施工时间		施工面积	
评估内容	分值		得分
材料情况（权重15%）	□很好 100 分　□较好 80 分　□一般 60 分 □较差 40 分　□很差 20 分		
施工进度（权重25%）	□及时 100 分　□比较及时 75 分 □不及时 50 分　□严重延误 25 分		

续表

安全文明（权重 5%）	□很好 100 分　□较好 80 分　□一般 60 分 □较差 40 分　□很差 20 分	
施工质量（权重 25%）	□很好 100 分　□较好 80 分　□一般 60 分 □较差 40 分　□很差 20 分	
配合情况（权重 20%）	□很好 100 分　□较好 80 分　□一般 60 分 □较差 40 分　□很差 20 分	
造价水平（权重 10%）	□合理 100 分　□比较合理 75 分　□一般 60 分 □不合理 40 分　□相差较大 25 分	
总得分		
表现好的方面		
存在的主要问题		
评估结果	□可以合作　□需要改进　□重新评估　□不能合作	

各评估单位签字	监理—总监 理工程师	全过程工程咨询单位— 项目经理	委托方— 现场代表

委托方最后结论	工程部	技术部	造价部
	分管总经理		

表 5-2 为同一项目中全过程工程咨询单位对供应商打分时所采用的评估表范例。该评估表主要由供应商基本信息、供应产品相关信息、评估内容及评估结论组成。该工程项目中全过程工程咨询单位对供应商的打分评估内容涉及材料情况、施工进度、安全文明、施工质量、配合情况、造价水平等方面。

某工程项目——供应商供货评估表

表 5-2

编号：

供货合同编号		评估时间	
企业名称		联系人	
企业地址		电话、传真	
供货品名、型号		电子邮箱	
供货时间		施工面积	

评估内容	分值	得分
产品包装（权重 5%）	□很好 100 分　□较好 80 分　□一般 60 分 □较差 40 分　□很差 20 分	
交货情况（权重 25%）	□及时 100 分　□比较及时 75 分 □不及时 50 分　□严重延误 25 分	

续表

配合情况（权重15%）	□很好 100 分　□较好 80 分　□一般 60 分 □较差 40 分　□很差 20 分		
产品质量（权重25%）	□很好 100 分　□较好 80 分　□一般 60 分 □较差 40 分　□很差 20 分		
售后服务（权重20%）	□很好 100 分　□较好 80 分　□一般 60 分 □较差 40 分　□很差 20 分		
产品价格（权重10%）	□合理 100 分　□比较合理 75 分　□一般 60 分 □不合理 40 分　□相差较大 25 分		
总得分			
表现好的方面			
存在的主要问题			
评估结果	□可以合作 □需要改进 □重新评估 □不能合作		
各评估单位签字	监理—总监理 工程师	全过程工程咨询 单位—项目经理	委托方—现场代表
委托方最后结论	工程部	技术部	造价部
	分管总经理		

5.2　全过程工程咨询取费机制

1. 全过程工程咨询的取费现状

2019 年 3 月 15 日，国家发展改革委、住房和城乡建设部发布的《关于推进全过程工程咨询服务发展的指导意见》（发改投资规〔2019〕515 号）中明确规定：在房屋建筑和市政基础设施领域推进全过程工程咨询服务发展，全过程工程咨询服务酬金可在项目投资中列支，也可根据所包含的具体服务事项，通过项目投资中列支的投资咨询、招标代理、勘察、设计、监理、造价、项目管理等费用进行支付。全过程工程咨询服务酬金在项目投资中列支的，所对应的单项咨询服务费用不再列支。投资者或建设单位应当根据工程项目的规模和复杂程度，咨询服务的范围、内容和期限等与咨询单位确定服务酬金。

根据《关于推进全过程工程咨询服务发展的指导意见》，各省住建厅相继出台全过程工程咨询试点方案，对试点项目采取的全过程工程取费模式、相应奖惩、咨询费计列来源及取费标准进行了相应规定（付佾修，2019），部分试点省市建设项目全过程工程咨询取费模式及取费标准的比较见表 5-3。

部分试点省（市）全过程工程咨询取费模式与取费标准比较   表 5-3

省市	取费模式	相应奖惩	咨询费计列来源	优缺点
浙江模式	基本酬金加奖励 其中基本酬金：专业取费分别计算后叠加	节约投资额约定奖励比例	在工程概算中各服务费可分别列支在工程概算中各服务费可分别列支	优点：明确约定工程咨询的具体内容。 缺点：奖励难以兑现
广东模式				
陕西模式	实行基本酬金加奖励方式； 各项取费分别计算后叠加大于1或小于1的系数			优点：明确约定工程咨询的具体内容，取费叠加后考虑工程难易程度及工程项目的差异 缺点：奖励难以兑现
四川模式	现行取费分别计算后叠加； 采用人工计时单价计费	—	未规定	单项叠加的优点：明确约定工程咨询的具体内容。 人工计时优点：优质段价。其缺点是工作量大
湖南模式	各项专业费用叠加控制合同价，也可采用费率或总价方式；新增协商确定	—	工程概算中分项列支或总额列支	费率总价优点：简单易算 费率总价缺点：未考虑各工程项目的差异与难易程度，显失优质优价

目前全过程工程咨询取费的模式并没有统一（孙宁等，2020）、（王妍赟，2022），主要包括：人工计时单价取费、单项咨询服务加总取费、各单项费用分别叠加＋奖励取费、基本酬金＋奖励取费、总价 × 费率取费、"1+N"叠加计费模式。

2. 全过程工程咨询取费模式分析

1）人工计时单价取费模式

人工计时单价取费是指根据咨询人员资质经验及项目因素等共同确定每工日收费标准的模式。人工计时单价取费模式确定全过程工程咨询服务费的过程见表 5-4。

人工工时取费过程   表 5-4

步骤	全过程工程咨询服务费确定过程
1	拟派人员在项目的总费用＝拟派咨询管理人员工时单价 × 拟派人员本项目需出场时间总和
2	不同岗位人员单价不同，需要出场的时间均不相同
3	所有拟派咨询管理人员费用之和等于本项目工程咨询服务费

2）单项收费汇总模式

单项收费汇总模式是指根据市场收费惯例计取各项咨询费并叠加的收费模式。单项收费汇总模式目前存在分别叠加、分别叠加折让、分别叠加＋奖励三种方式。具体情况见表 5-5。

| | | 单项收费汇总模式 | 表 5-5 |

取费模式		具体情况
分别叠加费	包含项目管理费	项目管理按总投资额的一定比例进行收费：招标代理、工程监理、项目策划按国家规定收费标准收费。 将原法人管理费的 45% 作为工程项目管理费计入咨询费，建管单位保留 55%。 项目经理部人员按项目周期进行总价包干制进行计取，各单项服务根据现行收费标准计取相应的服务费用
	不包含项目管理费	招标代理费、造价咨询费、监理费依据中标价或工程造价金额，按照相关取费文件标准分别计算后，下浮一定比例取费
分别叠加折让		依照各服务内容对应原国家收费标准，进行折让。采用收费标准 8 折作为限价
分别叠加 + 奖励		对取费标准上按有关文件取费，对咨询单位提出合理化建议节省资金给与奖励

3）总价费率模式

总价费率模式是指按工程总概算一定费率计取咨询费用的模式（余宏亮，2018）。总价费率模式基于计取的费率，使用工程预算价格或者工程竣工决算审计价乘以费率计取全过程工程咨询服务费用。对于费率的确定方式，全过程工程咨询项目主要有两种方式，见表 5-6。

| | 费率确定方式 | 表 5-6 |

序号	汇率确定方式
1	根据市场标准确定费率
2	通过对综合项目策划、工程设计、造价管理、招标采购、施工阶段监理费用的计算，采用加权法确定费率

4）"1+N" 叠加计费模式

全过程工程咨询服务酬金也可采取 "1+N" 叠加计费模式。"1" 是指项目管理费，即完成勘察设计、招标采购、工程施工、竣工验收阶段项目管理的服务内容，委托单位应支付的项目管理服务费用。"N" 是指专业或专项咨询的服务费，各咨询服务费率可依据传统收费标准或市场收费惯例执行。部分省市采用全过程工程咨询服务采用 "1+N+X" 模式，由于 "X" 指除去全咨单位自行实施的专项服务之外的需要统筹协调管理的专项服务，此时需要将统筹管理费一同计取。

3. 费用说明

在实际开展全过程工程咨询服务过程中，项目管理费、代建管理费、统筹管理费常常被混淆不清，关于项目管理费、代建管理费、统筹管理费之间的关系说明如下：

1）项目管理费

《关于印发〈建设工程项目管理试行办法〉的通知》（建市〔2004〕200 号）明确指出：建设工程项目管理是指企业依据工程项目业主方委托，在工程建设的全过程或分阶段提供专业化管理和服务。工程项目管理服务收费应当根据受委托工程项目规模、范围、内容、深度和复杂程度等，由业主方与项目管理企业在委托项目管理合同中约定。

项目管理费可参考《关于印发〈基本建设项目建设成本管理规定〉的通知》（财建〔2016〕504号）以及深圳市南山区发展改革局《南山区政府投资项目代建制管理办法》计取。

2）代建管理费

《国务院关于投资体制改革的决定》（国发〔2004〕20号）中指出："代建制"是指通过招标等方式，选择专业化的项目管理单位负责建设实施，严格控制项目投资、质量和工期，竣工验收后移交给使用单位。

《关于印发〈基本建设项目建设成本管理规定〉的通知》（财建〔2016〕504号）中指出：政府设立（或授权）、政府招标产生的代建制项目，代建管理费应由同级财政部门根据代建内容和要求，并按照不高于本规定项目建设管理费标准核定，计入项目建设成本。对于实行代建制管理的项目，一般情况下不得同时列支代建管理费和项目建设管理费，确需同时发生的，两项费用之和不得高于本规定的项目建设管理费限额。

3）统筹管理费

《国家发展改革委住房城乡建设部关于推进全过程工程咨询服务发展的指导意见》（发改投资规〔2019〕515号）明确指出：全过程工程咨询服务酬金可按各专项服务酬金叠加后再增加相应统筹管理费用计取。

需要说明的是，若全过程工程咨询服务机构只由一家单位组成，则不需要考虑统筹管理费；若全过程工程咨询服务机构由多家单位组成联合体，则联合体牵头单位可考虑统筹管理费，统筹管理系数按0.1~0.3考虑。

4. 取费计算案例分析

湖南省某改扩建工程项目主要建设内容包括对A馆一层序厅和基础展厅进行展陈内容改造更新，对弱电系统进行升级改造，新建连接区的走廊（地下通道）扩建；配套建设相应的馆区给排水系统、供配电系统、采暖通风系统、消防系统、弱电系统、信息化系统等；室外绿化扩建、新建地上停车场等。该项目总用地面积为84413m²，新增建筑面积39199m²（地上33406m²，地下5793m²），项目建成后总建筑面积为67312m²（地上57302m²，地下10010m²）。该项目最终工程总价费用为4.70亿元，依据全过程工程咨询合同可知项目费率为1.43%。该项目竣工后的全过程工程咨询费用是672.10万元。

答案解析：

基于案例分析可知该项目中全过程工程咨询合同规定费率为1.43%，最终工程总价费用为4.70亿元，由总价费率模式计取全过程工程咨询费用可知：全过程工程咨询费 = 总价 × 费率 $=4.70 \times 1.43\% \times 10^4 = 672.10$（万元）

【综合案例：浙江省某变电站全过程工程咨询】

1. 案例介绍

浙江省某变电站项目投资由地方政府承担，总投资约 3.0 亿元，其中变电站建筑本体约 1.0 亿元，电力部分设计、安装、设备采购等 EPC 工程约 1.0 亿元，其他建设费用约 1.0 亿元。项目建成投产后，建筑部分经地方建设主管部门验收、电力部分由国家电网部门验收后，整体项目及资产进行新老置换，老变电站资产交由地方进行处置，新变电站交归属供电公司并管理。

该项目地处城市核心区域，建设用地异常狭小，建设场地条件差，占地仅为 3559m²，基坑开挖面小、挖深大，地下连续墙钢筋笼长达 46m，工地现场布置必要施工机械外，场地只剩下制作一幅钢筋笼的位置，连续施工条件极差。项目周边既有深基坑城市重点综合体项目，也紧邻居民居住区；既紧靠城市轨道交通线路需考虑轨道交通安全，又四面紧邻城市主次干道和交通严管道路。周边各类市政管线复杂，交通压力繁重，社会影响巨大，各类协调对接任务十分复杂。区别于一般建设项目，该项目工艺技术要求更高，该项目是由配套建筑本体工程、设备及线路电力工程两部分组成。建筑本体利用城市绿地公园地下空间建设，占地面积小，埋深大，采用地下连续墙与结构外墙"两墙合一"的结构形式围护，主变室层高、荷载大，超高超重支模搭设支撑，出风井兼做吊装口，与周边景观融为一体。线路部分长，穿越道路新建电缆通道工程量大，管线迁移复杂，高压带电作业技术保障要求高。

2. 全过程工程咨询应用

依据该项目全过程工程咨询合同，全过程工程咨询服务收费包括项目管理费用 303.71 万，招标代理咨询费用 86.19 万元，造价咨询费用 91.54 万元，BIM 技术咨询费用 123.62 万元，奖励比例为 5%。基于多方的协调合作，最终以 2.98 亿元的总投资额优质按期完工，降低项目投资，实现建设单位、施工单位和参建各方的多赢，营造工程建设的有序发展。

3. 问题

1）从工程、投资人、环境方面分别简述该项目中合同策划应包含的内容。

2）计算该项目实施完成的全过程工程咨询费用。

思考与讨论题

1. 合同履行过程中要履行哪些合同管理原则？

2. 施工阶段合同争议的解决途径有哪些？

3. 全过程工程咨询单位对总包合同的管理主要体现哪些方面？

4. 概述全过程工程咨询取费模式，并进行简要说明。

6

决策阶段咨询服务

本章导读

　　项目决策阶段咨询作为全过程工程咨询过程中的指导性环节，通过规划咨询、投资机会研究、项目建议书（初步可行性研究）、可行性研究、项目申请书、资金申请报告等文件的编制、环境资源可持续评价和项目评估等工作的开展，提高工程项目决策的科学性和正确性，避免和减少决策失误造成的损失，为建设工程项目顺利实施提供保障。项目决策阶段咨询服务的主要内容包括：规划咨询、策划咨询、投资机会研究、项目建议书、可行性研究报告等。其中，可行性研究作为项目前期决策的核心，决定了项目的核心内容，具体包括经济效益、社会效益、环境效益、建设规模、项目功能定位、市场供求和市场占有率目标等方面。针对项目咨询成果文件，全过程工程咨询单位的总咨询师需要对其合法性、合理性、合规性、系统和完整性、可实施性进行审核。

　　学习目标：了解全过程工程咨询单位决策阶段咨询服务的内容。

　　重难点：项目建议书；可行性研究。

6.1　决策阶段工程咨询服务概述

建设项目决策阶段需要确定建设项目目标，项目目标分为两个层次，宏观目标和具体目标。宏观目标是指项目建设对国家、地区、部门或行业要达到的整体发展目标所产生的积极影响和作用；具体目标是指项目建设要达到的直接效果，主要包括：效益目标、规模目标、功能目标、市场目标。

建设项目决策阶段重点解决"为什么建、建什么、在哪建、什么时间建、谁来建以及如何建"的问题，所确定的项目目标，对工程项目长远经济效益和战略方向起着关键性和决定性作用。

建设项目在决策阶段的主要工作包括项目建议书、可行性研究报告（包括确定投资目标、风险分析、建设方案等）、运营策划、评估报告（包括节能评估报告、环境影响评价安全评价、社会稳定风险评价、地质灾害危险性评估、交通影响评价以及水土保持方案）等相关报告的编制以及报送审批工作。从项目建议书到可行性研究报告，是一个由粗到细、由浅入深，逐步明确建设项目目标的过程。

6.2　决策阶段项目规划与策划

1. 项目规划

1）规划咨询的基本概念

规划指国家或地方各级政府根据国家的方针、政策和法规，对有关行业、专项和区域的发展目标、规模、速度，以及相应的步骤和措施等所做的设计、部署和安排（孔菁锌等，2020）。规划咨询是指在规划编制部门正式做出规划决策、执行规划管理或在规划许可之前所进行的专家论证、公众征询或分析研究等技术咨询活动，其目的是有效提高规划的可行性与科学性。规划咨询的主要内容包括：方案择优、技术裁量和利益平衡等。规划咨询作为规划科学决策的重要依据以及规划执行、建设与管理的重要环节，实现了对传统项目规划体系的有效补充。

（1）规划咨询的原则

规划咨询应始终坚持"客观中立、统筹兼顾、现实可行"的原则，坚持"独立、公正、科学、可靠"的服务宗旨，通过合理选择同规划咨询项目相适配的咨询机构、咨询专家和咨询方式，有效保证咨询的质量与效果。

（2）规划咨询的方法

规划咨询的方法众多，因此需在明确规划工作具体内容的基础上，合理运用多种研究方法进行分析评价。具体包括：定性分析与定量分析相结合，宏观分析与中观/微观分析相结合，理论与实际相结合，技术经济分析与社会综合分析相结合，资料分析与调查研究相结合，必要性分析与充分性分析相结合，政策分析与环境分析相结合，机制调整分析与制度创新分析相结合，单项分析、层次分析与综合分析相结合，对象分析和比较分析相结合，正向目标分析与逆向问题分析相结合，静态分析与动态分析相结合等。

2）规划咨询的内容

全过程工程咨询单位依据全过程咨询服务大纲以及各专项服务方案，协助委托单位进行项目前期的规划研究和规划评估工作，以全流程业务链覆盖建设项目前期决策阶段，凭借专业化、综合性工程管理实力为业主提供全过程工程咨询服务（陈建凯等，2021）。

（1）规划研究

规划研究是指针对各级总体规划、专项规划、区域规划、城市（乡）规划等进行编制和相关研究的服务。规划研究的主要内容包括确定发展战略目标、发展思路和开发方案、发展规划的条件、产业结构和产业政策、投资方案和备选项目。规划研究分为区域发展规划研究和行业发展规划研究两种类型，其中区域发展规划是指根据国家宏观经济发展战略方针的指导，结合当地的资源特色与市场趋势，根据区域自身特点和制约因素，经过分析和论证对区域社会经济的长期发展进行总体规划，区域发展规划研究作为解决区域全局性、结构性问题的基本手段，能够有效实现资源的合理配置，促进区域社会经济的可持续发展；行业发展规划是指在国家社会经济发展的长期规划方针和政策的指导下，预测并分析市场或社会需求变化，在此基础上确定产业改革和发展的指导思想、发展目标、产业政策、结构变化、分配规模等方针，制定总体规划和实施指标，以促进国民经济的快速发展。

（2）规划评估

规划评估是指在分析论证已有的各级规划的基础上，提出实施与修改意见和建议的咨询服务。规划评估是规划动态实施机制的一个重要环节，通过规划评估可以有效地检测、监督现行规划的实施情况，从而获得反馈信息，为修正、调整规划编制以及政策制定等提供参考建议，以实现规划运行的良性循环。

①规划评估的内容

规划评估按内容可以分为对规划编制成果评估、对规划实施过程评估以及对规划实施效果评估三类，针对三个方面分别有相应的评估重点以及评估方法。其中，规划编制成果评估是指在规划编制过程中以及在规划方案付诸实施前，针对规划编制成果所做出的评估，其核心问题是评判制定规划的程序和文件是否合理，具体包括规划文件分析和备选方案评估；规划实施过程评估是指考虑规划决策的不确定性，针对规划实施过程所进行的详细分析，从而对规划进行评估；规划实施效果评估是指以规划实施效果作为评估规划是否成功的依据，通过比较规划实施所达成的目标与规划所设定的目标便可评估规划的实施效果。

②规划评估的程序

基于上述规划评估内容，依据科学的评估流程，研究分析影响、编制成果、实施效果和规划过程的因素，进而提出评估结果和优化建议（李嘉靖等，2021）。规划评估程序如图6-1所示，在明确评估目的与目标的基础上，通过评估指标选取、评估方法确定等工作来准备评价。基于此，通过部门座谈、专家访谈和实地调研等方式收集项目相关资料，并对规划编制成果、规划实施过程及规划实施效果三方面进行数据与信息分析。最终在明晰评价指标及评价结果的基础上，总结评估结果，分析影响原因并为项目规划主要负责部门提出相关建议。

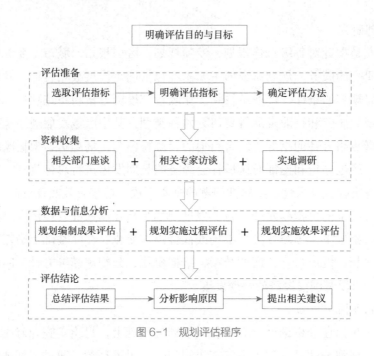

图6-1　规划评估程序

③规划评估的方法

在评估方法方面，定量和定性的方法都是规划评价中常用的。定量方法是运用数据以及模型对实施结果与目标蓝图的契合度进行实证分析；定性方法则可以用来说明规划是否为决策提供了依据，是否遵循了公平性和合理性。规划评价方法的选择和应用应注重技术和社会合理性的结合，以及被评价的规划与其他相关规划的结合。

3）规划咨询要点

从宏观角度来看，规划体制可分为决策咨询、管理咨询以及技术咨询。全过程咨询单位为更好地辅助规划编制，从决策咨询、管理咨询以及技术咨询角度，为项目提供基本咨询和专项咨询业务（杨树红，2022）。

（1）决策咨询

决策咨询是指在规划正式制定前，经过同咨询机构或科研机构的深入交流，以及同各个领域专家的"头脑风暴",为发展战略和总体规划等宏观规划决策提供的咨询服务工作。决策咨询的主要目的是为了辅助相关部门了解自己在同类对象中所处的位置以及确立未来发展方向等。

决策咨询服务中,全过程工程咨询单位通过采用现代科学方法,利用信息系统提供的数据资料,对各类公开数据采集和公开信息调研,并运用比较分析法、文献计量法、主题分析法等多种科学分析方法对这些情报进行深度挖掘与整合,从不同角度、不同侧面对决策问题的性质、结构、原因、后果等进行分析、预测和研究,提出高水平的可供抉择比较的各种方案,并对决策实施的效果进行分析评估。

（2）管理咨询

管理咨询是指通过全过程工程咨询人员丰富的知识和经验,在整个过程中依据企业要求,对企业进行深入了解,并且在与企业管理人员进行紧密配合的过程中,合理运用科学的方法进行定性及定量分析,找出企业存在的主要问题,提出切实可行的改善方案的咨询服务工作。在城市经济、社会和文化发展到一定程度后,管理咨询是提高城市管理质量以及效率的必然要求,在降低行政审批强度、提高审批效率的同时,使企业的运行机制得到改善,提高企业的管理水平和经济效益,同时全过程工程咨询单位的介入能够避免企业行政审批权力过大而产生的其他问题,增强公平和公正。

规划的制定过程本质上是协调各方利益的过程,随着经济形式迈入"新常态",市场建设及利益主体日益多元化,维护公共利益显得尤为重要。从事管理咨询的全过程工程咨询单位从始至终处于第三方的位置,起到协调各方的重要作用,以保证各级规划更易于为公共目标服务、更好地维护公共利益。

（3）技术咨询

技术咨询指针对规划方案中涉及大量的专业技术性问题,通过引入规划咨询对相关技术要点进行分析,为各项规划设计要点提供专业建议和有力技术支撑的咨询工作。

由于规划主管部门在规划领域的专业性可能不强,对规划方案审查和审批过程中可能存在的技术问题理解不够深入和全面,第三方规划咨询的介入可以帮助落实一些技术内容,如行政审批时的指标核算,咨询机构将按照规划主管部门的工作流程和特点,对规划设计方案进行解读和优化,并整合到咨询报告中。通过此种方式加强技术与管理的衔接,提高各级规划的可操作性,有助于推动规划管理向精细化的方向发展,提高城乡规划编制的质量。

2. 项目策划

1）项目策划概念及分类

（1）项目策划的定义

项目策划是指项目策划人员在了解业主总体需求的基础上,通过对建设项目进行系统分析,对建设活动的整体战略进行统筹规划,对建设活动全过程进行预先考虑与设想，选出建设活动的最优三维关系（时间、空间、结构）组合，重新组合资源，为开展项目运作提供了科学的依据，同时有效保证项目的经济效益、社会效益以及环境效益（王学通，2013）。

（2）项目策划的分类

项目策划按项目建设程序可分为建设前期项目构思策划和项目实施策划。

①项目构思策划

项目构思策划应在国家和地方的法律法规、政策以及方针的指导下，将实际建设情况与国际以及国内的社会经济发展状况相结合。项目构思策划的内容涵盖了项目的性质、用途、建设规模、建设水准的策划；项目在社会经济发展中的地位、作用和影响力的策划；项目系统的总体功能、系统内部各单项单位工程的构成及各自作用和相互联系，内部系统与外部系统的协调、协作和配套的策划；此外还包括其他与项目构思有关的策划等内容。

②项目实施策划

项目实施策划是将反映建设意图的项目理念转化为实践，转化为可行的、可操作的行动计划，并转化为战略和指导性的愿景。它通常被细分为以下内容：

a. 项目组织策划。国家要求对大中型建设项目实行项目法人责任制，因此需根据现代企业组织模式组织建立管理机构。项目组织策划作为项目整体构思计划和实施计划的重要组成部分，在项目实施过程中具有重要作用。

b. 项目融资策划。建设项目具有投资金额大、周期长等特点，而资金作为项目的物质基础，其筹措与使用对项目的成功与失败具有重要影响。建设资金来源广泛，融资手段多样，每种融资手段的特点与风险因素也有所差异。策划融资方案的选择对于控制项目投资，以及通过控制资金使用成本实现项目风险的降低至关重要。项目融资方案根据项目以及实施机制的不同也有所区别。

c. 项目目标策划。进一步明确工程目标的使用目的以及要求、项目的任务量、时间界限、系统构成和组织关系。建设项目目标策划主要是对投资目标、质量目标和计划目标的规划，以期在项目系统的配置和定位的规划中，协调平衡好项目投资与项目质量，即在有限的投资下，找到满足功能要求的最高质量规模，在此基础上，寻求节约项目投资、缩短项目建设周期的方法和措施，从而实现项目的多目标优化，做到"投资省、质量高、周期短"。

d. 项目管理策划。针对设计、招标投标、施工、项目管理机构设置、项目管理组织协调、管理信息收集等工作的策划，是对项目实施任务的分解和组织计划。项目管理策划根据项目规模的大小以及项目复杂程度的高低，分层次、分阶段地进行，即从项目总体的轮廓性以及概括性策划逐步深化到项目局部的实施性以及详细性策划。

除此之外，项目策划按策划范围可分为项目总体策划和项目局部策划。其中，项目总体策划是指在项目前期立项过程中所进行的总体规划；项目局部策划是指在总体规划任务分解后，对单个主体的单一或专门问题所进行的策划。策划的内容、依据以及要求因策划任务的主体和性质的不同而有所区别。

2）项目策划的基本特征

项目策划是对项目实施的一种宏观的、概念性的工作，其对事实细节、建设规模、建设内容、工作方向指导、建设周期、内外环境变化和影响等没有具体的限制，对项目的实施逐渐成为非常复杂的多方面、多方向的系统工程。项目策划过程须同项目规模扩大化、项目技术高科技化以及社会结构复杂化等现代科技发展特征相适配。

项目策划的特性取决于研究对象的特殊性，可分为以下几点：

（1）项目策划的物质性

项目策划的实质是研究"建设项目"的物质存在及其相关要素。项目策划是以合理性和客观性为轴心，以建设项目的时间、空间和实体的创作过程为首要点，将未来建设对象或项目空间和时间环境概念化并以各种图表、表格和文本的形式呈现作为重要任务。

（2）项目策划的个别性

即使是由国家投资建设的住宅区，业主、规划师、设计师和使用者也会注意确保它们因其位置、业主和使用者的不同而显得不同。这种独特性也决定了项目策划的个性，应该单独制作，不能借用。需要注意的是，建设项目生产作为一种大规模社会化生产，其在项目计划中具有普遍导向性。因此在进行项目策划时可以将其共同点提炼出来，在此基础上加以综合，使其具有较强的指导意义。

（3）项目策划的综合性

建设项目的制约因素包括：社会环境、时代要求、物质条件和人文因素。项目策划是在汇集诸多制约因素的基础上，项目计划人员需要确保每个相关元素位于整个项目计划整体构成中的应有位置，即评价各个要素，不同的评价方法所用到的综合方法也有所不同。

（4）项目策划价值观的多样性

项目策划应更重视本地区社会、经济和文化的共同要素，并根据现实情况展望未来。考虑到项目策划的特点和面临的现状，项目策划的发展分为三个方向：

①通过对项目策划的客观化以及参考点的合理化。项目策划逐渐向着摆脱对设计师以及业主方的依赖方面发展，通过对客观事实的研究，充分了解实际并把握问题焦点。

②强调人是策划的主体。项目策划的研究内容主要是生产与生活的整体关系和时空环境。如果没有人与人之间在生产以及生活方面的活动，项目的存在就失去了意义，项目策划也就失去了真实内容。

③以实现社会性、公众性的目的。一方面，项目策划是在社会实践的过程中，对目标进行构建，强调的是目标实现后带来的社会影响以及社会效益；另一方面，项目

策划重点强调文化、地方以及规模等对目标构建所造成的影响。

3）项目策划的基本原则

（1）利益主导原则

利益是每个人、每个社会群体，甚至阶级、阶层和国家所追求的目标，是人们行为活动的动力。利益形式的多样性决定了利益竞争和策划的复杂性。人们的一切策划活动，实质就是在谋求利益。策划有优劣之分，一般根据利益取得的大小来评定策划的好坏。

（2）项目策划整体规划原则

项目策划的整体规划原则主要体现在以下两方面：重点探究全局的指导性规律，以全局带动局部，实行局部服从全局；在立足近期的基础上，考虑近期和远期的关系。对实现总体性原则有重要意义，关键是：每个规划都是一个系统，它包括母系统和子系统。不同层次的系统反映了不同层次的规划和不同层次的整体性。随着现代项目的规模和影响因素的增加，项目规划中的整体性原则愈发重要。

（3）项目策划客观现实原则

项目策划活动须以全面、深入调查策划对象实际情况并获得完整、准确的信息为基础，以现实客观问题及对其的正确分析为依据，挖掘并掌握规划中的定位点，以实现提升规划准确性的目的。此外，为保证策划的制定与实施均以客观事实为依据，须拥有一往无前的决心与勇气，以排除策划过程中一切障碍、阻力以及压力。

（4）项目策划切实可行原则

任何策划方案都必须是可行的、有效的。项目策划的可行性分析应切实考虑到所有策划方案的可行性，即在整个项目策划过程中，重点考虑并分析策划方案的效益程度、有效性和危害风险，在整体上进行考虑，综合衡量其可能产生的效益和损失；策划方案力求经济投入最小，按照最低成本获得最佳效果的标准策划方案是在科学理论或创造性思维和科学想象力的指导下，在严格遵循策划程序的基础上，通过实际调查和研究所形成的策划方案；策划方案各方关系应协调统一；策划方案的具体内容、实施措施以及最终结果应经法律审批；策划方案的实施应足够高效。

（5）项目策划讲求时效原则

在项目策划的过程中，时间和条件不断发生变化，策划方案的价值也会随之变化，因此便要求在策划过程中对时间有充分的认识，注重整体效果，特别是要平衡好效果与时间两者间的关系。随着现代社会的快速发展，情况的变化频繁且迅速，各种利益竞争也愈发激烈，时间往往稍纵即逝。由于效果与时间之间的关系密切，若两者不能同步，则会对效果造成严重影响，甚至会导致完全失去效果。因此，需要将项目策划的实施周期尽可能缩短，尽量使策划有较快的保质期，对长期效果有一定好处。当然，重视进度并不意味着策划实施活动越快越好，其原因主要有以下两方面，一方面是策划的严谨性与持续时间的长短有关；另一方面，策划进度的实际效果也与客观条件的成熟度有关，即在客观条件成熟的基础上，项目策划进度的应用才能够达到预期效果。

4）项目策划的作用

项目策划的作用取决于项目策划的本质，其主要体现在以下四个方面：

（1）项目策划的系统框架作用

项目策划的首要工作是，在明确建设意图后进行项目定义与项目定位，并设计出待建项目体系。项目定义是指对项目使用性质进行界定（如某一类型的公共项目、工业项目等）并详细描述项目的用途及目的。项目定位是指在充分考量项目最优投资方案及项目投资能力的前提下，从市场以及需求方面，确定项目的规格和排名。在完成项目定义和项目定位后，对项目系统框架进行构建并通过分析项目功能，了解项目系统各部分的结构以形成完整的能力组合。

（2）项目策划的决策保证作用

策划决策的作用是确保关键决策策划人员对项目进行科学深入的策划，对各种备选方案进行探索和设计。通过将策划草案作为选择和决策的依据，决策者确保决策合理化、程序化和科学化。建设项目的投资决策是建立在对项目可行性研究的分析评估基础上的，而项目可行性研究是建立在建设计划本身和它所依据的社会经济和市场环境之上的。建设计划需要通过专家的全面策划以及针对项目定位、目标设定等关键细节的具体策划，并通过可行性和运营可行性分析，以保证建设方案能够正常运作。

（3）项目策划的计划可行性作用

策划的计划可行性作用在项目计划程序上得以体现。在项目计划或项目规划之前，相关策划人员需合理运用科学的规划程序，构思并设计项目计划，以确保项目计划的现实性和可行性，并确保项目预算的承诺。

（4）项目策划的预测作用

预测作用是由于策划人员关注项目规划主体的本质和长期发展，而对因环境变动所造成的未来发展情况进行研究，预测未来发展趋势，以期提高项目规划主体的主观能动性，使其能够更好地适应未来发展形势。

5）建设项目报告拟定

建设项目报告拟定是指将整个策划工作文件化、逻辑化和资料化的过程，是所有项目计划工作的总结和表达。建设项目报告为项目下一步的具体实施提供了科学的指导，为项目业主做出正确的选择和决策提供了科学合理的依据。建设项目报告又称最终策划书。实践过程中，相关策划人员从项目最初构想开始，进行后续的策划书编制工作以及项目的初步经济预测，而经济预测的结果也会更好地对项目构想进行修正。虽然对于较小项目而言没有必要，但对于较大的项目，特别是商业生产项目，经济规划往往是项目决策的关键。

6）评价反馈及总结策划

该阶段包括以下两种情况：第一种情况，如果策划方案没有被采纳，策划者则应对方案中存在的问题进行详细分析，基于问题有针对性的调整策划方案，以期能够被重新采纳；第二种情况，如果策划方案被采纳，但实施后效果未达预期，则应基于反馈信息对方案进行及时的调整，使策划方案能够实现预期效果，同时在方案实施过程中也应随时对方案效果进行检测，在此基础上不断调整补充策划方案，而非拘泥于前期的策划方案。

策划方案实施完毕后，对其进行总结分析，并保存资料。项目策划达成目标的过程所具备的特征如下：

（1）收集和处理信息的过程特征。

（2）分析、综合和逻辑推理的过程特征。

（3）创新的过程特征。

（4）增加全过程咨询在项目策划中作用的过程特征。

6.3 项目投资机会研究

1. 投资机会研究概念

投资机会研究又称投资机会鉴别，是一种准备性的调查研究，其主要目的在于发现有价值的投资机会和项目，并为项目的投资方向提出建议。

投资机会研究是进行初步可行性研究之前的准备性调查研究，一般与规划研究同步进行，以机会研究结果为基础，可以设立备选项目库，进行项目储备，供今后制定投资计划和开展投资项目可行性研究（范龙振等，1998）。在投资机会研究阶段，对于项目的建设投资和生产成本，通常会参考类似项目的数据进行粗略的估算，而实际的建设投资和生产成本需要在详细设计和实施阶段进行更精确的评估和确定。

2. 投资机会研究类型

投资机会研究包括一般机会研究和特定项目机会研究：

1）一般机会研究是一个全面的搜索过程，需要进行广泛的调查，收集大量的数据。一般机会研究又可分为三类：

（1）地区机会研究：通过调查和分析特定地区的基本特征、人口及人均收入水平、地区产业结构、经济发展趋势以及地区进出口结构等，以寻求在该地区内的投资机会。

（2）部门机会研究：通过调查和分析产业部门在国民经济中的地位和作用、产业的规模和结构、各类产品的需求及其增长率等状况，以寻求在某特定产业部门的投资机会。

（3）资源开发机会研究：通过调查和分析资源的特征、储量、可利用和已利用状况，以及相关产品的需求和限制条件等，以寻求开发某项资源的投资机会。

2）特定项目机会研究在一般机会研究初步筛选投资方向和投资机会后进行，更加深入和具体化地对项目背景、市场需求、资源状况、发展趋势以及所需投入和可能产出等方面进行准备性的调查、研究和分析。

3. 投资机会研究的服务流程

1）分析投资动机：根据业主的投资动机，从市场需求、经营风险、投资环境、宏观政策、资源优势等方面甄别投资机会。

2）鉴别投资机会：筛选和鉴别各种投资机会，并论证其发展的基础是否合理。

3）论证投资方向：初步分析自然资源条件、市场需求预测、项目开发模式的选择以及项目实施条件等，并结合其他国家或地区在类似经济状况下的经验教训、适当的投资政策和法规、技术和设备的可能来源、产前和产后扩张的可能性、合理的经济规模与产业政策、各个生产要素来源及成本等，对投资机会的财务、经济以及社会影响进行初步评估，以论证投资方向的可行性。

4）具体项目机会论证：对投资者提出的具体项目设想的投资机会进行研究、论证，为投资者提供投资机会初步建议。

4. 投资机会研究的方法和模型

投资机会研究通常采用基于竞争力理论的行业投资机会分析方法。这种方法通过从宏观、中观和微观层面对行业进行逐层分析，构建多种投资机会评价体系，为投资者提供关于哪些投资机会存在、哪些领域或细分行业值得进入以及如何进入这些市场的策略方案。在研究方法上，如表6-1所示，可运用行业生命周期、市场集中度、价值链分析法、波特五力模型、SWOT分析、标杆企业研究、各种行业市场未来规模预测方法等研究咨询工具、模型和方法，从多角度、多维度反复论证市场进入的价值和可行性，提出操作性强的进入策略（张米尔等，2003）。

投资机会的研究方法 表6-1

序号	方法名称	方法介绍
1	行业生命周期	行业的生命周期指该行业自出现到完全退出社会经济活动所需要的时间。行业的生命发展周期主要包括四个发展阶段：幼稚期、成长期、成熟期、衰退期
2	市场集中度	市场集中度是衡量整个行业市场结构集中度的指标，它可以用来衡量企业的数目和相对规模的差异，是测量市场势力的重要量化指标。常用的集中度计量指标有：行业集中率、洛仑兹曲线、基尼系数、赫尔芬达尔—赫希曼指数、逆指数和熵指数等，其中集中率与赫希曼指数两个指标被经常运用在反垄断经济分析之中
3	价值链分析法	价值链分析方法是企业为一系列的输入、转换与输出的活动序列集合。每个活动都有可能产生与最终产品相关的增值行为，从而提高企业的竞争地位。企业通过在价值链过程中灵活地应用信息技术，发挥其使能作用、杠杆作用和乘数效应，可以提高企业的竞争能力

续表

序号	方法名称	方法介绍
4	波特五力模型	波特五力模型指汇集各种因素的简便的五因素模型,以此分析一个行业的基本竞争态势。这种模型在全球范围内对企业战略的制定产生了深远影响
5	SWOT 分析	SWOT 分析指基于内外部竞争环境和竞争条件下的态势分析。将与研究对象密切相关的主要内部优势和劣势,以及外部的机会和威胁等,调查列举,并按照矩阵形式排列,再利用系统分析的思想,将各种因素相互匹配并加以分析,从而得出一系列相应的带有一定决策性的结论
6	标杆企业研究	标杆企业指具有先进性、示范性和行业代表性的在信息化建设取得显著成效的企业。标杆企业研究是通过对这样的企业总体或某个业务环境进行系统的调查与分析,并与客户的企业进行对标,提出具有针对性的改善建议
7	各种行业市场未来规模预测方法	市场预测指企业通过市场调查获得一定相关资料,并在此基础上,针对企业的实际需求和现实环境因素,运用已有的知识、经验和科学方法,对企业和所在市场未来发展的趋势作出适当的分析与判断,为企业的市场营销活动等提供可靠依据的一种活动。市场预测的方法很多,常用的预测方法也有二十余种,大致可以分为三大类:判断预测法、时间序列分析法、因果分析法

5.投资机会研究的内容

投资机会研究内容主要包括寻求有价值的投资机会,对项目的有关背景、资源条件、市场状况等进行的初步调查研究和分析预测,是为寻找有价值的投资机会而进行的准备性调查研究。随着企业竞争的加剧以及消费者需求的多样化,在投资机会研究中,全过程工作咨询单位侧重帮助委托单位了解产品市场和把握消费者需求,积极开展市场研究工作,助力企业进行合理决策。市场研究是一项有目的、有系统的活动,通过运用科学方法来搜集、记录和整理与市场营销相关的信息和数据,其目标是通过对市场情况的分析,全面了解市场的现状和发展趋势,为市场预测和营销决策提供客观和准确的资料(李瑚均等,2021)。全过程工程咨询单位从区域、行业、产品、商圈、消费者招投标政策、行业监管等方面作出积极引导,构建以市场需求为导向、满足委托方多样化需求的全过程工程咨询服务模式。

1)市场调研工作的基本过程包括:明确调查目标、设计调查方案、制定调查工作计划、组织实地调查、调查资料的整理和分析、撰写调查报告(见图6-2)。

图6-2 市场调查的基本过程

2)市场研究的服务内容主要包括:行业研究、产品市场研究、商圈分析研究等。全过程工程咨询单位通过开展行业研究,能够明确不同行业的需求满足程度,从而评估企业资源水平与行业中的竞争环境的匹配性,通过产品市场研究深入了解消费者的购买行为和意识,同时基于商圈分析的研究,有助于企业在市场上有效竞争,在掌握商圈范围内客流来源和客流类型的基础上,有针对性地开展营销(朱斌,2018)。

（1）行业研究

行业研究的核心内容包括三个方面：一是研究行业的宏观背景、产业政策、产业布局、产业生命周期、整个行业在整体宏观产业结构中的地位、发展方向以及成长背景；二是研究行业的市场特征、竞争态势、进入和退出市场的难度以及市场的成长空间；三是研究行业在不同条件下以及不同成长阶段中的竞争策略和市场行为模式。行业研究的结果可以为政府和企业提供战略方向性的思路和选择依据，从而避免"方向性"错误的发生。

行业研究的重点包括以下方面：

①政策环境：全面深入地研究行业所处的国际和国内的经济环境，对于产业政策以及相关配套政策动向进行重点分析，了解行业政策的发展趋势。

②市场供求：通过运用强大的数据库资源，进行数据分析，探究市场供求现状，提供行业发展规模、速度、产业集中度、产品价格和结构、所有制和区域结构、效益状况、技术特点、进出口等一系列重要的行业信息，并预测未来1~5年内市场供给和需求的发展趋势。

③投资趋势：从今年新建项目和在建项目入手，重点研究行业投资现状以及在投资过程中现存的主要问题，预测投资趋势，判断投资重点市场，为投资者提供合理的投资建议。

④市场竞争：对各行业前十家重点企业的运营状况进行比较分析，其中包括投入、产出和效益情况以及各自的经营战略和竞争优势。

（2）产品市场研究

产品市场研究属于综合性研究，其内容包括多个方面：产品市场宏观发展环境分析、宏观市场发展状况及竞争态势、渠道特征研究、市场特征的细分、相关行业及相互影响、技术发展现状及方向、市场潜力分析、SWOT分析及个案分析等。

其中，市场细分是市场定位的基础。市场细分的参数有人口统计特征、消费者需求差异、市场区域、产品结构，甚至渠道类型。但从根本上讲，市场细分都是从消费者角度来分析的。市场细分是一个复杂过程，通常需要从定性研究的角度进行探索性研究，既而利用定量研究技术进行量化细分，研究模型如图6-3所示。

竞争者研究有助于管理者预测商业关系的变化，利用市场机会，对抗威胁，预测竞争者战略，识别新的或潜在的竞争者，从别人的成功和失败中学习，深入了解影响公司的技术趋势，了解政策对竞争的影响，从而提高决策效率和企业效益，为企业带来更高的利润回报。竞争研究的内容包括辨别竞争者、评估竞争者研究、竞争者调查分析。竞争研究的分析流程如图6-4所示。

（3）商圈分析研究

商圈是一个重要的地理概念，指店铺以其所在地点为中心，沿着一定的方向和距离扩展，优先选择到该店消费的顾客所分布的地区范围。从行业角度来看，指不同业

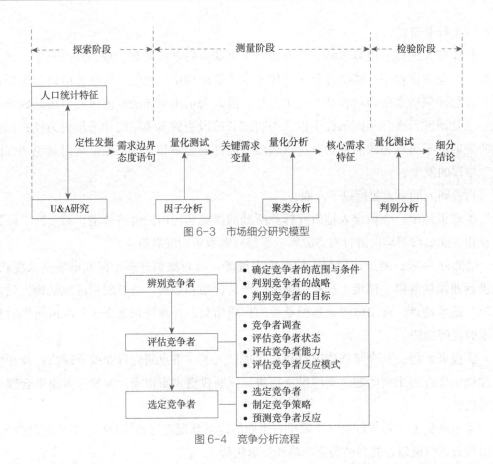

图6-3   市场细分研究模型

图6-4   竞争分析流程

种和业态的零售商在一个相对集中的区域从事经营活动的范围。从零售商角度来看，指能够有效吸引顾客前来店里的地理区域。商圈分析研究在大型项目（尤其是房地产项目）的可行性论证中起着重要的作用，特别是对商圈内的竞争状况、业态类型、消费者特征和经济地理状况等进行深入了解，能够为确定项目立项和制定经营策略提供重要依据。

一般来说，商圈可以分为三个层次，即核心商圈、次要商圈和边缘商圈：

核心商圈：最接近商店，顾客密度最高、商业活动最为集中和繁荣的区域。

次要商圈：是指核心商圈周边的区域，商业活动相对较为发达，顾客密度较稀。

边缘商圈：位于核心商圈和次要商圈之外，顾客密度最稀，商业活动相对有限。

（4）消费者研究

消费者研究主要包括消费者需求研究、消费者行为研究和消费者态度研究。

①消费者需求研究：通过问卷调查、访谈、座谈、讨论、观察、写实等多种调查形式和手段，全面研究目标消费者（包括个体和组织），挖掘其潜在的需求，然后进行产品定位和目标市场定位，尽可能减少企业在产品及市场选择上的失误。

②消费者行为研究：消费行为，包括目标消费者对产品的购买到使用的一系列过程中所发生的常用行为方式，如通常要了解途径、主要的获取方法、关键性的影响因

素、习惯的使用方式等。对消费者的使用习惯进行研究，可帮助客户了解到他们的产品／服务实际被使用的方式与他们原先所设想的方式是否一致，并由此决定对产品／服务的某些方面进行修改或调整。

③消费者态度研究：消费态度是消费者对某一产品／服务所持有的一种比较稳定的赞同或不赞同的内在心理状态。一般说来，消费者的态度越积极，使用产品／服务的可能性越大；而消费者对一种产品／服务的态度越是不赞成，他们停止使用它的可能性就越大。消费者研究的主要步骤包括：定义研究目标收集与评估二手资料、设计初步研究、分析数据、准备研究结果报告。

6.4　项目建议书

项目建议书（又称项目立项申请书或立项申请报告）是由项目承建单位或项目法人根据国民经济的发展、国家和地方中长期规划、产业政策、生产力布局及国内外市场等内外部条件，就某一具体新建、扩建项目提出的项目建议文件（刘开云，2022）。项目建议书是拟建项目的框架，即从宏观角度讨论项目实现的必要性和可能性的总体思路，将项目投资思路转化为总体投资建议。

项目建议书是从政府公共管理的角度来回答项目的外部性和公共性问题，包括维护经济安全、合理利用资源、保护生态环境、优化大型设施、保护公共利益和防止垄断等。项目建议书是项目投资者向其主管部门提交的文件，目前在国家项目审批过程中被广泛使用。项目审批机关可以通过提交项目建议书来进行初步决策，减少项目选择的盲目性，为下一步可行性研究打下基础。

全过程工程咨询单位对项目建议书编制管理的工作内容体现在两个方面：一是组织专业咨询工程师编制项目建议书，并且在编制过程中进行督促、协调；二是对编制完成的项目建议书进行初步审核，审核合格后报发改部门审批。

1. 项目建议书的内容

项目建议书内容包括：明确申报单位；了解项目概况；项目建设的必要性分析；产品方案、拟建规模和建设地点的初步设想；资源情况、建设条件和协作关系；投资估算和资金筹措设想；项目进度安排；经济效益及社会效益的初步估计。

1）申报单位及项目概况

包括项目申报单位概况、主要投资者情况、项目名称、项目建设地点、项目建设规模、项目建设内容等。

2）投资项目提出的必要性和依据

提出项目兴建的必要性，项目建设在部门、地区及国民经济中的作用和影响以及文件依据（如国民经济长远规划、部门规划、地区规划或国家、地区有关文件的决定等）。此外，对于引进进口技术和设备的项目，还需要说明技术差距和国内外概况，以及引进技术和设备的原因。

3）产品方案、拟建规模和建设地点的初步设想

产品方案，是指对拟建项目产品的品种、数量、规格的规划。通过提前策划好产品方案，能够对企业的建设范围、装备数量、原料购进、公用工程及配套设施构建进一步明确，提高企业盈利。拟建规模，是指项目的全部生产能力或工程效益，如工业项目要说明产品的名称及数量，非工业项目则说明拟建项目的实物量或工程效益。合理的拟建规模可以使项目投入产出比处于较优状态，充分利用资源和资金。建设地点是指拟建项目大体地理位置。通过提前确定项目建设地点，可以有效节省项目投产后的生产经营费用，提升产品和服务质量。

4）资源情况、建设条件和协作关系

属于矿产、林业、水利资源等开发性的项目建议书，应说明开发范围内已经探明的有用矿产品的品名、品位、开采价值或资源的储量、质量、储存情况以及对开发条件的初步分析；说明建设地点的水文地质、工程地质的大体情况，包括拟建项目范围内地下水的水位。水质、水量和排泄条件的初步分析，以及工程区域内的地质构造、岩层、土壤的大体情况和地震烈度；说明项目建成投产后所需原料、材料、燃料、供水、供电、供气、交通运输、协作产品等外部协作配套要求和解决的可能性及初步分析。对于需要引进技术和进口设备的建设项目，要说明引进国别以及对厂商的初步分析。

5）投资估算和资金筹措设想

投资估算和资金筹措设想是指提出现行定额、指标、单价匡算的拟建项目需要的投资估算数和筹措办法，即建设资金的来源渠道及数量设想。其中，投资估算具体是指对拟建项目固定资产投资、流动资金和项目建设期贷款利息的估算。在项目建议书阶段，投资估算是项目主管部门审批项目建议书的依据，是项目的规划和规模的参考。投资估算对工程设计概算起控制作用，项目设计的概算值不得超过批准的投资估算额，并应控制在投资估算额以内。项目投资估算也是筹集资金和制定建设贷款计划的依据。建设单位可以根据批准的投资估算额进行资金筹集，并向银行申请贷款。投资估算是计算建设项目所需固定投资额和编制固定资产投资计划，以及进行工程设计招标、优选设计方案的重要依据。资金筹措设想是在国家当前法规和政策许可的条件下，以财务费用最经济为原则，探索寻求和比较分析资金的各种来源，力求能最合理、最经济地配合项目各个时期的现金流量进行借款、使用和偿还的整个过程。企业实现筹集资金的设想，可以从资金上保障企业生产经营活动的正常开展，促进资金流动量和企业生产经营的发展程度。

6）项目的进度安排

项目进度安排，是指根据项目活动定义、项目活动顺序、各项活动估计时间和所

需资源进行分析，制订出项目的起止日期和项目活动具体时间安排的工作，提出拟建项目的土建工程量及进度安排的设想，如拟建项目的开工、竣工时间，分期建设的情况或主要单项工程的开工、竣工时间的设想。其主要目的是控制和节约项目的时间，保证项目在规定的时间内能够完成。项目的进度安排是控制工程进度和工程竣工的施工活动依据。

7）经济效益及社会效益的初步估计

初步估计产品价格、成本、利润、投资利润率、投资回收期、贷款偿还期等经济效益和对社会所作出的贡献，说明项目建成后对于提高人民物质、文化生活水平所作出的贡献。经济效益的初步测算是指对经济效益的规模或高水平进行估计和评估，并对其发生的原因进行分析和研究。经济效益的考核指标主要包括：劳动生产率、工资利润率、成本利润率、商品流通费、资金周转率等。项目社会效益的初步估算是指根据国家不同的社会政策，对项目对实现国家和地方发展目标的贡献和影响以及与社会的相互适应性进行系统的分析和评估。

2. 项目建议书编制重点

1）项目对生态环境的影响分析

项目对生态环境的影响分析是指全过程工程咨询单位在满足资源利用要求的基础上，对拟开发资源进行综合评估，即分析可开发数量，对自然品质进行评价，考察赋存条件，以及衡量开发价值，包括自然生态系统条件、资源承载能力、环境条件、项目所在地现有污染物和环境潜力，以及环境损害、特殊危害、污染物排放的种类和条件。

2）项目对经济和社会的影响分析

（1）经济费用效益或费用效果分析：通过经济成本效益分析或成本效益分析，从优化社会资源配置的角度评估拟建项目的经济可行性。

（2）行业影响分析：描述某一行业的基本情况和公司在该行业中的地位，分析拟建项目对该行业以及对相关行业发展所带来的影响，考察其是否可能导致垄断地位等。

（3）区域经济影响分析：对可能对区域经济产生重大影响的拟建项目，必须从区域经济发展、产业区设计、地方财政收入、社会收入分配、市场竞争结构等多个方面进行分析论证。

（4）宏观经济影响分析：对于投资规模较大，对国民经济有重大影响的项目，应当进行宏观经济影响分析。对于对国家经济安全产生影响的项目，应当详细分析拟建项目对经济安全的影响，并提出一系列维护经济安全的措施。

（5）社会影响效果分析：拟建项目在项目所在地建设和运营的潜在的社会影响和社会效益。

（6）社会适应性分析：分析拟建项目是否适合当地的社会和人文环境，并评估其与当地社会环境的相互适应性。

（7）社会风险及对策分析：对与项目建设相关的各种社会因素进行社会分析，提出对策，以协调项目与当地社会的关系、防范社会风险。

6.5　可行性研究

可行性研究是对拟建项目的自然、社会、经济和技术信息进行调查和研究的过程。分析和比较投资和建设方案的可能性，并评估项目建成后的社会和经济效益。基于这些分析，还需要深入论证项目的投资和建设需求、财务可行性和经济合理性，以及技术进步和适用性。通过可行性研究，可为投资决策提供科学依据，并有助于确定最佳的项目实施方案。可行性研究是项目管理程序中的重要一环，最终会形成详尽的可行性研究报告，对项目的可行性进行全面的阐述和评估（朱祥明，2023）。

全过程工程咨询单位对可行性研究报告编制管理的工作内容体现在两个方面：一是组织专业咨询工程师编制可行性研究报告，并且在编制过程中进行督促、协调；二是对编制完成的可行性研究报告进行初步审核，审核合格后报发展改革部门审批。

1. 可行性研究的内容

可行性研究报告是由可行性研究主体（通常是专业咨询公司）对影响项目的政治、法律、经济、社会、技术等因素进行考察和分析，确定有利和不利因素，分析项目必要性，检查项目可行性，评估项目的经济和社会效益，为项目投资主体提供决策支持。一个完整的可行性研究报告至少应包括以下几个方面的内容：首先是对投资项目建设的"必要性"进行分析和论证。其次是对项目投资建设的"可行性"进行评估，包括生产建设条件、技术分析和生产工艺论证等方面的考虑。第三是对项目投资建设的"合理性"（包括财务盈利性和经济合理性）进行分析，主要依靠项目效益分析来完成。其中，项目投资建设的合理性分析是可行性研究中的核心问题。

2. 可行性研究基本要求

项目可行性研究的任务主要是通过对拟建项目进行投资方案规划、工程技术论证、经济效益预测和分析。通过对不同方案进行比较和评估，为项目决策提供合理的凭依和可行的建议，明确回答是否投资和如何投资的问题。因此，项目的可行性研究是一个科学的工具，可以确保项目在一定的投资成本下取得最佳的经济效果。可行性研究作为项目的一个重要阶段，是在项目建设开始前确定的关键性工作，是在做出投资决策前对拟建项目进行全面的可行性科学考察。可行性研究的基本要求有：

1）可行性研究的科学性往往由研究的深度和广度决定，它依靠广泛的研究和第一手资料来客观地反映和分析问题，而没有主观意见或其他意图。可行性研究应以市场、法律和技术经济论证为基础，确定项目的可行性，而不是为已经作出决定的项目寻找理由。

2）可行性研究应将定性分析与定量分析相结合，以数据为导向，用图或表的形式将分析的基础以及分析所得到的结果进行展示，并在内容上做到全面。在进行可行性研究时，常用的分析方法包括数学方法、经济统计方法、技术经济分析方法以及运筹学方法等。

3）应在所有方案中进行比较，无论是项目设计和规模、市场战略、产品方案、技术措施、场地布置、时间进度安排、资金方案等。整个技术工程咨询单位应充分考虑各种可能的方案，并对这些可能的方案进行全方位的研究以及全面的论证，在此基础上基于项目目标评估备选方案，进而选择出在经济方面可行的方案。

4）可行性研究往往是以对未来情况的预测为基础，而预测不可避免的会受到项目环境条件、产品市场以及利益相关者等诸多不确定因素的影响，因此在进行可行性研究时应提高对风险因素的系统分析。

5）可行性研究的结果应作为确定项目阶段和决策的文件，也是项目规划与设计的基础以及项目后评估的重要依据。可行性研究在最终立项前必须经过上级审查、评估和批准。

3. 可行性研究作用

投资项目可行性研究的主要目的是为投资决策提供科学的经济、技术等多方面的依据，以提升投资决策水平和项目投资的经济效益，可行性研究的作用有以下几个方面：

1）作为项目投资决策的依据

一些不确定的社会、自然、经济和技术因素会影响一个项目的成功和效果。可行性研究对这些不确定的社会、自然、经济和技术因素进行分析，并在此基础上提出科学的建议，为项目提供决策依据。

2）作为向银行等金融机构或金融组织申请贷款、筹集资金的依据

为了确保借款对象有足够的能力按时还款，项目按期足额归还贷款本息是银行是否提供贷款融资给项目的重要判断依据。银行对项目进行可行性研究、分析和评估后，判断是否给项目批准贷款。例如，世界银行等国际金融机构认为可行性报告是申请银行等金融机构或金融组织贷款的先决条件。

3）作为编制设计和进行建设工作的依据

可行性报告是对项目进行可行性研究后总结和归纳所形成的，它包含对建设方案、产品方案、建设规模、地点、工艺、主要设备和项目整体布局等各个方面的详细描述。可行性研究报告在作为编制设计和进行建设工作的依据之前必须获得批准。

4）作为签订有关合同、协议的依据

项目可行性研究是项目的投资人与其他单位或企业进行谈判，签订承包合同、设备订货合同、原材料供应合同、销售合同以及技术引进合同等活动的重要的参考依据。

5）作为项目后评价的依据

在整个投资过程和建设工程中，为进一步评价投资项目，有必要以项目的可行性研究报告为基础，将其作为项目后评价的参考标准，特别是，其中效益分析的相关部分是评价的重要依据。

6）作为项目组织管理、机构设置、劳动定员的依据

项目可行性研究报告一般会对项目组织机构的设置、项目的组织管理、劳动定员的配备及其培训、工程技术及管理人员的素质及数量要求等内容作出明确要求。

4. 可行性研究应遵循的原则

在进行可行性研究时，承担单位需遵循的原则如下：

1）科学性原则

可行性研究工作必须遵循客观规律，这也是其必须遵循的基本原则之一。在进行可行性研究时，需要以科学的方法，严谨的态度收集、分析以及鉴别相关数据和资料，以确保数据资料真实可靠；各项技术经济指标需经认真分析与计算后才可确定，以保证其具有科学依据；在进行可行性研究以及得出研究结论时不得掺杂任何主观成分。

2）客观性原则

必须尊重实用性和现实性的原则。在进行可行性研究的分析和论证之前，必须明确项目的具体要求和条件。建设所需的条件必须是客观的，而非主观的，只有在现实条件的基础上进行可行性研究才能得出准确的结论。

3）公正性原则

可行性研究作为投资决策的重要依据，应充分尊重客观事实，尽最大努力排除各种影响，实现其公正性与准确性。少数可行性研究在现阶段仍然存在工作中歪曲客观事实，不遵循科学规律办事，夸大有利条件，故意抬高效益指标，为获得主管部门批准伪造数据等不良行为。

5. 可行性研究的阶段和步骤

1）可行性研究的阶段

国外的可行性研究主要包括以下四个阶段：一是机会研究阶段是为了寻求投资机会；二是初步可行性研究阶段进一步判断工程项目的生命力；三是可行性研究阶段进行项目的技术经济可行性论证；四是评估与决策阶段对项目进行综合性评价以及最终决策（王浩东，2014）。国内的可行性研究主要分为三个阶段：一是对项目进行初步概括和分析的项目建议书阶段，必须分析项目的必要性和可行性；二是对项目进行全面

的系统评估和分析的可行性研究阶段，需要对项目的政治、技术、经济、社会等方面进行分析和论证；三是项目评估和决策阶段，需要重新审查、评估和落实可行性研究的各种设计条件，该阶段完成后，可行性研究能够作为批准设计任务书的依据。国内外可行性研究阶段对比如图6-5所示。

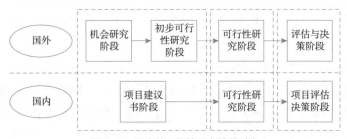

图6-5 国内外可行性研究阶段对比

（1）国外建设项目可行性研究

根据联合国工业发展组织（UNIDO）编写的《工业可行性研究手册》的规定，项目投资前期的可行性研究工作分为机会研究、初步可行性研究、可行性研究、评估与决策四个阶段。

①机会研究

对投资项目或方向提出建议是机会研究的首要任务，并寻找最佳的投资机会。机会研究一般分为两种，一般机会研究和工程项目机会研究。一般机会研究是对特定地区或区域、行业、部门、资源等进行研究，以确定投资机会和方向。工程项目机会研究是在一般机会研究的基础上，针对具体工程项目进行研究和评估，以促进由项目设想到工程项目投资建议的转化，吸引投资者注意，增大其兴趣，并引导其确定投资意向。

②初步可行性研究

工程项目要求较高或相对复杂的情况下，若要判断该项目是否能被选择，仅仅依据机会研究根本无法决定，需要经过初步可行性研究来进一步评估项目可行性是不可缺少的一个步骤，其位于机会研究之后及可行性研究之前。它建立在可行性研究的基础上，对项目的范围、选址、加工设备、资源、组织和施工进度进一步完善拟议，其目的是对项目可行性以及是否进行可研的下一阶段作出判断。初步可行性研究与详细可行性研究相比，虽然内容大体相同，然而其在研究深度与研究范围上较初步可行性研究略高一筹。初步可行性研究的主要目的是为了进行投资可行性研究的结果分析、与重要问题相关的研究、项目初步可行性论证，在此基础上明确是否有进一步研究的必要，并编写初步可行性研究报告。

③可行性研究

可行性研究阶段是项目决策过程的重要环节之一，需要详细深入地对项目进行技术经济论证，其研究内容包括工程项目实施要点、背景和历史、研究工程项目的市场和生产可能性、所需投入资源情况、拟建地点、工程项目设计、工程项目的管理费用、人员编制、工程项目实施设计、工程项目的财务评价和经济评价等方面。

④评估与决策

在获得可行性研究报告的基础上，工程项目评估得以进行，其主要目的是对工程项目建设的必要性、可能性和可行性进行全面地评估，提供对可行性研究报告和项目评估的结论。

（2）我国建设项目可行性研究阶段

目前，我国建设项目的可行性研究阶段是在充分吸收国外经验教训的基础上，结合我国在计划编制和基础程序方面的相关规定，以及各个行业的研究及实践逐渐形成的。目前，可行性研究阶段可以主要分为以下三个阶段：

①项目建议书阶段。基于长期规划要求、市场需求和资源条件，项目建议书对项目投资以及初步项目选择进行指导，其重点是对项目开发和初步可行性分析的要求。因此，项目建议书阶段与国外可行性研究中的初步可行性研究阶段是大致相似对应的。机会研究通常是在国家、部门和地区长期计划的背景下进行的。重点项目首先在长期计划中提出，然后在项目建议书阶段进行初步可行性研究，最终形成项目建议书；一般项目在各级行政部门的长期计划和部门、地区计划的指导下，进行项目可行性研究，提交项目建议书。在我国，需要根据批准的项目建议书，进行之后的可行性研究。另外，一般项目是不需要进行初步可行性研究的，但外商投资的大型项目和特殊项目需要额外进行初步可行性研究。由此可见，项目建议书的深度应与国外初步可行性研究的深度相同，否则可能影响项目决策的准确性。

②可行性研究阶段。该阶段审查项目的技术可行性、综合研究的经济合理性和可行性分析必须非常严格，在此基础上，通过对多个方案进行必选，得到编制设计任务书最佳方案。

③项目评估决策阶段。我国明确规定，大中型建设项目的评估工作须由中国国际工程咨询公司负责。项目评估是基于项目可行性研究报告进行的，在项目评估通过后，它才能够成为批准设计任务书的重要依据。

2）可行性研究的步骤

项目可行性研究分为以下五个步骤：

（1）筹划准备

建设单位在项目建议书获得批准后，安排或委托具备资质的工程咨询单位，全面分析与评估拟建项目的可行性。建设单位与工程咨询单位签订合同协议，在合同协议中须对可行性研究的工作范围、目标、前提条件、进度安排、支付方式和合作方式作出明确规定。建设单位须为工程咨询单位提供项目建议书、项目背景材料以及项目基本参数等信息，并对可行性研究进行协调、核实和监督。工程咨询单位接受委托后，须对客户目标、意见以及具体要求进行充分了解，并在此基础上，对与项目有关的基本资料、基本参数、技术标准等信息进行广泛收集。

（2）调查研究

市场、技术、经济是组成调查研究的三个部分。具体包括：市场需求和机会、产品选择、需求、价格和市场竞争；工艺路线和设备选择；原材料、能源供应和运输；场地建设区域、选址、建设条件和生产条件等方面。因此，应对各方面信息进行全面收集与详细研究，在此基础上，对其进行分析与评估。

（3）方案制定和选择

方案制定和选择是可行性研究的重要步骤之一，选择最优的方案，能够最大程度地实现项目的目标和效益。它需要在详细调查研究的基础上，对技术方案和施工方案进行制定，并通过分析比较找出最佳方案。在这个过程中，可能需要进行专题性辅助研究或方案组合，其中有可能涉及产品方案、工艺流程、设备选型、生产经济规模、车间组成、组织机构和人员配备等方案。如果该阶段存在涉及方案选择的重大问题，则需要与建设单位进行商讨，以确保方案的合理性和可行性。

（4）深入研究

深入研究的重点是进行财务效益分析，并根据所选方案的财务预测，对项目进行国民经济评价。在进行工程项目的总投资、总成本、销售税金及附加、销售收入和利润评估以及预测后，进行成本效益分析、成本效益分析和敏感性分析、盈亏分析和项目风险分析，从经济方面对项目的合理性及可行性进行论证。

（5）编制可行性研究报告

通过可行性分析以及论证，对拟建设项目的必要性、条件的可行性、技术上的完善和可行、经济上的可行性进行论证后，便可以进行可行性研究报告的编制，在这一过程，需要根据前期调查研究和方案制定的结果，得出两个及以上的建设方案和项目实施计划，并总结出结论性意见和关键措施建议，为决策单位提供决策依据。在编制可行性研究报告时，对于项目意义、必要性和重要性的阐述应做到准确、简明。

6. 可行性研究报告

1）可行性研究报告编制流程

可行性研究报告编制首先基于预测到的需求信息和项目约束条件开展投资机会研究，形成多个备选方案。其次，依据评价要求和市场研究、项目规划、工艺流程、成本价格等相关资料对各备选方案进行初步可行性研究，当确定项目值得投资后，进一步依据市场分析、生产能力、财务评价、经济评价及详细资料数据开展详细可行性研究，根据确定好的拟选方案编制可行性研究报告并进行评估，最终形成项目的最终评估报告（刘静，2018）。编制流程如图6-6所示。

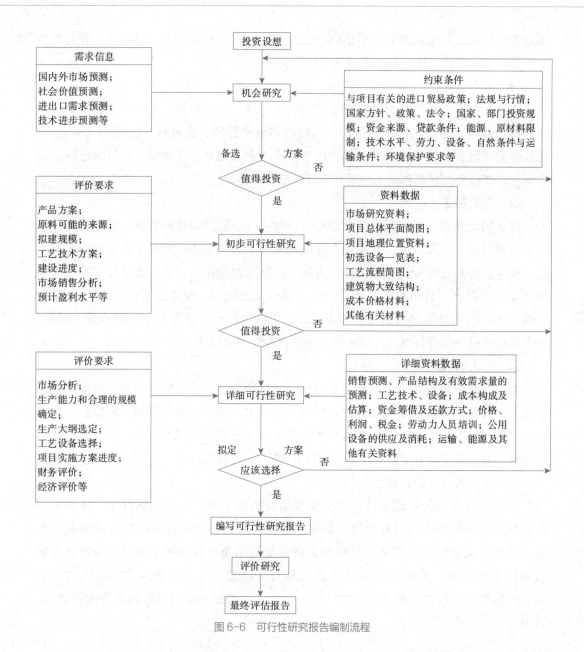

图 6-6　可行性研究报告编制流程

2）可行性研究报告评估内容

项目可行性研究报告主要从项目前期建设条件、项目建设要求和项目建设方案等方面进行评估（王东林，2016），具体的评估内容如表 6-2 所示。

可行性研究报告评估内容　　　　　　　　　　　　　　　　　　表 6-2

评估项目名称	主要评估内容
项目可研前期审批手续	评估其是否完善（土地、规划、环评、项目建议书审批等）
项目建设的必要性	评估其是否符合相关规划要求

续表

评估项目名称	主要评估内容
项目建设目标及规模	评估其是否符合项目建议书批复要求，如规模有重大变化，评估其理由是否充分
项目建设条件	评估其是否完善，必要时，需要求提供相关部门的征询意见
项目建设经济和技术指标	评估其与项目用地预审意见、选址意见书、控制性详细规划等比对，评估项目建设经济和技术指标是否符合用地、规划审批要求
建设方案	分析项目建设方案是否可行，评估其是否需要调整或优化
节能要求	评估项目是否符合节能政策要求，节能措施是否合理，并判定项目能效水平
环境要求	评估项目是否符合环境要求，是否与环评批复相符，其环境与生态效益是否显著
项目估算内容	对项目估算内容齐全性、指标及计算准确性进行评估，并评估资金筹措渠道是否明确
项目社会稳定风险	评估其稳定风险等级，并分析稳定风险防范措施的合理性
项目效益	评估项目的经济效益和社会效益是否良好
项目建设进度	评估其安排是否科学、合理，是否与建设方案相符
项目招标方式	评估项目招标方式是否合理，是否符合相关法规要求
项目建设和运营计划	评估其是否合理，是否有利于项目开展，能否达到项目目标

7. 项目实施方案的评审

在完成项目建设方案评估与论证后，为保证项目实施顺利有效，应根据项目性质，进行项目组织实施方案评估与论证。在评审工作中，咨询机构的角色主要体现在两方面：一是协助编制相关的评审文件；二是满足条件的机构接受委托作为评审单位协助组织开展评审工作。重点评审以下内容：

1）项目实施进度计划分析：项目实施进度计划是以用户的实际需求和现有技术的方案为蓝图，全面开发建设，直到整个工程建成投入运行的全过程。合理安排实施计划，科学运用项目管理流程是工程项目按时保质完成的重要保障。

2）项目法人组建及运营组织机构模式评价：对于项目法人组建及运营组织机构模式的评价，应重点着眼于工作组织内容、权力分配、组织内部沟通与协调及管理幅度等。

3）项目人力资源配置方案及人员培训计划评价：人力资源配置就是依据企业在某个时期内的人员供给和人员需求预测来采取相应的措施来实现人力资源供需平衡，制定人员补充计划、员工配备计划、员工培训计划、薪酬激励计划、员工晋升计划、绩效评估计划、员工职业发展计划等。

4）项目实施招投标方案评价：项目在实施招投标方案评价时，需要综合考虑多个因素。首先，需要考虑项目建设期是否科学合理，是否符合项目实际建设要求。其次，需要考虑完成工作范围所需时间以及各个阶段的工作时间安排是否合乎常理。另外，分析并制定的实施计划（横道图）是否合适也是方案评价的重要内容。

5）项目总投资估算评审：评审总投资估算的组成是否完整、符合规范要求；评审总投资估算的准确性和合理性，分析论证投资估算依据和采用国家与当地政府颁布的现行标准定额的准确性；评审设备单价的确定是否有充分的依据；凡投资额大的费用，如征地拆迁费、绿地补偿费、市政基础设施费的确定，应评审是否具有明确的依据和相关协议文件；结合项目的特点以及目前或未来可能存在的问题，提出主要对策来控制项目投资，以确保项目的总投资不超出政府批准的额度。

6）资金筹措方案评审：评价拟建项目采用的政府投入方式的合理性，主要应评价能否按项目所需投资得到足额、及时的资金供应，即评价政府出资、地方政府配套投资、项目法人单位自筹资金等各类投入资金在币种、数量和时间安排上能否满足项目建设需要。

【案例：深圳美术馆新馆项目可行性研究咨询服务】

深圳美术馆新馆和深圳第二图书馆位于深圳北站商务中心区，由一座美术馆、一座图书馆和一个公共广场组成。2022 年，深圳市政府拟将深圳美术馆新馆和深圳第二图书馆调剂书库进行定位提升。深圳美术馆新馆面积为 65600m²，设有藏书楼、多个展厅、会议厅、功能室及配套功能项目效果图如图 6-7 所示；深圳第二图书馆面积为 72000m²，设有藏书转运区、综合阅览区、展厅、会议厅及内部配套功能区。深圳美术馆新馆着力打造共享平台广场，作为对市民开放的空间。深圳第二图书馆将拥有国内首个地下智能立体书库，其配合着智能立体书库，能够充分发挥文献物流枢纽的作用，以实现全城文献流速提速与文献服务时效提升。两个场馆已取得可行性研究报告批复，按照国际一流标准将两馆合并建设，在获批基础上开展可行性研究报告修编工作。

全过程工程咨询单位在进行该项目的可行性研究时，首先需要对国内外城市新建博物馆、美术馆、图书馆（已建和规划建设的都包括）的定位、规模和结构特征开展深入调查研究工作。其工作的重点是研究北京、上海、广州等同级城市文化机构的规模以及所在地人口与项目投资指标的关系。除此之外，还需要调研部分有代表性的省

图 6-7　深圳美术馆新馆项目效果图

市级美术馆、图书馆，以评估不同城市同类型文化机构的建设规模、结构特征以及项目投资状况。

随后，全过程工程咨询单位进行项目定位分析与规模论证。其中，项目规模的论证工作通常从以下三个方面进行：一是自深圳市现有市级文化场馆的视角出发，分析经济效益、环境效益、社会效益等缺口；二是对近年来国内新建（包括已立项的）市级文化场馆的建设规模进行横向对比分析，以获得合理的单馆建设规模；三是基于《公共美术馆建设标准》（建标193—2018）、《公共图书馆建设标准》（建标108—2008）论证各功能区的设置，随后将修编之后可行性研究报告中的建设规模与原可研报告批复的建设规模进行对比，分析项目投资的经济效益，以实现项目投资决策水平的提升。

最后，全过程工程咨询单位针对重点问题展开专题研究。在综合分析新形势下的新需求后，结合资源共享与功能融合两个方面，根据项目特点对可行性研究报告进行专题研究工作，具体包括：机械式立体车库建设专项研究、外立面专项研究、停车场建设规模论证专题、减震降噪措施专题研究、图书馆展陈、报告厅、影音室专题研究等。

全过程工程咨询单位通过详细的资料搜集和科学的论证分析，对项目的定位、规模、功能设计等方面进行了科学细致的研究，所形成的可行性研究报告为政府的投资决策提供了有效支撑。

【综合案例：大型企业自建办公楼全过程工程咨询服务】

1. 项目简介

大型企业某自建总部办公楼项目位于上海市中心城区。该项目总用地面积约2200m²，总建筑面积约7300m²，其中地上4600m²、地下2700m²，总投资约1.4亿元（不含土地费用）。该项目全过程工程咨询服务由上海投资咨询集团有限公司一家完成，项目组成员均为集团内部各业务版块的资深人员，未联合其他咨询单位。委托方首次实施大型工程建设项目，要求全过程工程咨询单位全面参与项目策划、招标采购、造价控制和项目管理（不含设计和监理），并提出决策参考意见，直至项目竣工验收。

该项目存在较多难点：一是基地非净地（净地指土地及土地附属物、建筑物的所有权清楚明确，提供补偿安置，不存在任何法律经济纠纷，规划条件明确，满足动工开发所必须的基本条件），仍有大量在用的供电、通信、供水、供气等市政管线，协调将其搬迁的难度较大；二是项目规划设计条件要求苛刻，不仅可用土地面积小，而且地下公共停车位、绿化率指标要求很高；三是基地紧邻历史保护建筑、超高层建筑及市政道路，场地狭小，基地总平面布局困难、交通组织难度大，施工复杂，投资控制难。结合项目特点，要求全过程咨询团队于开工前进行策划与决策咨询，制定投资决策阶段的全过程咨询服务方案。

2. 全过程工程咨询应用

全咨管理部共配置 11 名咨询人员，其中投资决策 3 人、项目管理 4 人、招标代理 2 人、造价咨询 2 人。第一阶段投资决策阶段咨询由投资咨询专业牵头，统领和协调项目管理、招标、造价专业版块。全咨管理部将目标定为：理顺前期存在的问题与障碍，为工程方案落地提供决策支持，为投资控制提供决策依据，为工程顺利开工提供保障。为此，全咨管理部从项目规划与策划、工程项目决策、项目投资机会等角度入手，在管理模式的确定、质量进度控制、技术方案比选等方面深入开展咨询服务工作。在筹划之初，全咨管理部发挥统领作用、实现专业融合，通过集体研究、集体论证等方式充分发挥各版块专业特长和统领作用，提高工作效率，形成系统化、协调化、全局化的思维方式和工作方式。在项目前期的投资决策环节，全咨管理部对建设模式、收地时间、投资控制、工程方案等方面进行一系列研究论证，形成各类专题决策咨询意见，大大降低委托方的决策风险，为其科学决策提供专业依据与支撑。除此之外，全咨管理部通过严密筹划概念方案、深入评估论证建设标准及工程方案、准确把控各专业环节、精准编制工程预算、从严审核各类咨询费用等多项手段，将项目投资额控制在最低水平，使资金得到充分利用，采用总价合同和少量暂估价的方式，有效控制未来投资变化风险。

3. 问题

1）简述全过程工程咨询单位在本项目决策阶段中应提供怎样的咨询服务内容？

2）针对项目存在的收地策划与管线搬迁问题，全过程咨询单位应提供什么解决思路？

思考与讨论题

1. 全过程工程咨询单位应如何开展项目投资机会研究？

2. 简述决策阶段中项目建议书的编制重点。

3. 可行性研究报告的作用是什么？

4. 简述可行性研究报告的编制流程。

7

勘察设计阶段咨询服务

本章导读

　　建设项目勘察设计阶段是根据决策阶段形成的咨询成果（如项目建议书、可行性研究报告等）进行深化研究，对拟建项目进行完整的分析、论证，编审项目勘察设计相关文件并提供相关咨询服务的过程。本章将介绍全过程工程咨询单位协助勘察设计单位开展勘察设计作业的主要内容，包括组织编制工程勘察设计任务书，审查优化方案设计、初步设计和施工图设计，管理控制工程勘察设计的质量及进度，并对设计单位提交的设计概算、施工图预算进行核查，以控制工程项目的投资。

　　学习目标：熟悉工程项目勘察设计的基本概念；掌握工程勘察设计咨询服务的内容。

　　重难点：工程勘察设计的咨询服务。

7.1 工程勘察设计阶段咨询概述

工程项目勘察设计咨询服务是指做好管理和配合工作，做好勘察设计单位之间以及与其他单位的协调配合工作，并为其提供必要的工作条件，以确保设计单位能够及时提供符合工程要求的设计文件，避免因设计不合理或不符合要求，致使工程建设无法顺利进行。

2020年4月23日，住房城乡建设部和国家发改委联合发布的《房屋建筑和市政基础设施建设项目全过程工程咨询服务技术标准（征求意见稿）》指出全过程工程咨询单位在工程勘察设计阶段提供咨询服务时，有两种角色：一是直接为委托方（建设单位）提供工程勘察设计技术咨询；二是专门协助委托方实施勘察设计管理，而将工程勘察设计技术咨询业务委托其他具有相应资质和能力的工程咨询类单位来完成。

现阶段实际项目中全过程工程咨询单位扮演着第二种角色，负责编制勘察任务书，协助委托方对勘察工作进行监督、检查；协助委托方审核方案设计、初步设计以及施工图设计等阶段，制定设计进度目标，并动态审核设计单位的设计进度；帮助委托方审核材料和设备采购标准，对设计文件进行决策，审核设计施工图进度，确保审查批准执行时间。

勘察设计咨询项目管理部门开展勘察设计咨询服务管理时主要包括以下工作内容：

1）按照项目施工进度管理的总要求，以及勘察设计的管理目标与流程，进行目标分解，经总咨询师批准后组织实施。

2）负责勘察设计工作质量、进度、变更等的管理。

3）对于勘查设计工作方案的落实情况，应定期开展相应的评估，并作出动态的调整。

4）监督勘察设计单位按照有关规范、规程、标准开展在各阶段的工作，完成施工进度目标，其工作必须符合勘察设计合同和项目特殊性。

5）在勘察设计阶段控制项目投资。

6）对勘察设计阶段成果进行报建报批。

7.2 工程项目勘察

1. 工程勘察概述

工程项目勘察是一项技术性工作，能够为设计方案的制定提供现实背景。勘察单位通过采用多种科学技术方法，比如测量、观察、勘探、试验和鉴定等手段，来确定项目建设地点的地形、地貌、土质、水质、岩件及地质构造等自然条件（邹坤，2022）。由于建设项目不同的性质、规模、复杂程度以及地点，对于设计所需要的技术条件也有着较大差异，因此不同勘察项目之间往往存在较大的差异。

1）自然条件观测。主要包括气候、气象条件观测；陆地和海洋水文观测（以及与水文有关的观测）；对沙漠、冰川等特殊区域观测等。如果在建设地点有相应的观测站，并积累了一定的数据资料，可以直接收集和利用。在没有观测站、数据不足或从未观测过的情况下，则应建设观测站观测。

2）资源探测。资源探测是一项调查、观测、勘察和钻探任务，其涉及范围较广，一般开展相应工作的是国家设立的机构，业主只进行一些除此之外必要的补充。

3）地震安全性评价。对于大型工程和地震地质复杂的区域，通常要根据国家地震区划对建设地点进行地震安全性评估，也称为地震地质勘察，以确保精确的地震设防和工程的地震安全性。

4）环境评价和环境基底观测。试验研究并确定环保措施。

5）岩土工程勘察。是为确定建设地点的工程地质条件，正确评估建设场地稳定性及地基承载能力而开展的工作，主要包括工程地质测绘、勘探（钻探、触探等）、测试（载荷试验、剪力试验等）、长期观测（地下水动态观测、建筑物沉降观测、滑坡位移观测等）及勘察数据资料整理。岩土工程勘察通常分为选址勘察、初步勘察和详细勘察三种勘察类型。对于工程地质条件复杂或有特殊施工要求的大型建设工程项目，还应当开展施工勘察。

6）工程水文地质勘察。水文地质勘察是对建设地区地下水的类型、成分、分布和埋藏量进行调查和确定，以确定富水地段，并评价地下水资源及其开采条件。

7）工程测量。是为工程规划、总图布置、线路设计以及施工等阶段提供基础资料。

8）模型试验和科研项目。很多大中型工程以及一些特殊工程，都需要在模型实验和科研成果支持的情况下进行设计。

2. 工程勘察咨询服务内容

全过程工程咨询单位在工程勘察活动中编制勘察任务书，组织管理工程勘察单位，对勘察工作实施情况进行检查，分析进度偏差，并进行勘察质量控制，通常包括管控勘察外业工作规范性、审核勘察内业工作成果的质量、监督整体勘察工作总体进展。

1）组织编制工程勘察任务书，审定工程勘察工作计划。根据现有的工程资料、工程勘察相关标准及拟建工程范围和设计需求，进行工程勘察任务书的编制工作，报送批准后，提供给工程勘察单位，并对工程勘察工作计划进行审定。工程勘察任务书内容包含工程名称、项目概况、拟建设地点、勘察范围、勘察具体内容和要求、提交勘察成果内容和时间等。

2）确定勘察单位。依据《建设工程勘察设计管理条例》，确定工程勘察单位，签订工程勘察合同，并监督组建专业的勘察工作团队，及时协调勘察与设计单位的对接工作。

3）核查工程勘察工作方案等文件。审查工程勘察工作方案是否满足合同和勘察任务书的规定和要求，审查勘察工作方案的合理性和有效性，审查勘察工作进度计划等。

4）监督和管理工程勘察工作。对工程勘察方案以及勘察进展计划实施情况进行监督，以确保勘察单位完成并检查合同中约定的工作内容，现场跟踪勘察作业，确认勘察工作量，并对重要点位的勘察与测试进行现场检查。

5）审查工程勘察成果，协调处理勘察成果的修改。工程勘察成果要资料齐全、真实准确、内容和深度满足建设工程规划、选址、设计、岩土治理和施工的需要。

6）签发补勘通知书。设计、施工中若需要某种勘察报告和勘察任务书中未涉及的勘察内容，应另行商定补勘要求和费用，签发补充勘察任务通知书。

7）对工程勘察单位提交的勘察结果和报告进行审查，并向委托方提供完整的勘察成果评估报告，同时必须留存勘察成果相关资料及审查信息。

8）进行勘察单位与建设、设计、施工、监理等单位的工作对接，并对工程勘察文件进行解释说明，以及组织各阶段工程勘察的验收工作。

9）在完成工程项目之后，对勘察单位技术档案管理情况进行检查，以确保监督工程勘察单位及时归档原始文件，并将其保存完整。

7.3　工程项目设计

1. 工程设计概述

工程项目设计是以批准的设计任务书为基础，按照国家相关政策法规、技术规范如《建筑工程设计文件编制深度规定（2016 版）》（建质函〔2016〕247 号）等，在规定的场地范围内，详细规划并布局拟建项目，并以图纸和文字形式明确可行性研究推荐的最佳方案，为工程项目施工提供依据。

1）工程设计的原则

（1）工程设计必须遵循技术先进、安全可靠、质量第一、经济合理等必要性原则，根据生活区域、民用建筑及公共设施的不同类型和用途，遵循经济、实用、耐用、美观等设计原则，确保其具有良好的性能和可靠性。

（2）国家经济建设的方针和政策必须有效贯彻到工程设计中，以实现社会经济发展的目标，协调各产业之间的关系，妥善处理好长期和短期的关系，以及处理好生产生活之间的关系。

（3）项目设计应充分考虑资源利用，深入分析自然资源的质量、数量、分布以及开发利用条件，充分考虑技术可行性和经济可行性，综合考虑土地和其他资源的有效利用，以达到最佳的经济效益和社会效益。

（4）适用符合国情的先进技术与成熟设计，积极吸收国外技术和经验，管理水平和加工能力符合国内标准要求，同时注重质量和安全，不断提高产品的质量和性能。

（5）"安全可靠、质量第一"是设计工程必须要坚持的原则，要以"百年大计，质量第一"为指导思想，充分考虑项目的安全可靠性、施工进度、质量控制等因素，确保项目安全可靠、质量过硬。

（6）坚持经济合理的原则。在考虑现有资源和财力的情况下，实现投资的节省、工期的缩短以及最佳技术经济指标的效果。

（7）在项目建设过程中，要严格控制可能造成的环境破坏，包括植物和动物的灭绝，水土流失，空气污染和水质污染等。同时要采取措施确保生态系统的稳定，维持生态系统功能。

2）工程设计的作用

（1）设计是项目的重要环节，它是项目设计任务书的具体化，也是项目建设的蓝图，它可以帮助项目管理者确定项目的具体目标、实现方式和实施计划。通过设计，可以使项目更加完善、可行，从而有效地实现项目建设的目的。此外，设计还可以帮助企业节省大量时间、资源和金钱，有效地保证项目的成功实施。

（2）设计是项目建设的依据，根据已批准的初步设计文件，项目承办单位应该合理安排资金、建筑材料和设备、征用土地、拆迁安置及施工场地等工作，以确保项目能够按照设计要求实施，顺利完成建设任务。

（3）设计是编制年度投资计划的重要依据，它可以有效地将未来的投资需求分解成可执行的项目，为项目提供有效的参考。经过批准的初步设计可以作为编制年度投资计划的基础，根据初步设计可以合理安排投资预算，以实现最佳的投资效益。建设单位也可以根据初步设计制定出具体的项目投资计划，并结合实际情况进行调整，以确保项目在资金和时间上得到合理有效的分配。

（4）项目设计文件包括总平面布置图、建筑物、构筑物和设备安装图纸，上述图纸是施工建设的重要依据，提供给施工建设详细的设计方案和实施计划，以确保工程的顺利进行。

（5）设计是影响项目能否产生经济效益的重要因素。设计必须满足设计要求，确保其合理性、先进性、安全性以及可靠性，同时要考虑到组织机构安排的科学性和合理性，确保项目能够有效实施。

2. 工程设计咨询服务内容

工程设计是实现使用功能、满足使用需要和体现工程价值的关键阶段。全过程工程咨询单位在设计阶段可根据工程项目的可行性研究报告、工程建设标准以及拟建工程范围和建设方需求，编制设计任务书并提交给设计单位，对工程设计工作进行监督和指导，控制设计质量；对设计工作的执行进度及质量进行实时监控，分析进度偏差，并监督促使设计单位完成设计合同约定的工作内容；协助办理施工图设计文件审查事宜，并对相关设计成果文件进行复核及审查，纠正偏差和错误，提出优化建议，出具相应的咨询意见或咨询报告（马岩，2022）。

工程设计咨询的服务项目主要包括：设计任务书编制咨询、方案设计审查与优化咨询、初步设计审查与优化咨询、施工图设计审查与优化咨询。

1）设计任务书编制咨询

设计任务书是工程项目设计的起点，是确定工程项目和建设方案的关键文件，是设计工作的指令性和纲领性文件，也是建设项目决策和编制设计文件的主要依据（杨卫东等，2018）。设计任务书应当在完成项目可行性研究之后的设计准备阶段进行编制，要按有关规定执行，其深度满足开展设计的要求。

设计任务书应列明拟建项目的投资规模、工程建设内容、经济技术指标、质量要求和建设进度等要求。设计任务书包括下列主要内容：

（1）项目建设概要。

（2）规划设计条件与周边基础条件分析。

（3）项目功能空间的分析与分配。

（4）各专业工种的设计要求及提交文件要求。

（5）工程经济文件编制的要求。

2）方案设计审查与优化咨询

方案设计包括方案设计文件编制、方案设计文件审查与优化、方案设计报审等环节。方案设计文件编制的主要设计文件包括：方案设计说明书和相关设计图纸，具体要求见《建筑工程设计文件编制深度规定》。

全过程工程咨询单位监督设计单位完成方案设计文件编制，安排专业咨询机构对方案设计文件进行审查与优化，监督设计单位在规定时间内完成专家意见修改，并向有关部门进行设计方案报审等。审查和优化工作主要包括下列内容：

（1）是否响应招标文件要求，是否符合国家规范、标准、技术规程等的要求。

（2）是否符合美观、实用及便于实施的要求。

（3）总平面的布置是否合理。

（4）景观设计是否合理。

（5）平面、立面、剖面设计情况。

（6）结构设计是否合理，可实施。

（7）基础设施配套是否合理、齐全。

（8）新材料、新工艺、新技术的运用。

（9）设计指标是否合理。

3）初步设计审查与优化咨询

全过程工程咨询单位监督设计单位完成初步设计文件的编制，组织专家对设计文件进行审查与优化。初步设计文件编制的主要设计文件，在设计深度上应符合已审定的方案设计内容，准备主要设备及材料，作为施工图设计的依据和施工准备，并作为审批项目投资的依据。

全过程工程咨询单位组织专业咨询师对初步设计进行审查，主要审查选材是否经济、做法是否合理、关键节点是否详细、图纸是否完整等，并形成专家审查意见，提交设计单位修改完善。初步设计经内部审查合格后，还需按照当地建设行政主管部门的有关规定，将初步设计文件报送建设行政主管部门审查。

初步设计评审要点内容可分为两个方面：行政审查和技术审查，并提出综合评价意见。

（1）行政审查。项目初步设计的行政审查主要包括建设程序、资质资格、市场管理三大类内容，是对初步设计文件的合规合法性进行的一般性评估。

（2）技术审查。项目初步设计的技术审查主要包括工艺设计、总图设计、建筑设计、结构设计、设备电气、初步设计概算等方面，应主要关注以下内容：

①初步设计内容是否完整全面，各专业设计深度是否满足相关要求。

②设计说明和图纸应符合现行国家标准、行业标准、地方标准和国家规范，尤其是强制性规范条文的要求，如结构安全、防火等级、环境保护等方面，同时要满足技术要求，以保证设计质量。此外，还要考虑到设计规模和设计范围是否有变更，如设计的建筑面积是否有所增加、结构形式是否有所改变等。

③采用的设计方案是否体现节能、环保、确保公共安全的要求。

④采用的设计方案是否合理且经济可行。

⑤初步设计概算编制内容是否完整无遗漏，概算编制依据是否合理且准确。

（3）总体评价。在进行项目初步设计的过程中，我们将根据项目的特点和要求，从可行性、经济性、高效性、可靠性等方面进行综合评价，以确保项目的顺利实施。

4）施工图设计审查与优化咨询

依据《全过程工程咨询服务管理标准》T/CCIAT 0024—2020，全过程工程咨询单位监督设计单位完成施工图设计文件编制，并组织专家对施工图设计文件进行审查及优化。在施工图设计完成之后及报送行政审查之前，先组织内部审查，召开专题会议讨论，对审查意见进行汇总，由设计单位修改、完善，形成正式施工图。施工图设计审查主要包括下列内容。

建筑专业：是否按照政府批准的规模和设计方案要求进行，特别是要考虑计入容积率的面积核算是否准确，从而确保项目的质量和安全；建筑装饰用料标准必须合理先进且经济美观，特别是外立面必须要体现出方案的设计特点，而且内部装修标准也必须要符合建设单位的意图，确保项目施工的质量，以达到设计要求；总平面设计是否充分考虑了交通管理和园林景观，竖向设计是否恰当且合理；平面图、立面图、剖面图、详图是否表达清楚；门窗表是否与平面图对应，数量是否保持一致；消防设计是否符合消防规范要求，其中包括防火分区是否超过规定面积，防火分隔是否达到耐火时限要求，消防疏散通道的数量和宽度是否符合要求，消防电梯是否符合设置要求；建筑物各部位的防水防渗处理是否合理恰当；楼地面做法是否达到要求标准。

结构专业：结构设计总说明是否完整、准确全面，结构构造要求是否明确；基础设计是否与初始设计确定的技术方案一致；结构布置和选型是否与初始设计和审查意见一致；结构设计是否满足施工要求；各项经济技术指标、重要的节点处理等问题是否合理；专业之间矛盾是否解决；基坑开挖和支护方案是否合理。

机电专业：系统是否按照初步设计的审查意见进行布置；与建筑结构是否存在矛盾之处；消防设计是否满足消防规范的要求；水管供水量及供水管道走向和管径是否满足最不利点供水压力需要，是否满足美观需要；排水管的走向及位置是否合理；管材及器具选择是否符合规范及建设单位要求；水、电、煤、消防等设备及管线安装位置设计是否合理、美观且与建筑结构图纸不相矛盾；室内电器布置是否合理、规范，强、弱电室内外接口是否满足电话局、供电局设计要求；用电设计容量和供电方式是否符合供电局规定的要求。完成内部组织的施工图审查后，及时组织政府施工图审查，并取得施工图审查合格证书。

7.4　勘察设计阶段质量管理

工程勘察设计工作咨询的主要目的就是组织相关勘察设计单位在特定时间范围内，根据具体投资规模要求，最大限度地满足用户或投资者的使用需求。项目的质量目标与水平是通过勘察设计使其具体化的，勘察工作必须与设计工作紧密结合，以作为施工的依据，亦是顺利实现工程建设控制目标的有力措施。

1. 勘察工作质量管理

勘察工作是一门与工程建设相关的综合性应用科学，旨在研究和查明工程建设场地的地质地理环境特征，是基本建设的首要环节。做好各阶段工程勘察工作可以对建设场地做出详细论证，保证工程的合理实施，促使工程取得最佳的经济、社会与环境效益（尹永川，2021）。

勘察项目管理主要根据建设意图对工程勘察活动进行管理。勘察工作的质量管理要点为：

1）工程地质勘察任务书应当明确工程的意图，以及在设计阶段的具体要求，如要求提交勘察报告书的内容、现场测试项目，以及提出技术要求等。此外，还应当提供各种图表资料，以便更好地组织和描述勘察任务书中所描述的内容。

2）在实施勘察工作之前，全过程工程咨询单位重点审查勘察单位编制的《勘察工作方案（勘察纲要）》的下列内容：

（1）是否满足各勘察阶段的勘察任务书中规定的工作内容和深度要求。

（2）是否体现规划及任务书中各阶段设计意图。

（3）是否照实反映建设场地的地形和地质概况。

（4）是否满足勘察合同工期的要求。

3）为核查工作资格，需对工作人员的资质进行审查，确保工作人员具有相应的专业技能和经验。并且要对设备和仪器的计量情况进行检查，确保其准确性。

4）对重要勘察点位的勘探与测试进行现场检查。

5）对勘察进度计划执行情况进行检查，并监督促使勘察单位完成勘察合同约定的工作内容。

6）组织专家论证或审查各阶段的勘察成果报告，并提交勘察成果评估报告。

7）在勘察文件交付后，应根据工程建设的实时进度，监督促使勘察单位做好施工阶段的勘察配合以及验收工作。

2. 设计工作质量管理

全过程工程咨询单位在设计阶段的核心工作在于做好对设计质量的把控。项目的设计质量直接关系到设计进度的控制、项目实施的进度水平和费用水平，也直接决定了项目最终所能达到的质量标准。

1）方案设计质量管理措施

项目方案设计阶段是设计真正开始的阶段。建筑设计方案应满足投资人的需求和编制初步设计文件的需要，同时需向当地规划部门报审。方案设计质量管理措施主要有：

（1）协助建设单位确定方案总平面、空间形态和功能布局；

（2）检查设计方案的编制深度；

（3）检查设计方案与设计任务书要求的符合性；

（4）检查设计方案与前期计划、土地等行政主管部门的书面意见的符合性；

（5）组织设计方案与前期策划、专项技术咨询单位复核设计成果的符合性；

（6）督促设计单位协调建筑设计与其他专业之间的配合度（夏冰，2019）。

2）初步设计质量管理措施

初步设计必须满足三方面的要求，其中包括审查、物资采购、施工准备和施工图设计，以满足政府行政主管部门审查的需要，并且在审查过程中需要充分考虑到相关技术标准，以确保最终的设计结果符合政府行政主管部门的要求。为了保证初步设计的质量，必须采取一系列质量管理措施，以确保最终的设计结果满足政府行政主管部门的要求：

（1）根据已批准的项目可行性研究报告以及建设单位、环境、设计单位的实际情况，对初步设计阶段的投资、质量和进度目标进行拟定；

（2）初步确定总体建设规模和质量要求之后，将论证所得的总投资和总进度划分为若干部分，以确定投资和进度规划；

（3）初步设计完成后，按照初始设计文件的规定要求，督促设计单位开展评审工作。根据评审意见，各专业对其进行修改，并及时对专业间问题进行协调解决，然后完成校审并签署初步设计文件，以确保整个工程设计文件内容的完备性与统一性。

3）施工图设计质量管理措施

施工图设计阶段是工程设计成果、保证质量和提高水平的最后验收阶段，它包括项目规划、设计方案编制、施工组织设计等。在此阶段，必须严格按照国家和行业标准，确保施工图设计文件深度和质量，同时落实创优目标等各项工作，确保设计的技术方案具有先进性、合理性和可行性。施工图设计根据批准的初步设计文件编制，应满足设备以及材料的安排，各种非标准设备的制作生产，施工预算的编制，工程施工的需要以及工程价款的结算需要等要求（刘闯，2021）。施工图设计质量管理措施主要有以下几点：

（1）设计质量跟踪控制不是监督设计人员画图设计或监督设计人员进行结构计算和配筋，而是定期审查施工图设计文件，发现不符合质量标准或质量要求的，及时指令设计单位进行修改，直到符合标准为止。

（2）设计单位提供的多种设计方案，需要进行充分了解和分析，以确定最优方案。其中，首先要了解和分析这些方案的优缺点，比如在设计理念、功能设置、外观形态等方面；其次，要比较两种或多种方案，确定最合适的设计方案；最后，要根据实际情况对每个设计方案进行调整，以满足最终要求。

（3）协调各相关单位关系。

（4）审查施工图设计文件是施工图设计完成后的必要环节。审查内容主要包括：总体审核、总说明审查、图纸审查、施工总预算与总投资估算、其他政策要求以及报批审查等。其中，总体审核是对工程项目的整体规划和布局进行评估；总说明审查主要是审查工程项目的实施计划和设计方案；图纸审查是对工程项目的施工图纸进行检查；施工总预算与总投资估算是对工程项目的投资和成本进行估计；其他政策要求是指国家和地方政府对工程项目的实施和管理规定，以及相关部门关于工程项目建设的有关规定。

（5）施工图设计合格后，组织设计交底会，对图纸进行详细说明，包括工程的概况、结构形式、材料性能等，并向施工单位和监理单位进行系统设计技术交底，以确保工程实施质量。

7.5 勘察设计阶段进度控制

进度控制是其他所有管理工作的基础，是多项工作共同推进的时间规划和保证，也是项目是否能在规划时间内实现、是否可以按期完成的管理保障（李江，2020）。

　　1）进度计划的编制

全过程工程咨询单位为了对设计进度进行全面的管控，需规定勘察、设计中标人在签订勘察设计合同后尽快提交勘察设计进度计划（需分别按关键线路网络图、主要工作横道图或其他方式绘制）。

　　2）进度计划的审批规定

全过程工程咨询单位需详细审查勘察、设计中标人上报的勘察设计进度计划，并尽快（通常一周内）审批同意或提出修改意见，检查勘察设计进度计划是否可行并满足合同工期要求。

全过程工程咨询单位应根据项目前期总体工作计划进行审批，审批后的勘察设计进度计划，作为今后勘察设计进度控制的主要依据及进度计划控制的目标。

　　3）进度计划的检查与监督

全过程工程咨询单位定期进行实际进度与计划进度的跟踪管控，对现场或内业工作进行检查。一般情况下，要求勘察设计人每月对进度计划进行一次检视。

（1）制定设计进度控制程序，全过程监督催促设计进度，并按计划完成设计工作及设计评审工作。督促各专项设计咨询单位需要严格履行合同中进度方面的条款，及时检查、并时刻提醒合同各方履行自己的职责与义务。

（2）加强设计过程的协调配合，及时解决设计中需明确和解决的问题，充分为专项设计创造条件。

（3）建立设计管理例会和专题协调会议制度。确定会议主题，确定工作完成时间，签发会议纪要并跟踪检查。

（4）动态跟踪计划检查，及时发现并纠正进度偏差。按照进度计划的时间节点，对进度计划完成情况进行检查，发现进度偏差，并分析导致偏差的原因及风险，制定纠偏措施，及时向投资方汇报，获得投资方认可后可调整设计进度计划，既要避免设计周期过短导致设计深度达不到《建筑工程设计文件编制深度规定》的要求，更要避免因设计单位推迟进度而造成的整体进度计划的延误及施工单位的索赔。提出解决措施同时要避免在各个审查阶段因增加规范标准而导致的设计修改（彭翔等，2022）。

（5）投资方需求发生变化等特殊情况出现时，要对整体设计方案、设计进度及投资进行分析，并与投资方及时办理进度延期手续。

（6）及时向投资方反映设计工作中需要其配合解决的问题及合理化建议。

7.6　设计阶段造价控制

在建设工程项目整个开发程序中，设计阶段是工程项目建设过程中承上启下的重要阶段。因此，设计阶段是建设项目成本控制的关键与重点（彭翔等，2022）。设计工作的质量、设计指标的选择、建设材料的选用、建造设备的选型等因素对工程造价都有直接影响。施工过程中，现场的签证和设计的变更也主要是由于设计中缺乏周密性和预见性。因此，设计阶段的成本控制不仅重要、有效，而且有事半功倍的效果。在工程设计的整个阶段，全过程工程咨询单位应与设计单位协同工作，对工程设计的正确性、合理性和完善性发表不同的鲜明见解，审查概算，将工程技术的先进性与经济性的关系处理好，寻求最合理的设计方案。

1. 设计概算审核

设计概算可以分为三个级别，包括建设项目总概算、单项工程综合概算和单位工程概算。各级概算都是由单个到综合，局部到整体，逐一编制，层层汇总。设计概算的主要工作有三个方面，其包括建设项目设计概算的编制、审核以及调整。其中编制由设计部负责，审核由全过程工程咨询单位造价咨询工程师负责。

审核设计概算，可以使得概算编制单位严格遵守国家或地区有关概算编制规定和费用标准，从而提高概算编制的质量；还有助于促进技术先进的、合理的方案设计，使建设工程造价更加合理、完整，杜绝误差和遗漏的情况。

审核设计概算应该从概算编制依据、编制深度和概算主要内容的四个方面入手：

1）审查设计概算文件是否齐整。

2）审查概算项目是否有多算、重算、漏算的情况出现。

3）审核工程造价相关指标。

4）审查其他费用是否符合现有的相关计价规定。

2. 设计方案比选优化

建设工程项目的周期通常很长，但设计阶段仅是其中一个耗时较短的阶段，设计费用在建筑项目总投资中占的比重也相对较小，但是设计阶段对建设项目的整体价值影响最大。

价值工程原理通常被用于设计方案的比选和优化，对工程方案而言，价值工程中的"价值"是指工程方案所具有的功能价值与为获得该功能而支出的全部费用的比值，即技术方案的比较价值，而不是技术方案的效用或经济价值，后者可以作为评估工程方案有效性程度的一个尺度。

1）设计方案优化的内容

（1）各专业之间协调：工程设计涉及各专业（如建筑、结构、机电等）之间的交叉和合作，需要在各专业设计之间进行协调。

（2）各设计阶段协调：工程设计通常分为三个阶段，即方案设计、初步设计和施工设计，取决于不同的技术程序和深度。不同设计阶段之间的协调可以在同一专业的成员之间进行，也可以在不同专业的成员之间进行。

（3）外部环境因素协调：在工程设计过程中，与外部环境因素协调主要涉及与业主需求和政府有关部门审批工作的协调。

2）优化设计方案的有效途径

（1）通过设计竞标比选和优化设计方案的方式。采用公开竞争形式，需要邀请更多项目单位参与，这样就具有了更多设计方案的选择。在充分考虑经济性、适用性和美观性的原则下，满足技术先进、功能集成、结构合理、安全适用、节能和建筑环境要求的前提下，对每个项目方案的优缺点进行综合评价。根据评价结果，选取最佳设计方案，或通过重新组合各方案的优点，提出最佳的设计方案。

（2）在设计过程中进行优化是至关重要的，而不仅仅是优化设计结果。在工程设计阶段，需要充分考虑影响工程造价的各种因素，并强调技术与经济的统一结合。这一过程需要工程咨询单位的造价工程师的全程参与，他们可以协助工程设计人员及时对经济分析和设计方案的技术进行论证，从而有效控制项目成本。

比选设计方案和优化设计是贯穿于整个设计阶段的一个动态过程。在这个过程中，除了成本目标之外，建设工程项目管理的五大目标，即造价、质量、安全、进度和环保，对设计起到约束作用。这五大目标相互关联且相互制约，需要综合考虑和统筹兼顾。全过程工程咨询单位在提供服务时应全面考虑这些目标，通过专业的技术支持和经验，作出明智决策，并提供技术上以及经济上的优化建议。

设计过程中的优化有利于与设计单位的沟通。设计单位对于设计优化方面的意见更容易接受，而且可以从技术、成本等方面对基础类型以及其他结构问题进行细致深入的专题分析；此外，还可以在不耽误项目总进度的情况下，控制设计上的每一个技术细节的成本。

进行优化设计可以提升与设计单位之间的沟通效果。设计单位更容易理解并优化设计的意见，并能够从技术和成本等方面深入分析技术类型和其他结构问题。通过优化设计，可以对设计中的每个技术细节进行成本控制，同时不会影响项目的整体进度。如此，设计团队可以更好地与全过程工程咨询单位合作，共同推动项目的成功实施。

（3）通过多方协调和团队合作，不仅可以提高设计质量，还可以降低工程造价，进而节约投资成本。为了优化设计方案，必须优化对各参与方的人力资源的管理，建立一个专家和技术人员能充分发挥自身专长的平台。应根据设计人员的专业和职业技能特点进行设计任务的分工，加强不同专业设计之间的沟通和协同，有效整合各设计成果。同时，在设计优化过程中，各参与方如造价咨询服务、监理服务、特殊材料或新材料供应商、熟悉新工艺新措施的专家等应适时介入，从各自的专业角度参与设计优化，并提出合理化建议。各参与方应对设计方案进行统筹控制，包括施工图纸与方案、交叉施工方案、工程造价方案、特殊材料或新材料采用方案等，以提高设计任务整体设计水平。

3. 施工图预算审核

全过程工程咨询单位应根据已批准的项目设计概算的编制范围、工程内容、确定的标准对施工图预算进行审查，并将施工图预算值控制在已批准的设计概算范围内。与设计概算存在偏差时，应在施工图预算中予以说明，需调整概算的应告知投资人并报原审批部门核准。

1）审核内容

（1）预算列项，必须避免多项、重项和漏项，否则，即使其他步骤都正确无误，也得不到正确的预算结果。

（2）工程量计算，复核计算规则、计算单位、工程量数据是否正确。

（3）定额及预算单价的套用，复核其是否漏算、定额套用是否重复或错误使用。

（4）取费标准，复核类别、费率、基数、价差的计算是否正确。

（5）其他费用的计算。

2）审核程序

熟悉施工图纸，做好施工图预算审查前的一系列准备工作。施工图是编制预算分项数量的重要依据，应熟悉并充分理解，核对所有的施工图纸，在清点无误后，依次进行审查。

（1）根据预算编制说明，了解预算包括的范围及工程内容。

（2）了解预算中采用的单位估价表。

（3）选择适合的审查方法，按相应内容以此进行审查。

（4）综合收集整理的审查资料，并与编制单位交换意见，在定案后编制调整预算。

【综合案例：某省大剧院项目设计任务书编制咨询】

1. 案例介绍

某省大剧院是由省文化厅、省社会公益项目建设管理中心承建，总建筑面积73000m²，包括1600座歌剧厅、1200座音乐厅、600座小剧场及地下停车场、人防工程、地面广场等相关配套设施和设备。批复项目估算总投资11亿元。该项目定位目标为"国内一流"水平的文化演出场所。

2. 全过程工程咨询应用

全过程工程咨询单位根据建设单位对大剧院功能的基本需求和城市规划对本项目的约束条件，分析了用地环境的总体状况。重点研究了国内外歌剧院、音乐厅的经验数据，针对建筑声学、舞台工艺等领域进行了专项咨询研究，结合观演建筑领域设计专家的意见，综合提出了本项目的设计任务书。

经过咨询研究分析，形成本项目设计任务书成果摘要如表7-1所示。该设计任务书成果亦同时成为本项目招标文件技术部分的核心内容。

某省大剧院项目设计任务书成果摘要表　　　　　　　表 7-1

序号	任务书模块	内容摘要
一	项目概况	项目背景；设计周期；建设地点；建设内容及规模；投资估算及资金筹措
二	基础条件	选址范围和面积；气候条件；地貌与工程地质；水资源条件；交通条件；其他
三	规划设计条件	用地性质和面积；规划原则；建设控制；停车率；用地退界；日照要求；市政管线
四	设计理念	建设目标；核心设计理念；设计原则

由于剧场剧院类项目功能复杂，专业性极强，同时受舞台工艺等特殊要求的限制，设计任务书的编制者除具有一定的建筑学专业背景外，还了解了观演建筑运营使用的基本要求。对于剧场剧院类项目的设计工作，聘请专业咨询团队共同讨论编制了设计任务书，从专业角度明确了辅助声学设计、舞台工艺等专项设计的要求，提高了设计任务书的质量和准确性，保障项目外形与内涵兼备，为后续项目设计乃至建设工作的开展奠定了良好基础。同时，咨询方的介入促进了建设方和使用方的联系，使建设者在项目谋划建设初期就关注剧场后期的运营问题，从而提出更为精确合理的剧场定位和设施设备配置等要求，共同努力建造"理想的剧场"。

3. 问题

若你作为全过程工程咨询设计咨询师，结合该案例及本章知识，谈谈你将如何开展设计任务书的编制咨询工作？

思考与讨论题

1. 概述工程勘察的基本概念，并简要说明其咨询服务内容。

2. 工程设计的基本概念及其作用是什么？

3. 概述工程设计的咨询服务内容。

4. 全过程工程咨询单位对勘察单位编制上报的勘察方案应重点审查哪些内容？

5. 概述工程勘察设计的进度控制程序。

6. 优化设计方案的途径有哪些？

7. 谈谈全过程工程咨询单位进行施工图预算审核的程序。

8

招标采购阶段咨询服务

本章导读

招标采购阶段的咨询服务是在取得有关项目建议书、可行性研究报告、立项批文后组织实施。全过程工程咨询服务单位在该阶段应按照合同约定，做好招标采购工作的组织、协调、审核和流程管理，并接受建设单位和当地招标投标管理部门的监督检查，按规定完成招标采购有关审核和备案手续。本章基于招标采购的相关概念与工作内容，介绍了全过程工程咨询单位在招标策划、招标文件的编制、招标过程管理、合同条款策划中的咨询服务内容。

学习目标： 熟悉招标采购的概念及方式，明确招标采购的流程及重点，掌握招标采购阶段全过程的咨询服务内容。

重难点： 招标策划、招标文件编制的咨询服务内容。

8.1   工程项目招标采购概述

建设项目的招标采购阶段，根据前期阶段形成的咨询成果（如可行性研究报告、投资人需求书、相关专项研究报告、不同深度的勘察设计文件）策划招标，并通过招标采购的方式，以选择出具有相应能力和资质的中标人。通过签订合约，可以确定建设产品的关键要素，包括功能、规模、标准、投资和完成时间等，并明确招标人和中标人各自的责任和权利，以避免后续出现纠纷。招标采购阶段是实现建设项目的准备阶段，该阶段确定的中标人是将前期阶段的咨询服务成果建成优质建筑产品的实施者（吴玉珊，2018）。

根据我国现行的《中华人民共和国招标投标法》（以下简称《招标投标法》）和《中华人民共和国招标投标法实施条例》招标采购活动包括招标策划、招标、投标、开标、评标、中标、定标、投诉与处理等流程。

1. 招标采购工作目标

项目招标采购是一种有效选择最佳供应商的方法。通过招标程序，招标项目可以吸引更多的投标方参与，扩大竞争范围和加强竞争力，招标方因而具有更多的选择和更好的质量。此外，招标方可以通过招标采购以更低的价格采购所需物资和服务，从而降低成本。招标采购方式通常用于比较重大的建设工程项目、新项目寻找长期物资供应商、政府采购或采购批量比较大等情形。

2. 招标采购工作原则

项目招标采购必须遵循公开、公平、公正、诚实信用的原则。

1）公开原则。公开原则是指项目招标应高度透明，体现在招标信息、公布公开招标程序和招标公告、公布投标书和中标结果等方面，使得参与投标的每个投标人都能获得相同的信息，并使其对招标活动的所有条件和要求都有所了解。

2）公平原则。公平原则是指所有投标人都应享有同样的机会，享受同样的权利，履行相应的义务，不对任何人有任何歧视。

3）公正原则。公正原则是指招标人或招标代理机构应严格按照法律、法规和招标机构的规定，在招标程序中对待所有投标人保持公正；按投标之前确定和公布的评标标准，评估委员会在评标中公正地对待所有投标人；招标人应严格按照以前规定的界定投标书的原则，择优确定中标人。

《中华人民共和国招标投标法》以"三公"原则为招标投标活动中的重要主线，在总则和各章的各个条款中予以体现。如出于保护公平竞争的目的，第十八条要求"招标人不得以不合理的要求限制或者排斥潜在投标人，不得对潜在投标人实行歧视待遇"。为了反对地方保护主义，第六条规定"依法必须进行招标的项目，其招标活动不受地区或者部门的限制。任何单位和个人不得违法限制或者排斥本地区、本系统以外的法人或者其他组织参加投标，不得非法干涉招标投标活动"。为了保证评标的公正，第四十四条对评标人提出了要求："评标委员会成员不得私下接触投标人，不得接受投标人的财、物或者其他好处"。

4）诚实信用原则。《中华人民共和国民法通则》第四条规定，"民事活动应当遵循自愿、公平、等价有偿、诚实信用的原则"。原则的含义是指，投标各方必须讲诚实、守信用地行使其权利和履行其义务。诚实原则要求参与各方应尊重他人的利益，将他人的事务视为自己的事务，并确保各自获得自己应得的利益。诚信原则要求当事人不通过其活动对第三方或社会造成损害，并在法律框架内，以符合其社会经济目标的方式行使其权利。从这一原则出发，《招标投标法》规定了不得规避招标、串通投标、泄露标底、骗取中标、非法律允许的转包合同等诸多义务，严格要求当事人遵守，并规定了相应违规的罚则。

8.2　招标采购工作内容

从我国实行招标投标制度十多年的实践来看，招标投标方式的先进性和实效性已得到公认。通过采用招标方式开展的采购活动，对提高工程建设项目的经济效益，确保质量并维护国家、社会及招标投标当事人的合法权益发挥了重大作用（干汗锋等，2022）。

1. 招标采购工作方式

国内招标包括国内公开招标、国内邀请招标两种。国际招标有四种，其中包括公开招标、邀请招标、两阶段招标和议价。国内招标与国际招标的不同之处在于，国内招标应按照中国招标法、政府采购法的规定实施招标采购；国际招标投标要遵循《世贸采购条例》及《国际标业法则》进行招标投标。

1）国内招标

《招标投标法》规定，在建设工程项目的勘察、设计、施工监理以及与工程建设有关的重要设备、材料等的采购中，必须进行招标采购的项目类型包括大型基础设施、公用事业等关系社会公共利益、公众安全的项目；全部或者部分使用国有资金投资或者国家融资的项目；使用国际组织或者外国政府贷款、援助资金的项目。

我国《招标投标法》规定招标分为公开招标和邀请招标两种方式。

（1）公开招标

公开招标是招标人通过招标公告的方式邀请不特定的法人或者其他组织投标的一种投标方式。在公开招标过程中，招标人必须按照法律法规严格要求，公开、公正、公平地组织招标活动，确保所有投标人在同等条件下参与竞争。国家和地方重点建设项目、全部使用国有资金投资的项目以及国有资金投资占控股或主导地位的项目都应当公开招标。公开招标具有以下特点：

①提供一个平等的竞争机会给所有有能力的承包商。

②业主可以通过对比选择一个比较理想的承包商（丰富的工程建设经验、必要的科学技术条件、良好的资金状况等）。

③利于降低工程造价。

④有可能出现投机商，应加强资格预审，认真评标。这些投机商有意地压低报价，通过此方式挤掉其他态度严肃认真但是报价较高的承包商。也有可能中标后，在整个施工阶段的某一阶段用各种借口要挟业主。

招标人选择公开招标方式，必须发布招标公告。招标公告必须清楚地说明招标人的名称和地址，招标项目的性质、数量、履行地点和时间，以及如何获取招标文件等重要信息。投标人选择面广是公开招标的一大优点，可以选择预算合理、期限短、信誉好的承包商，有利于打破垄断，实施公平竞争。但是，公开招标也有缺点，例如投标人过多，会造成工作量大、组织复杂、招标过程冗长等问题。

（2）邀请招标

邀请招标是指招标人通过招标书邀请特定的法人或其他组织（至少3家）提交投标。符合下列情形之一的，经批准可进行邀请招标。

①非国有投资或国有投资不控股或占主体地位的。

②由于技术上的复杂性或特殊要求，只有少数的潜在投标人时。

③限于自然地理环境。

④涉及国家安全、机密或抢险救灾，适合招标但不适合公开招标时。

⑤当采用公开招标的费用对于项目总投资来讲，所占的比例过高时。

⑥法律、法规、规章规定不宜采用公开招标的。

此外，国家重点建设项目的邀请招标，必须经过国务院发展计划部门的批准；地方重点建设项目的邀请招标，必须经过各省、自治区以及直辖市人民政府的批准；全部使用国有资金投资，或者国有资金投资占控股或主导地位，且需要审批的工程项目，需要进行邀请招标时必须经过项目审批部门批准，但是项目审批部门仅仅只审批立项，其他部分由有关行政监督部门批准。

邀请招标的具体做法通常包括以下几个步骤：

①招标人可以选择一定数量的自己熟悉的承包商（供货商），或者通过采取发布通告的方式，从报名的企业中选定，然后对选定企业的资源进行审查，并做出初步选择。

②招标人需要向初步选中的投标人征询参加投标的意愿，在规定的最后答复日之前，选择一定数量统一参加投标的承包商（供货商），制定招标名单，要适当确定邀请企业的数量，不宜过多。限制邀请招标人的数量，除了减少审查投标书等工作量和节省招标费用外，还因承包商（供货商）参加投标后，需做大量的工作，如勘察现场、

参加标前会、编制标书等。这些都需要支付较大的费用。邀请的单位越多，耗费的投标费用越大。对不中标的施工企业来说，支出的费用最终还是要在其他建设项目中得到补偿，这就必然导致工程造价的提高。所以，对一些投标费用较高的特殊工程，邀请单位还可适当减少。

制定邀请名单，应尽可能保证选定的单位都符合招标条件。这样在评标时就可以主要依靠报价（或性价比）的高低来选定中标单位，对未被选中的投标人，应及时通知他们。

③发布正式的通知和招标文件给在邀请名单上的企业。

④投标人递交投标文件，选定中标单位。

邀请招标的优点是目标集中，通过限制参加投标施工企业的数量，不仅节约成本，减少投标时间，还增加了投标人的中标概率，这对双方都有好处。但是，这种方式缩小了竞争的范围，竞争性弱，可能会把一些实力很强的投标人排除在外，从而得不到最合适的投标人和获得最佳竞争效益。

2）国际招标

世界银行贷款项目中的工程和货物的采购，按照其采购指南的要求，可以采用国际竞争性招标、有限国际招标、国内竞争性招标、询价采购、直接签订合同和自营工程等采购方式。其中，国际招标和国内招标都是公开招标，而一些国际招标则等同于招标，直接合同则等同于唯一来源招标。世界银行的采购政策要点是：既要经济，又要有效益；卖方之间公平自愿参加竞争，形成买方市场，取得交易活动的主导地位。在卖方的竞争中，合理取得各种对买方有利的条件；招标程序公开，机会均等，手续严密，评定公正；适当保护和扶植借款国的工业建筑发展。世界银行的招标方法，相对更适合发展中国家情况（吴玉珊，2018）。

（1）国际招标的特点

国际工程招投标具有法规性强、专业性强、透明度高、风险性高、理论性与实践性强的五大特点。

①法规性强。招标和投标是市场上购买大宗商品的基本方法，其通过公开竞争和市场化手段，促进了市场规范化管理，有利于社会资源的有效利用。在国内外，特别是在工程领域，招标投标必须遵循相应的法律法规，例如招投标法、建设工程质量管理条例等。

②专业性强。工程招标投标是一个综合性较强的工作，涉及工程技术、工程质量、工程经济、合同、商务、法律法规等多方面，专业性要求高。其中，工程技术是工程招标投标专业性强的体现，需要专业技术人员进行评估和审核，确保工程技术方案的合理性和可行性。

③透明度高。在整个招标和投标的过程中必须遵循"公平、公正、公开"的原则。招标过程中的高透明度是保证招标公平公正的前提。

④风险性高。工程招标是一次性的过程，其目的是在确定买卖双方经济合同关系之后，通过公开竞争的方式获得最佳的产品或服务提供。招标过程中，买卖双方以未来产品的预期价格进行交易，这种交易方式的特殊性决定了其风险性。同时，产品是即将生产或提供的，产品的质量和服务的提供需等到其完成后才能确知，交易价格是根据一定的原则预期估计，产品的最终价格也需要在最终确定。因此，在招标投标中，风险控制对于业主和承包商都非常重要，可以帮助他们实现经营目标。

⑤理论性与实践性强。工程招标投标具有很强的理论性和实践性。在理论方面，需要掌握基本原理、招标工作程序、招标投标文件的组成、标底标价的计算、投标策略等方面的知识。在实践方面，需要通过实际编制招标投标文件，并在此基础上，参加工程招标投标工作实践，充分了解掌握工程招标投标技术的实际应用。

（2）国际招标方式

国际招标包括公开招标、邀请招标、两阶段招标以及议标四个招标方式。

①两阶段招标

两阶段招标也被称为两段招标。在本质上，它是公开招标和邀请招标的结合。在第一阶段，通过公开竞争进行招标，在开标和评估后，邀请最有资格的承包商在第二阶段提交投标，并选出最后的中标者。世界银行的两阶段招标制度和法国的邀请招标就是这种方法的例子。

两阶段招标一般适用于下列两种情况：

a. 在第一阶段报价、开标、评标之后，最低的标价超过标底的20%，且减价后仍不能满足要求，则给予其中最低的几个投标人谈判的机会，再提交第二阶段的投标。

b. 对于一些大型复杂的项目，可以考虑采用两阶段招标。投标者首先要提交"技术标"，即技术方案，只有通过技术方案的投标者才能提交商务标。

有时承包商在投标时把技术标与商务标分开包装。先评技术标，技术标通过，打开商务标；技术标未通过者，商务标原封不动，退还给投标人。

两阶段招标具有以下特点：

a. 应用一些专业化强的项目，如一些大型化工设备安装就常常采用这种方式。

b. 投标过程较长，在十分必要时才采用。

②议标

议标也被称为谈判投标或特定投标。投标人与几个潜在的投标人就一项招标进行谈判，委托工作（或指定供货）必须在达成协议后才可进行。

a. 议标的优点

不需要准备完整的招标文件是议标的优点，可以节约时间，较快地达成协议，开展工作。

b. 议标的缺点

议标偏离了公开招标的原则，不可避免地会产生一些弊端。例如，投标人可能会反复压价，竞争各方相互勾结，损害国家利益，招标过程可能不公开、不透明、不公平。

c. 议标的适用范围

一般来说，只有特殊工程才采用议标确定中标商。这里所说的特殊工程主要包括以下几种情况：需要专门技术或设备的工程、国家安全工程、军事保密性工程、抢险救灾项目、小型项目等。

2. 招标采购的程序及重点

招标采购是一个复杂的系统项目，涉及多个环节的许多方面。招标采购项目的条款和条件由买方根据采购需求确定，并对相关供应商进行邀请招标。参与投标活动的投标人必须严格按照招标文件要求提交投标书，文件要求的内容包括价格、质量、交货期限、技术水平、财务状况等信息。招标人需要对所有投标人提交的投标书进行评审，确定其中最佳的投标人作为中标人。最终，招标人与中标人签订合同。招标采购一般可分为以下七个阶段：

1）规划

工程项目采购规划的具体内容参见 5.1 中项目合同管理策划的相关内容。

2）招标

一旦招标方案在内部达成统一并得到支持，就可以进入实际操作阶段。招标阶段的主要部分如下：

（1）办理招标备案手续和招标申请

《招标投标法》等十二条规定："依法必须进行招标的项目，招标人自行办理招标事宜的，应向有关行政监督部门备案"。

（2）撰写招标文件。招标文件是招标活动的核心文件，必须认真撰写。

（3）若设置标底，应认真研究和确定招标依据。通常应召开专家会议来确定，对于重点项目，甚至有必要邀请咨询公司代理编制。

（4）招标文件发送。招标人在招标过程中需要根据采购需求确定招标项目的条款和条件，并采用适当的方式将招标文件传送到投标人手中。例如，公开招标可以在媒体上公布；选择性招标可以通过挂号信或者特快专递直接寄给选定的投标人。许多投标文件要求投标人付款，有些投标书要求在收到投标书之前支付一定的保证金，以确保投标人的诚意和能力。

3）投标

投标人在收到投标书后，若有投标意向，应研究招标文件，了解招标人的要求和要求的标准，制定投标策略，然后开始着手准备投标书和投标报价。在此过程中，必须仔细考虑并详细论证投标书、投标报价。在投标的规定时间内准备好投标文件，一份正本、若干份副本，并且分别封装签章，信封上分别注明"正本""副本"字样，然后将其寄到招标单位。

4）开标

开标应当公开进行，投标人或其代表应被邀请参加。开标前应对投标文件密封情况进行公开检查，并公开宣读投标人的名称、投标情况、保证金情况、投标项目内容、价格和其他重要信息。投标人可以对投标书中的不明确内容进行简要解释，但必须限于不改变投标书的内容。不应开标通过电传或电报提交的投标书，以避免信息安全和真实性问题。开标过程中必须遵守法律、法规和道德规范，确保公正、透明和诚信的竞争环境。此外，应编制开标记录，包括项目名称、招标编号、招标公告发布日期、招标文件出售日期、获取招标文件的单位名称、投标人的名称和报价以及投标截止后收到的投标书处理情况。

在某些情况下，可以暂停或推迟开标。例如，在招标文件推出后对原招标文件进行修改或补充，在开标前发现有足以影响招标公正性的违法或不当行为，招标单位收到异议或诉讼，发生意外事件或招标计划被修改或取消。

5）评标

招标人收到标书后，不得在招标会前拆封。必须严格按照要求，在招标会议开始后，参加投标的投标人全部到达招标会场时，才能够将投标邮件交给投标人检查，并签字盖章，当场开标。

开标后，投标人可以向评标小组介绍标书并接受质询和辩论，然后离开。评标小组审核和评价标书，最后选出中标人。评标工作是招标人按照法定规定组建的评标委员会进行的，成员是由招标人代表以及技术、经济和其他领域的专家组成，成员人数为单数，至少5人，其中技术、经济等方面的专家不得少于2/3。拥有利益关系的人员不能担任评标委员会成员，已担任成员的人员应更换。评标委员会成员名单应保密。招标人应采取必要措施确保评标工作保密，禁止任何非法干预和影响。在评标过程中，应当公正、公平、公开进行评审，选出最合适的投标人，并在评审结果公告中公示评审标准、过程和结果。评标委员会按照招标文件规定的评标标准和方法对所有投标人的标书进行评价和比较。评标委员会需要对所有投标人的标书进行评价和比较，以确定中标候选人。评标结束后，评标委员会向招标人提交书面的评标报告，并向招标人推荐合格的中标候选人。评标委员会成员不得与投标人私下接触，禁止接受投标人的任何物品或其他好处。评标委员会成员和参与评标的官员不得以任何形式披露对投标文件的评价和比较、中标人的推荐以及与评标有关的任何其他信息。

6）定标

定标即授予合同，是采购机构决定中标人的行为，通常在评标结束后进行。定标属于采购机构的单独行为，但必须由采购机构或其他人一起进行裁定。采购机构在定标阶段需要敲定中标人；通知中标人其投标已被接受，并向中标人发出授标意向书；通知所有未中标的投标人，并向他们退还投标保函等。中标人应从评标委员会推荐的中标候选人中确定。中标的投标者必须满足以下条件之一。

（1）应符合招标文件的要求，并考虑到各种优惠、税收等，以及合理条件下的最低投标价格。

（2）必须尽可能地满足招标文件中规定的一般评价标准。

招标人或招标中介机构在投标书定标前不得与投标人就投标价格和投标方案等事项进行谈判，但采用谈判程序的除外。

招标人或招标中介机构应将选定的投标结果书面通知所有投标人。

7）签订合同

评标定标后，招标人应确定中标人并向其发出中标通知。在收到中标通知书后，投标人在招标人规定的时限内与投标人进行谈判，双方确认投标内容，并根据投标书签订正式合同，中标的供应商或承包商还必须向买方或业主提供担保或保证金形式。

8.3 招标采购阶段全过程咨询服务内容

全过程工程咨询单位在招标采购阶段的工作包括招标策划、合约规划、招标过程服务等咨询服务。具体来说，全过程工程咨询单位结合决策、设计阶段的咨询成果，依据拟建项目的特点及投资人的需求，进一步制定建设项目选择指标，其中包括承包人的条件、资质、能力等，形成招标文件、合同条款、工程量清单等咨询成果（蒋涛，2021）。这些成果将为施工阶段顺利开展、工程建设过程控制和管理提供依据。

1. 招标策划

招标策划工作的主要内容是对招标方式、标段划分、合同策划、招标时间的确定。

1）招标方式

全过程工程咨询单位应根据项目所在地的法律法规、投资人需求、项目情况以及招标范围，分析建设项目本身的复杂程度、周边条件、潜在承包商等情况，确定采用邀请招标或是公开招标。

2）标段划分

全过程工程咨询单位对标段划分所提出的建议报告，应根据投资人内部管控能力、建设项目特点、工期造价等投资人要求、潜在承包人专长的发挥、工地管理、建设资金供应等因素，遵循合规合法、责任明确、经济高效、客观务实、便于操作等基本原则。标段划分对潜在投标人参与投标竞争的意愿、投标报价、招标成本等有重要影响（李宏，2019）。

3）合同策划

全过程工程咨询单位根据工程项目的具体内容及标准确定合同条件、种类及条款。

4）招标时间

制定招标工作计划时需与设计、投资、征地拆迁、工期等建设项目各阶段计划相呼应，考虑招标时间间隔及法律法规的相关规定，合理安排招标时间。

招标策划应注重下列事项：深入研究分析社会资源的供需状况，初步筛选潜在的投标人；根据建设单位的需要，对优先使用的功能、产权明晰的项目优先安排招标和实施；与项目审批配套实施，及时向建设单位提出项目审批节点时间要求和招标应具备的基本条件；充分评估项目建设资金、现场和用地的准备情况。

2. 招标文件的编制

招标文件作为投标单位制定投标文件的依据，以及投资方与之后中标人签署工程合同的根基，对双方都有约束力。全过程工程咨询服务单位应依据相关法律法规和建设项目工程资料，进行招标采购文件的编制工作。招标采购文件应区分不同类别的招标内容，进行详细地资料收集，在充分研究的基础上有针对性地进行编写。

1）资格预审文件的编制

针对进行资格预审的项目，在发售招标文件前进行的工作，包括发布资格预审公告、出售资格预审文件、资格预审文件补遗、接收申请文件、组建评审委员会以及结果公示和发出投标邀请书等工作步骤。

资格预审文件内容包括资格预审邀请书、申请人须知、资格审查标准和方法、申请文件格式、招标项目的介绍等。

2）招标文件的编制

招标文件是由投资人委托的全过程工程咨询单位编制，由投资人签发。按照招标目的和招标方案的要求，招标人编制招标文件。招标文件的组成通常包括五部分：招标公告、招标项目要求、投标人须知、合同格式和投标文件格式。

3）工程量清单的编制

工程量清单是招标文件其中一个组成部分，主要用于编制招标控制价、投标报价、支付工程款、调整合同价款、办理竣工结算以及工程索赔等的依据之一。工程咨询单位应当遵从相关规定规范，向委托人呈交工程量清单及招标控制价成果性文件。

工程量清单编制内容主要包括四部分：分部分项工程项目清单、措施项目清单、其他项目清单、规费和税金项目清单。工程量清单编制的内容、依据、要求和表格形式等必须严格执行《建设工程工程量清单计价规范》GB 50500—2013 的有关规定。

4）招标控制价的编制

招标控制价作为拟建工程最高投标限价，是由投资人或具有相应资质的工程造价咨询人进行编制的。其是在编制招标工程量清单后，按照计价依据和计价办法，结合招标文件、市场实际和工程具体情况进行编制，是投资人用来限制不平衡报价，进行投资控制的一种方式（陈金海，2018）。工程咨询单位应对招标控制价进行全面的技术性审核，审核时间按照要求不得超过 5 个工作日。

3. 招标过程管理

全过程工程咨询服务单位应严格执行有关法律法规和政策规定的程序和内容，流程规范、内容严谨地组织招标采购过程管理工作。

1）招标公告

全过程工程咨询单位在所规定的招标媒介上发布招标公告，公告中包括项目基本信息、投标人资格要求、招标文件发售信息等内容。此后，在规定的时间和地点发售招标文件，其中包括投标文件的编制要求、投标人所需要提供的文件、投标保证金等内容。全过程工程咨询单位应在投标人现场踏勘时，对投标文件内容进行答疑和澄清。

2）投标

全过程工程咨询单位在投标过程中需要接收投标文件和投标保证金，并对其进行审核。审核过程中，全过程工程咨询单位应检查投标文件和投标保证金是否符合规定。具体来说，全过程工程咨询单位应检查投标文件是否齐全、格式是否正确、内容是否符合招标文件要求等；同时，检查投标保证金是否按照要求缴纳、缴纳方式是否正确等。符合规定的投标文件和投标保证金将继续参与评标过程，否则将被视为无效投标。

3）资格预审

协助建设方完成对资格预审文件有效性、正确性、完整性检查并给与建议。

4）清标

在招标完成后、评标之前，全过程工程咨询单位会对项目需求进行分析，以便评估投标报价。全过程工程咨询单位会及时检查评标报告的内容是否完整且符合相关规定，在完成分析和检查后，将评标报告提交给总咨询师和投资人，进行复核和确认。

5）评标

按照招标文件确定的评标方法和标准，评审投标文件，向投资人提出书面评标报告。

6）公示

全过程咨询机构相关行政监督部门将定标结果进行备案并公示中标候选人。

7）签约

全程工程咨询单位有责任协助投资人澄清合同并完成签署合同的任务。此外，他们还应根据投资人的需求和项目要求，支持合同谈判的进行。

4. 合同条款策划

施工合同是保证工程施工建设顺利进行，保证投资、质量、进度、安全等各项目标顺利实施的统领性文件，施工合同应该体现公平、公正和双方真实意愿反映的特点，施工合同只有制定科学，才能避免出现争议和纠纷，确保建设目标的实现。全过程工程咨询服务单位应依据相关的法律法规和项目的实际情况,科学合理地进行合同条款策划工作。

1)合同条款拟订

全过程工程咨询单位须根据项目实际情况,依据《建设工程施工合同(示范文本)》GF—2017—0201,科学合理拟订项目合同条款。

2)合同条款策划要点分析

(1)根据不同类型招标采购项目的特点,描述承包范围以及合同签约双方的责权和义务。

(2)清晰地约定各类款项的支付条件。

(3)合理约定服务范围及价格调整的方法。

(4)清晰地界定违约及索赔的处理方法。

【综合案例:某银行处理中心招标采购咨询服务】

1.案例介绍

一个总建筑面积约 5 万 m^2 的银行数据中心,由四个主要的单体建筑组成,全部采用剪力墙框架,具有安全性、可靠性和信息性,是金融业的高新技术。该项目为地方政府重点建设项目,建设资金来自国有企业自筹资金。项目主要用途为数据处理,研发测试,数据备份,呼叫坐席,行政办公,以及生活配套(餐厅、宿舍)等用房。

2.全过程工程咨询应用

该项目委托某工程建设咨询有限公司为招投标服务方,负责开展招标策划,编制招标文件,进行招投标活动等招标代理工作。咨询公司在该项目施工招标中,根据该项目情况,确定采用公开招标的方式,并在所规定的招标媒介上发布招标公告,邀请承包商申请投标资格预审。在制定资格预审的评价标准时,咨询公司将其分为五点。第一,对于投标人的基本要求:其中包括投标人的合法性、经营行为、经营管理(质量和安全)的规范性、经营状况的规范性和项目执行的相似性(只有在满足基本要求的情况下,才能将后面四项纳入评审);第二,企业所获得的荣誉和以往经营的业绩;第三,以往类似项目的执行实施情况;第四,财务能力;第五,企业技术方面的能力、项目班子人员、项目经理以及机械设备的配备。招标登记机构准备好资格预审申请文件,根据这五点基本要求,咨询公司汇总分析申请文件,并向通过资格预审的投标申请人发出投标邀请书,同时将资格预审结果告知资格预审不合格的投标申请人。

咨询公司在资格预审结束后,按照合法、公正、互利的原则,编制招标文件并发送至银行数据处理中心。招标文件中明确规定了总承包范围、中标人的工作范围以及招标人批准的分包范围和单独发包的工作范围,有效避免了施工中因界面和要求不明确而产生的扯皮现象。对于招标人批准的分包工程,招标文件中明确规定了配合费和管理费的收取标准,并对协作和管理的内容要求进行了明确规定。在项目管理方面,招标文件中明确规定了项目管理、项目质量、项目进度、安全文明目标、监控要求、管理制度要求以及对项目经理和现场人员的管理要求等,使投标单位能够按照上述要求合理编制技术方案和投标报价。招标文件的编制需要遵循一系列法律法规和招标文件要求,确保公正、透明、诚信的竞争环境,保护投标人的合法权益。同时,招标文件中按照《建设工程工程量清单计价规范》编制了工程量清单,招标依据、价格构成、编制原则和要求都有详细说明,确保投标报价的合理性和公正性。

3. 问题

1)根据项目特点,结合本章知识,谈谈采取公开招标的依据是什么?

2)咨询公司针对该项目的招标进行资格预审的目的是什么?

3)咨询公司在招标文件的编制工作中提供了哪些咨询服务?

思考与讨论题

1. 招标采购工作的目标和原则是什么?

2. 招标的方式有哪几种?分别有什么特点?

3. 简述招标采购的工作程序。

4. 国际招标与国内招标的不同点是什么?

5. 谈谈全过程工程咨询单位开展招标策划工作的要点。

6. 招标文件应包含哪些内容?

9

施工阶段咨询服务

本章导读

　　工程建设项目施工阶段是根据前期设计、招标采购阶段所确定下来的设计图纸、技术要求、招投标文件、施工合同的约定以及其他规定进行项目的建设，并在项目施工阶段对施工图设计进一步深化，以期高质量完成工程建设。为确保工程质量，施工过程中全过程工程咨询单位应对建设项目实施全过程全方位的管理。本章梳理了施工阶段投资、进度、质量与信息的管理内容与措施，以及施工过程中的组织协调、风险识别与应对策略，并主要介绍了全过程工程咨询单位在以上管理、控制、协调工作中所提供的咨询服务。

　　学习目标：熟悉施工投资、进度、质量、信息及风险管理的概念，掌握全过程工程咨询单位在施工阶段的咨询服务内容。

　　重难点：工程项目施工的进度控制及风险管理。

9.1   施工阶段咨询服务概述

施工阶段是建设项目从"虚拟化"向"实体化"转变的过程。这一阶段涉及众多利益相关者，主要由投资人、全过程工程咨询单位、施工承包商及设备、材料供应商等参建主体主导（吴玉珊，2018）。项目施工阶段各参与单位的组织关系图如图 9-1 所示。

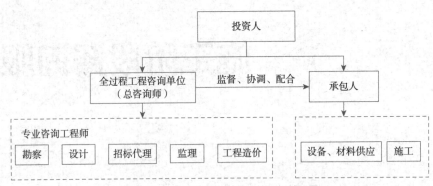

图 9-1   施工阶段各参与单位的组织关系图

在施工阶段，全过程咨询服务以技术监督服务为主，在建设单位的授权下，通过严格审查现场作业情况，保障工程项目质量及安全工作顺利进行，以达到施工的质量与安全目标。传统的咨询工程师主要是对工程的质量负责，却难以把控工程建设的进度与投资，导致施工阶段的效益不佳。全过程工程咨询能够实现施工质量、进度与投资的整体控制，将项目管理与工程费用监控相结合。全过程工程咨询单位根据全过程工程咨询服务合同对项目进行投资、进度、质量等方面的监督、协调及管理，明确投资控制目标、进度目标、质量目标和安全目标，并协调投资人、承包单位各方关系，规范各方履行义务，同时维护各方的合法权益，使工程建设顺利实施。

9.2   施工阶段的投资管理

1. 施工投资管理概述

在整个施工过程中，全过程工程咨询单位负责项目投资管理的决策，确定项目投资控制的目标及重难点，并与设计人员展开全面交流，及时解决施工过程中所反映出的设计问题，从而实现对项目成本的动态控制（蒋涛，2021），此外，也负责考核建设项目造价咨询工程师的工作过程和结果，最终形成《合同价款管理台账》《签约合同价与费用支付情况表》《工程造价动态分析报告》等服务成果文件。

2. 施工投资管理服务内容

建设项目施工阶段因具有周期长、难度大、不确定性高等特点，经常会产生不可预见的成本。因此，为确保投资可控，应强化合同管理和施工现场的投资控制（石晶，2022）。施工阶段全过程工程咨询单位的投资管理服务包括以下内容。

1）制订控制工程投资的实施方案，将总目标分解，确定施工过程中各阶段的投资控制目标。

2）建立项目不同主体的合同管理台账，编制投资目标值动态对比表，实施完整的全过程监管。主要包括合同分析、合同交底、合同变更管理工作。

3）建立项目建设的资金计划管理台账，包括施工图预算、合同金额、变更金额等，并及时填报项目财务报表，不断跟进项目资金的使用情况。

4）对工程造价进行跟踪、分析、纠偏、调控等动态管理，记录好跟踪内容、会议内容、往来材料、工程形象进度。定期向建设单位报告项目施工阶段资金支出情况、存在的问题及相关的措施建议等。

5）参与材料进场检验、甲供材料管理等工作。

6）材料、设备的询价，提供核价建议。

7）审核及汇总过程结算，形成竣工结算。

8）进行施工阶段工程造价风险分析、技术经济指标分析。

9）协助建设单位通过 BIM 软件进行投资辅助管理。

3. 施工投资管理措施

全过程工程咨询单位在施工阶段的投资管理主要体现在资金使用计划的管理、工程计量与工程价款的支付管理、工程变更及现场签证管理、索赔费用管理等方面。其中，工程计量及工程价款的支付管理包括对工程计量与工程价款的审核。工程变更及现场签证管理包括工程变更管理和现场工程签证管理。本部分内容参照于《全过程工程咨询服务内容清单》鲁建标字［2021］40 号。

1）资金使用计划编制及分析

（1）协助建设单位合理安排资金使用，加强资金管理，严格按计划执行。

（2）根据项目的进度，制定项目的资金支出方案，计算单位时间资金支出目标和规定时间内的累计资金支出额，绘制资金使用计划的 S 曲线。

（3）分阶段提前告知建设单位项目资金使用计划并落实资金来源。

（4）协助建设单位进行资金使用成本分析，采取措施防范资金风险。

（5）出具《资金使用计划汇总表》《资金使用计划明细表》等成果文件。

2）工程计量与价款支付管理

（1）收集与熟悉施工图纸、设计变更、工程签证、经审批的施工组织设计及各种专项方案、工程索赔报告等。

（2）督促监理单位按照合同约定，提交工程进度款支付证书，现场审核实际完成工程量是否与支付申请相符。

（3）根据计量与支付管理制度以及相关合同约定，需向建设单位提交工程计量与支付审核报告。

（4）建立工程价款支付台账，为当期、后期合同价款支付或工程索赔等提供依据。

（5）依据建设工程施工合同要求，适时出具合同价款调整审核报告等文件。

（6）依据建设工程施工合同要求，组织完成过程结算审核，并出具过程结算审核报告。

（7）督促建设单位按照合同约定的时间、程序和方法向施工单位支付工程进度款。

（8）出具《工程计量与支付审核报告》《支付汇总表》《合同价款支付台账》《过程结算审核报告》等成果文件。

3）工程变更管理

（1）应依据合同约定处理工程变更事宜。

（2）督促专业监理工程师审查工程变更申请，提出审查意见。

（3）督促专业监理工程师对工程变更费用及工期影响作出评估。

（4）造价工程师对工程变更的价款进行测算及审核。

（5）工程变更费用及工期变化必须组织建设单位、施工单位共同协商确定，并于确定后会签工程变更单。

（6）依据批准的工程变更文件，监督施工单位的实施情况，以确保工程变更有效落实。

（7）使用 BIM 模型辅助进行变更管理。

（8）出具《工程变更单》《工程变更台账表》等成果文件。

4）工程签证管理

（1）应依据合同约定处理工程签证事宜。

（2）督促专业监理工程师审查施工单位提出的工程签证申请，提出审查意见。

（3）督促专业监理工程师对工程签证费用及工期影响作出评估。

（4）造价工程师对工程签证的价款进行测算及审核。

（5）工程签证费用及工期变化必须组织建设单位、施工单位共同协商确定，并于确定后会签工程签证单。

（6）出具《工程签证单》《工程签证台账表》等服务成果文件。

5）索赔与反索赔管理

（1）应根据合同约定内容对可能出现的索赔事件提出预警，并提出索赔或反索赔的建议。

（2）应依据合同约定处理工程索赔事宜。

（3）受理索赔意向通知书。

（4）收集与索赔有关的资料。

（5）受理并审查索赔报审表。

（6）组织专业监理工程师审查施工单位提出的工程索赔申请，提出审查意见。

（7）组织专业监理工程师对工程索赔费用及工期影响作出评估。

（8）造价工程师对工程索赔的价款进行测算及审核。

（9）在招投标合同约定的期限内，与建设方和施工方协商一致后，签发费用索赔报审表，并报建设单位。

（10）协助建设单位进行司法鉴定相关工作。

（11）出具《索赔审核报告》《工程索赔台账》等服务成果文件。

【案例：四川大剧院——以投资控制为主线的全过程工程咨询】

1. 项目简介

四川大剧院位于成都市核心商圈天府广场，作为四川省、成都市具有文化传承价值的地标建筑，被誉为西南的演出中心，四川的文艺舞台，成都的艺术殿堂，如图 9-2 所示。该项目总建筑面积 $59000m^2$，为一个多功能的文化综合体项目，包含一个 1601 座的甲等特大型剧场 450 座的小剧场、1200 座的多功能中型电影院，具有文化展示，文化配套等多种文化服务功能。四层地下室兼具影院、停车、人防、地铁接口等多种复合功能。A 集团作为本项目的全过程工程咨询服务单位，提出的"建筑信息模型（BIM）参与全生命周期管理应用"获得了四川省科技支撑计划荣誉。

图 9-2　四川大剧院

2. 全过程工程咨询服务的应用

1）全过程工程咨询施工阶段服务内容

A 集团为四川大剧院项目提供全过程工程咨询服务，从前期策划、初步设计到最后竣工验收，覆盖了各阶段咨询服务工作，涵盖了质量控制、投资控制、进度控制、施工安全等方面。其中，施工阶段是一个将设计图纸、材料、设备等转化为工程实体的过程，属于全过程工程咨询中耗时最长、工作量最多、涉及面最广的一个阶段，具体服务内容见表9-1。

建设各阶段	主要工作内容	具体服务内容
实施前准备	施工招标	负责完成施工、监理、材料设备采购招标工作，办理招标、中标备案手续，完成合同签订及备案
	监理招标	
	材料设备采购招标	
	临水施工	负责办理临水手续，完成施工单位的甄选，签订合同 负责协调、督促施工单位完成临水安装施工，办理临水相关手续
	临电施工	负责办理临电手续，完成施工单位的甄选，签订合同 负责协调，督促施工单位完成临电安装施工，办理临电相关手续
	道路开口及占道施工手续（如有）	负责到住建局办理道路开口及占道施工手续
	现场安监条件准备	负责协调、督促施工单位完成现场临设搭建施工，办理现场安监条件勘验手续
施工阶段	施工许可办理	负责完成中标备案及合同签订，完成质监、安监备案，负责完成施工许可证的办理
	基坑开挖、主体施工、水电安装、装饰装修、总平绿化施工	施工单位负责完成施工图纸内容所有工作 项管公司负责完成施工期间的监理工作 项管公司负责完成施工全过程的项目管理工作 项管公司负责完成全过程造价控制

施工阶段的投资管理是对工程质量、工程进度、施工合同、变更签证的全面控制，工作内容较为繁琐，存在变更、索赔等不可预见因素，需做好定额管理，严格按照合同约定的方式拨付工程进度款，控制工程变更，并及时处理施工索赔工作，加强价格信息管理，及时掌握市场价格变化。四川大剧院项目施工阶段造价控制工作如下：

（1）工程变更

工程变更是工程实际情况与投标时有所变化，其中设计变更是工程变更的一个重要部分。由于前期设计条件的限制、实际施工情况的变化以及业主需求的变化等原因，往往会发生设计变更，使项目的投标工程量或价格发生变化，从而影响最终的造价。截至目前，四川大剧院变更一共63份，其中涉及费用项目43份。对于变更的审核，采用正确的计价原则，严格按照合同约定的计价方式计算费用，保证签证有据可依，并将签证图纸化。项目实施过程中，提出问题163个：29个影响使用，38个影响施工，21个影响设备安装，17个影响后期维护，以及修复BIM模型问题30处。

（2）进度款的支付

①坚持工程进度款支付的基本原则。即以工程量的计量结果、合同中规定的条款、

日常记录和相关资料为依据，严格按照合同约定的程序进行，做到计算准确、公正合理。

②审查施工单位提交的工程支付申请及其随同资料的完整性，资料不全或与合同不符不予签署、未经质量检查合格不予签署、存在违约行为不予签署。问题经处理符合要求后方可补签。

③严格按支付程序进行支付。审核形象进度后，交由造价专业人员实施具体审核工作，审核结果与业主单位、施工单位交换意见确认后，由造价专业人员在规定的时间内出具支付证书。施工单位应签字认可审核结果。

④业主单位按认可的支付证书中的金额支付进度款

（3）建立支付台账、变更台账，动态分析建安投资

①建立支付台账，统计工程实施造价、定期向业主单位汇报。工程实施造价包括合同造价，新增项目增加的造价，设计变更、签证增减的造价，可调材料价格调整引起的增减造价等。这些造价均是已发生或将要发生的工程造价，是工程实施造价的组成部分。根据该工程项目的实际，造价专业人员将在项目中建立工程实施造价统计台账，台账按工程项目分月统计，每月底累计至当月止的所有已完工程的实施造价。

②建立变更台账。变更台账应以合同价为基础，掌握投资情况的动态变化。

③分析预测。分析预测是投资动态跟踪评审的关键。在造价统计的基础上将造价统计结果与投资跟踪评审目标相比较，综合分析和预测，以便及时发现实际完成造价与投资跟踪评审目标的偏差，预测发展趋势。根据分析预测结果，如有必要，则依据各工程施工网络总计划，重新调整项目的投资跟踪评审目标，以求投资跟踪评审总目标的实现。

④编制工作简报。工作简报将项目支付台账、变更台账、投资管理工作情况及投资管理工作中的问题及建议定期报告给业主，作为业主了解该项目投资计划和实施情况的窗口。

2）全过程工程咨询服务的特色

四川大剧院项目作为一个以投资控制为主线的全过程工程咨询项目，在确保工程优质按期完工的前提下，实现了"预备费零使用"的资金控制目标，A集团在造价咨询管理模式、造价咨询团队、造价咨询技术方面都进行了改革创新，具体如下：

（1）全过程造价咨询管理模式

项目采用"专家组+专业团队分组"的总分协作体系，实现专业团队平行完成任务的同时，团队之间对相似、差异的问题进行碰撞讨论、交叉质控，意见汇总后移交专家组，由专家组组织会议对问题解决方案进行确定优化，进而高效地解决项目难题。应用"任务目标管理流程"把控任务进度目标，应用"任务分工+任务目标流程图"确定"进度管理+考核+奖励"制度，通过目标与制度结合的方式，实现任务进度透

明化、清晰化。应用"平台＋实地考察询价体系"有效地控制成本目标。应用"特殊工艺及措施方案的处理采用编制补充定额"保证成果文件的合法、合规性。

（2）多维度全过程造价咨询团队

A集团组建由公司领导及各职能部门人员参与的造价咨询团队，包括总经理、公司分管领导、技术专家组、项目经理、质量控制部、后勤保障部、造价专业负责人、造价人员、技术人员、询价人员、资料员，直接对该项目经理部实施监督管理，确保预定咨询目标的最终实现。

（3）全过程造价咨询创新与技术

四川大剧院项目的咨询创新性体现在以下四个方面：首先是"BIM技术＋造价管理"技术的应用，将大量潜在问题在设计阶段提前发现并解决，节约了成本。其次是"建筑蚂蚁网"与造价管理的结合，"建筑蚂蚁网"询价平台的充分利用，保证了询价服务的专业性、准确性。再次是合同支付台账的建立，实现了支付信息的实时更新，资金动向的全面把控，做到投资可控。最后是"BIM＋大数据＋造价管理"全过程造价咨询模式的应用，减少了造价工程师的工作量，提高算量精度，同时将全过程全专业的所有信息和数据保存到造价中央数据库，通过将造价管理和大数据融合，开发出涵盖项目全生命周期、全专业的一体化协同造价管控平台，为工程师提供全过程的造价管控服务，进而实现工程造价精细化控制。

3. 全过程工程咨询服务的实践成效

通过实践经验总结，四川大剧院项目该项目全过程工程咨询施工阶段的投资控制中达到了以下效果：

全过程工程咨询单位在立项阶段即深入了解业主的投融资情况，根据业主的资金情况合理安排投资，并结合项目管理和项目造价，实现有效的投资控制、限额设计、限额施工、限额采购。从设计阶段开始，对设计要求进行限额设计，对设计概算进行跟踪和审核，在满足使用功能的前提下，从源头上控制业主的投资。在招标清单编制阶段，充分考虑投资，对清单里工艺、设备、材料等均进行投资控制，对招标控制价严格把控。在项目施工阶段，采用限额施工和限额采购的方式，严格按照招标清单及设计图纸实施，以确保项目实施不超出投资控制。尤其是在施工阶段采用了一种集信息管理和视频监控于一体的监管系统"数字工地"，是全过程投资控制结合的一种技术手段，对建筑元素的人工、材料、机械等方面进行监管，从质量、安全、进度，成本四个目标进行的一种动态把控，解决管理人员不在岗、设备操作不当、材料浪费、施工人员效率低下等一些具体的问题，达到一种实时监管和电子化监管的管理效果。此外，四川大剧院项目的全过程工程咨询结合先进的现代技术和优质的信息平台如"BIM建筑信息模型＋造价""建筑蚂蚁网＋造价""中央数据库＋造价"等，提升了全过程造价控制服务效率，为业主提供了全过程、一站式、全甲级造价咨询服务，进一步提高了工程咨询专业度和准确性。

该项目为如何开展全过程工程咨询积累了一定的经验，同时也实现了建设单位、施工单位和参建各方的多赢，营造了工程建设的和谐有序发展。

9.3 施工阶段的进度控制

1. 施工进度控制概述

工程项目施工进度控制作为施工管理的重要一环，是确保既定施工工期的实现为总目标，是指在工期之内，制定满足工期的最优项目进度计划，并检查其在施工过程中的推进情况，若发现与计划进程不符之处，应及时查明原因，分析对工期的影响程度，进一步制定相应的调整方案，以及更改初始进度计划，不断重复以上步骤直到项目建设完工。

在施工过程中，全过程工程咨询单位的进度控制目标主要包括制订进度控制计划总目标、里程碑目标或节点目标，审核施工总进度计划及各专项计划；督促参建单位按进度计划实施，审核各参建单位编制的进度控制方案并跟踪其执行情况；督促各参建单位定期比较施工进度计划执行情况，采取纠偏措施，调整进度计划，协调各参建单位的进度矛盾；审批、处理工程停工、复工及工期变更事宜，并提出相应的处理建议。最终形成的成果文件包括《建设工程进度计划》《建设资源供应计划》等。

工程项目施工进度控制主要包括计划、控制与协调三方面。计划是在确定施工进度总目标和分目标的基础上，对施工各阶段进行总体、分段的控制，并制定相应的工程施工进度计划。控制是将实际施工进度与计划进度的对比贯穿于整个工程建设进程，如有偏差，及时采取相应的对策进行调整。协调是在各单位、部门及施工队间，对工程进度计划进行协调。

2. 施工进度控制的原理

施工进度控制的原理包括动态控制原理、系统原理、信息反馈原理、弹性原理、封闭循环原理、网络计划技术原理（杨卫东，2018），如图 9-3 所示。

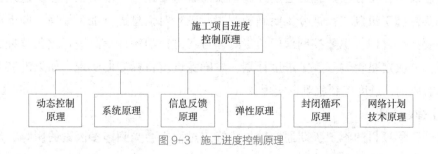

图 9-3　施工进度控制原理

1）动态控制原理

工程项目进度控制是一个具有持续动态控制的周期性过程。当实际进度与计划相吻合时，满足工期要求。当实际进度与计划不一致时，会出现提前或延误完工的情况。对偏差的原因进行分析，采取相关对策，并修改原计划，确保二者在新的出发点上重合，按照其开展后续施工作业，并尽可能采用组织管理控制，使实际施工按照进度计划进行。然而，由于新的不确定因素作用，可能会出现新的工期偏差。工程项目进度控制即是利用这种持续动态循环的管理手段。

2）系统原理

（1）工程项目施工计划系统

为管理工程项目施工的进度，首先应编制项目建设的备选进度计划。其中包括建设项目总进度计划、单位工程进度计划、分部分项工程进度计划、季度和月（旬）作业计划，形成建设项目的进度计划系统。计划的编制既包括大型项目，也包括小型项目，其内容从粗略到精细不等。在制定过程中，从整体到局部，将各计划的控制目标逐层分解，以实现既定的目标。在实施计划的过程中，以月（旬）作业计划为起点实施，按照目标进行分级管理，实现对工程项目建设整体进度目标的控制。

（2）工程项目施工进度实施组织系统

在工程项目施工的全过程中，各施工队需要按照预先制定的目标，尽力完成每项任务。建设项目经理和所有劳动力、材料和设备的调配、采购和运输有关的职能部门都要严格按照施工计划的进度要求进行管理和执行。施工组织的各级负责人，包括项目经理、施工队长、班组长及其所有成员，构成一个完整的工程项目实施的组织系统。

（3）工程项目施工进度控制组织系统

为了确保工程项目施工按计划进行，还需建立项目进度控制和监测系统。从公司经理到项目经理再到施工队，都有专门的部门和人员负责监督和汇报实际施工进度，进行对比分析，并作出适当的调整。不同级别的人员承担着不同的进度管理职责，分工明确又相互协作，构成具有纵向和横向联系的工程项目施工进度控制组织系统。事实上，有些管理人员可能既是执行者又是管控者。执行是指对计划的控制进行落实，而管控是指确保进度按期实施。

3）信息反馈原理

信息反馈在工程项目施工进度控制中扮演着重要角色。基层工作人员通过信息反馈获取实际施工进度，根据分工明确的职责范围，对信息进行加工处理，向上逐级反馈至主要控制部门。主要控制部门负责对来自各方面的统计信息进行收集整理、对比和分析，并决定是否调整施工进度计划，以确保进度目标如期实现。如果没有不断反馈信息的原则，进度控制就难以实现。

4）弹性原理

由于工程项目的施工工期通常较长，施工过程中会受到诸多因素的影响，从而影响施工进度。在确定目标进度时，可以根据统计经验估计其影响程度和发生的概率，并对目标的实现进行风险分析。具备弹性知识和实践经验的施工进度计划编制人员会通过缩短相关工作的时间间隔或者改变作业之间的连接关系等方式编制具有弹性的计划。在进行施工进度检查时，即使发现之前的进度延误，也能够通过缩短剩余的计划工期来实现目标。这就是弹性原理在工程项目施工计划安排中的应用。

5）封闭循环原理

工程项目施工进度控制的全过程是一个闭合循环，包括计划、执行、检查、比较和分析、确定调整措施和重新计划等多个阶段。从项目施工进度计划的编制开始，通过实际进度信息的收集、实际进度与计划进度的对比分析，可以找到偏差产生的原因并制定解决方案。然后，通过确定调整措施和重新计划，逐步实现目标计划的达成。整个过程是不断循环迭代的，可及时发现问题并作出调整，确保施工进度计划的准确性和可行性。

6）网络计划技术原理

网络计划技术原理是项目施工进度管理中非常重要的理论基础之一。网络计划技术原理在项目施工进度安排中被用于创建进度计划表，在施工过程中，通过连续收集实际进度信息，对计划进度进行比较和分析，利用网络计划理论来进一步调整施工进度计划，以优化工期、成本和资源等。

3. 施工进度控制的任务及措施

1）工程项目施工进度控制的任务

首先，编制工程项目施工总进度计划，对工程的各项准备工作以及后续施工任务作出统筹安排（刘洋等，2018）。根据施工总进度计划，编制单位工程施工进度计划、分部分项工程施工进度计划、季度和月、旬施工进度计划，并监督其执行。同时，根据实际情况，及时对各项计划进行实时调整，以确保按期完成所有工程的施工任务。

2）工程项目施工进度控制的措施

工程施工进度控制主要采取组织措施、技术措施、经济措施、合同措施、信息管理等。

（1）组织措施是指建立进度控制的组织系统，主要涉及各级进度管理人员、具体任务和人员配置的落实。具体而言，组织措施包括以下几方面：建立进度控制的组织系统，如明确权责、建立相应的管理系统和制定管理规定和标准等；根据工程项目的施工结构、进度阶段和合同结构等，对项目进行分解，从而构建进度控制的目标体系。同时，建立进度计划审核制度，并制定检查分析制度，包括确定检查时间与方法、协调会议时间和参加人员等方面。另外，还需要进行进度影响因素的分析和预测，以了解并应对可能对进度产生影响的因素。

（2）技术措施是指采取有利于工程项目施工进度的设计技术和施工方法，包括制定关于进度管理的工作细则，以便于监理人员管理施工进度；结合互联网技术，采用科学适用的计划安排方法，如横道图计划、网络计划技术、建筑信息模型（BIM）等，对工程项目施工进度进行持续动态控制。

（3）经济措施是指实施进度计划时能够确保资金需要，并采取的经济激励与奖惩手段，如给予提前完工的单位奖励，而对延误工期的单位作出惩罚；施工单位紧急赶工时，应给予一定的加班费用；简化程序，提高工程预付款及工程进度款支付手续办理的效率；加强完善工期索赔与反索赔管理等。

（4）合同措施是指通过与承包、分包单位签订施工合同，明确各方进度控制目标，从而保障进度总目标的实现。控制进度的合同措施主要包括选择合理的合同管理模式；同步合同工期与进度计划工期，协调二者之间的关系，如期实现合同规定目标；加强合同管理和对工期延误的索赔管理。

（5）信息管理措施是指通过不断收集与施工实际进度相关的资料，并进行整理、统计与计划进度比较的过程，定期向建设单位提供比较报告，从而更好地掌握工程项目的实施进展情况。实施信息管理可以通过建立信息化平台，涵盖项目历史信息和实时信息，以不断同步项目进度状态；实行规范化管理，对各管理环节进行及时的督促与检查，促进施工进度管理质量的提高。

4. 施工进度控制服务内容

全过程工程咨询单位的专业咨询工程师（监理）应审查承包人报审的施工总进度计划和阶段性施工进度计划，提出审查意见，在由工程总咨询师审核之后上报投资人，并不断跟踪、检查、进度计划的实施情况，及时作出相应的调整。

1）工程项目施工进度计划审查

（1）施工进度计划应符合施工合同中所约定的工期。

（2）施工进度计划中主要工程项目无遗漏，满足分批投入试运、分批动用的需要，阶段性开展施工作业。

（3）施工分进度计划应满足总进度控制目标的要求。

（4）施工顺序的安排应符合施工工艺要求。

（5）资源供应计划如施工人员、工程材料、施工机械等应满足施工进度计划的需要。

（6）施工进度计划应符合投资人的要求，满足其提供的资金、施工图纸、施工场地、物资等施工条件。

2）工程项目施工进度计划跟踪

全过程工程咨询单位专业咨询工程师（监理）应从工程项目施工开始就不断跟踪、检查施工进度计划的实际执行情况，若发现施工过程中存在进度延误的情况，即实际的进度严重滞后于计划的进度，并且对合同约定工期产生了影响，应签发监理通知单，要求施工单位采取调整措施加快施工进度，确保实现既定进度目标。

全过程工程咨询单位专业咨询工程师应向总咨询师反映进度追踪情况，总咨询师明确现阶段情况后，应向项目投资人说明工期延误的风险。同时，专业咨询工程师在追踪发现进度实际与计划的差异后，应及时对其进行分析和预测，评估该差异对工程项目总工期产生的影响并在监理月报中向投资人说明工程项目施工的实际进度。

在项目施工过程中，全过程工程咨询单位专业咨询工程师应组织安排进度控制人员按统计周期规定进行定期或根据需要进行不定期跟踪检查工程项目施工的实际进度情况，并监督进度控制人员的执行情况。工程项目施工进度计划的追踪检查内容具体包括：

（1）工程量的完成情况。

（2）工作时间的执行情况（工程形象进度完成情况）。

（3）资源使用与进度的匹配情况。

（4）上次检查的问题整改情况。

（5）根据检查内容编制进度检查报告。进度检查报告应包含执行情况的描述；实际进度与计划进度对比；进度实施中存在的问题及原因分析；执行对质量安全成本的影响情况；采取的措施和对下一步计划进度的预测。

3）工程项目进度计划调整

当实际进度偏离计划进度时，全过程工程咨询单位主要根据施工进度计划检查的结果对进度计划进行调整。调整措施主要包括调整施工内容、工程量、起止时间、资源供应等；局部改变施工顺序；对施工过程项目协作方式等工作关系进行重新确认，以合理交叉衔接施工的时间和空间。

项目进度计划调整的主要内容包括：

（1）施工内容：施工工序的合并或拆分、施工段的重新划分等。

（2）工程量：工程量的增减在施工过程中是最常见的，也是最多的。

（3）起止时间：可根据工期、资源等的要求，改变起止时间。

（4）持续时间：根据资源的情况、施工环境的情况对工序或施工过程持续时间进行调整。

（5）工作关系：包括工艺关系、组织关系等，但一般是指组织关系。

（6）资源供应：包括人力、物力、财力等资源供应情况进行调整。

全过程工程咨询单位在进行调整时可采取逐项调整、同时调整或结合几项调整，以实现综合效益最大化。如果目标得以实现，调整次数越少越好，但往往需要几种调整的组合。此外，在项目施工进度管理时，全过程工程咨询单位还必须分析进度偏差的影响，将实际进度与计划进度进行比较，分析偏差对后续工作和总施工时间的影响。进度偏差对后续工作和总时间的影响程度取决于其大小及位置，应根据网络计划中的总时间差和自由时差来确定。通过这些分析，全过程工程咨询单位可以确定产生进度偏差需要调整的工作和偏差的大小，并通过采取相关的调整措施，制定符合实际进度情况和计划目标的新进度计划。

9.4   施工阶段的质量管理

1. 施工质量管理概述

工程项目具有周期较长的特点，并且各个阶段之间联系紧密且相互制约。每个阶段对工程质量的形成都至关重要，因此在整个施工过程中都应实行严格的质量管理，以确保建设优质工程。通常情况下，工程的立项、设计、施工和竣工验收等各个阶段的过程质量应该以使用阶段的需求为导向，并满足使用阶段的要求。

工程项目施工阶段的质量是指建筑产品的质量，必须符合甲方的要求、现行行业标准和施工技术规程以及安全、适用和耐久等方面的相关标准，并达到环保部门要求的标准，健康发展工程项目。项目质量应满足整体质量要求，也应具备在安全性、耐久性和适用性方面的性能，以确保项目达到预期的功能目标，满足使用阶段的功能要求。

工程项目的施工是一个分阶段进行的过程，其中每个阶段都需要进行质量管理活动。如果在任何一个环节出现问题，都有可能影响后续的质量管理，进而对工程项目的质量目标产生影响。因此，各个施工阶段的质量管理都是至关重要的。全过程工程咨询单位应根据投资人的委托，按施工合同规定对工程质量进行管理，监督承包人按图纸、规范、规程、标准施工，形成《建设项目质量管理制度》《工程质量整改通知单》文件，使施工安装有序地进行，最终建成合格的、具有完整使用价值的工程。

2. 施工质量管理的原则与方法

建筑施工是将设计项目转化为实际建筑物的过程，也是最终形成建筑产品的关键阶段。因此，施工阶段的质量管理在提高项目质量方面扮演着关键角色。

1）施工质量管理的原则

（1）坚持"质量第一，用户至上"原则。建筑产品属于特殊商品，使用寿命长，购置成本相对较高，与人们的生命财产安全存在直接关系。因此，"质量第一，用户至上"应始终是项目施工阶段质量管理的首要原则。

（2）坚持"以人为核心"原则。人是质量的创造者，质量管理过程中应充分调动人的积极性和创造性，增强人的责任感，提高人的质量意识，减少甚至避免人为失误，从而确保过程质量、提高工程质量。

（3）坚持"以预防为主"原则。以预防为主，即从工程质量的事后检查到事前控制和现场控制；从产品质量检查到工序质量检查、工艺质量检查和中间产品（工序、半成品和部件）的检查。

（4）坚持"用质量标准严格检查，一切用数据说话"原则。质量标准是评价和衡量建筑产品品质的依据，而数据则是控制和保证产品质量的基础和依据。只有通过实际测量的数据来对产品的质量进行检验，才能确保产品是否符合质量标准。

（5）坚持"遵守科学、公正、守法"的职业规范。施工单位的项目经理、技术负责人在处理质量方面的问题时，应坚持客观事实，秉承科学、诚信、公正；遵守法律，杜绝不道德的行为；在坚持原则、严谨公正的同时，还要谦虚谨慎，实事求是，以理服人。

2）施工项目质量管理的方法

（1）审核有关技术文件、报告或报表

具体内容有：审核有关技术资质证明文件，审核施工组织设计、施工方案和技术措施，审核有关材料、半成品、构配件的质量检验报告，审核有关材料的进场复试报告，审核反映工序质量动态的统计资料或图表，审核设计变更和技术核定书，审核有关质量问题的处理报告，审核有关工序交接检查和分部分项工程质量验收记录等。

（2）现场质量检查

①检查的内容包括工序交接检查、隐蔽工程检查、停工后复工检查、节假日后上班检查、分部分项工程完工后验收检查以及成品保护措施检查等。

②检查的方法主要包括目测法、实测法、试验检查等。

通过严格遵循上述基本原则和建筑工程质量管理方法，能够提供高质量的建筑产品，从而满足广大用户的需求。

3. 施工质量管理服务内容

全过程工程咨询单位在施工阶段的质量管理主要包括质量管理的规划、质量管理计划的编制与实施、施工阶段质量检查验收。

全过程工程咨询单位通过质量管理的规划，制定质量管理的目标和实现目标的质量管理组织机构及各参建单位职责程序，在此基础上运行质量管理程序，以质量计划文件的编制为质量管理的起点，通过施工阶段质量计划的实施，控制施工阶段的质量目标，把工程质量从始至终的预控与从下到上的过程控制结合，按照预控、实施、检查、处置、验收、再检查、再验收的循环方式进行施工阶段质量管理，实现质量计划目标。

1）从工作内容来看，全过程工程咨询单位施工阶段的质量管理包括以下几个方面：

（1）建立对各参建方的质量考核管理制度，明确相关方质量责任和质量管理工作流程。

（2）监督、检查实施过程中的质量情况并及时总结。

（3）审核施工单位制订的施工组织设计，督促施工单位制订重、难点部位的专项施工方案。

（4）督促参建单位对项目建设的关键过程设置"见证点"和"关键控制点"。

（5）督促参建单位按规定组织隐蔽工程、分部分项工程中间验收，参与现场隐蔽工程验收。

（6）督促参建单位及时进行试验，并对重要试验事项进行现场监督。

（7）督促施工单位及时处置工程质量缺陷、质量事故。

（8）督促参建单位按时填写、签审工程资料并上传到项目管理信息平台。

（9）组织各参建单位将相关成果文件上传到项目管理信息平台。

2）从检查对象来看，全过程工程咨询单位施工阶段质量管理的检查对象包括人员、材料、机械、方法、环境等方面。

（1）人员素质检查。为确保建筑新产品的质量，需要管理人员，充分调动其积极性，并发挥主导作用。人员包括直接参与施工的组织者、指挥者和具体操作者。为了确保工程质量，除了加强政治思想教育、劳动纪律教育、专业技术和安全培训，健全岗位责任制、改善劳动条件等方面的措施外，还需要根据工程特点对管理人员的技术水平、心理动机和错误行为等方面进行核查。

（2）施工材料管控。对原材料、成品、半成品、构配件等施工过程中的所有材料进行严格检查验收，并建立健全的管理台账，认真做好收、储、发、运等各个环节的技术管理的监督机制，以避免混料、错用、将不合格的原材料投入到工程中的问题。

（3）施工机械管控。机械管控需要涵盖所有施工机械和工具的管理。根据施工工艺特点和技术要求选择合适的机械设备，并正确使用、管理和保养。建立健全的"操作证"制度、岗位责任制度以及"技术、保养"制度等，以确保机械设备处于最佳运行状态，从而杜绝机械设备或工具带"病"作业，为施工环节埋下质量隐患。

（4）施工方法管控。主要包括对施工组织设计、施工方案、施工工艺、施工技术措施等的管理，结合工程实际情况，解决施工中遇到的难题，确保技术可行性和经济合理性，以保证工程质量、加快进度并降低成本，并选择适当的方法，以实现质量、工期和成本之间的相对平衡。

（5）施工环境管控。需要采取有效措施严格管理影响工程质量的环境因素，特别是在施工现场，需要定期检查文明施工和安全生产的实际情况，以创造条件确保工程质量和安全施工。例如，注意气象条件的变化，及时采取措施减少其对施工造成的影响。

为了确保建筑工程项目质量符合《建设工程质量验收统一标准》的标准，并能够顺利地通过验收并投入使用，全过程工程咨询单位应组织专业咨询工程师（监理）、承包人相关负责人对施工产出的每个阶段，包括分项工程、分部工程、单体工程以及单项工程等，进行检查验收。

9.5 施工阶段的信息管理

1. 施工信息管理概述

工程项目的信息管理是指在工程实施中对项目信息进行组织和控制，通过合理组织和控制工程信息的传输，高效地获取、存储、处理和交流工程项目信息与有限资源，并使项目参与人更好地进行协同工作，提高工程质量，降低成本，提升社会经济效益。例如，它不仅为项目各参与人提供完整、准确的历史信息，而且方便浏览，支持粘贴和拷贝，极大地提高了内容相似的项目管理工作的效率，从而减轻了传统管理模式下大量的重复抄录工作。

施工阶段是设计信息和施工计划向建筑实体转化的过程，包括更为详尽的信息，例如增加工具、任务细分、材料采购和设备的分配等。施工阶段的信息管理范围包括设计文件、合同文件、施工组织设计、施工方案、施工人员资格、建筑材料、构配件、施工机具等资料；变更、索赔、签证信息；人、材、机价格等工程价款相关信息；工程量清单、工程完成情况等工程计量等信息。

全过程工程咨询单位在施工阶段明确各参建方的信息和档案管理分工，统一管理标准，建立管理网络，对施工阶段所产生的各种项目信息进行收集、加工处理、检查和审核，汇总、整理、传输和应用，与相关方进行沟通与协调，并对形成的文字、图表、声像等各种书面和电子文献完整的档案资料进行整理归类、立卷及移交，保证资料的真实性、完整性和准确性。

2. 施工信息管理的方法和手段

1）将信息管理视为一个系统。系统内信息管理必须与计划管理、目标管理、组织协调等管理内容相互关联，采用策划、组织、制度、流程等方法，通过 PDCA 循环不断优化，从而形成一个有机的整体，构建一个闭环的管理体系。

2）由专业人员领导，全员参与。首先，应该成立信息管理部门，并确保信息管理咨询工程师作为专职人员牵头，拥有工程专业基础和丰富的工作经验。这些工程师应该了解何时向何人收集何种信息，如何甄别、归纳整理和提炼信息，并知道如何在成果中进行取舍并将其流转给适当的人员。其次，其他咨询工程师应该清楚自己在信息管理系统中的角色，能够及时向信息工程师提供准确和完整的信息，并能够将反馈的信息与之前的信息进行比对，以便对管理对象进行下一轮的策划和纠正。

3）在全过程咨询管理模式下，信息获取量庞大，数据分析是最终的核心。信息数据的种类繁多，因此建立信息管理系统的信息管理部门有助于科学地处理信息，包括甄别、分类、统计、评估、预测等操作，权衡利弊、找出规律，从而制定正确的指令以实现项目的后续管控，实现项目预期目标，体现了全过程工程咨询服务的核心价值。

4）专业平台和 BIM 技术，引领行业的发展潮流。虽然通用的专业办公软件和项目管理软件在某些方面表现出色，但它们也存在明显的局限性，如缺乏逻辑性和关联性，需要人工进行分析和判断。目前有许多专业的项目管理平台可用于整合项目管理内容，实现在线协同办公，大大提高了管理效率和信息管理水平。

此外，基于互联网+BIM技术、三维扫描、自动放线机器人、虚拟现实等技术，被大量应用于工程建设管理中。在全过程工程咨询模式下，BIM技术的应用显示出了明显的优势。随着从需求、创意到项目移交过程中的信息数据的不断积累、填充和完善，其数字模型的功能将越来越强大，价值工程、精心化管理、全生命周期投资效益最大化不再是空谈。全过程的信息管理理念融合这些先进技术，优化传统的管理流程，提高建设工程数据信息分析的准确性和指导性，便捷施工建造管理的过程管理，为决策层、业主方及咨询人的科学有效管理夯实基础。

3. 施工信息管理服务内容

全过程工程咨询单位负责编制项目施工信息咨询实施方案，经专业咨询师审核，报委托人批准后实施。利用计算机、互联网通信技术将信息管理贯穿于施工服务全过程，建立项目数字化协同管理平台，协助各相关人建立项目信息管理体系及制度，督促各参建单位将项目相关信息资料及时录入项目管理信息平台，对项目实施过程中发生的各种文件、资料等要进行数字化的收集、整理、存储、传递、使用。并按照合同约定及职责，做好日报、周报、影像、会议纪要、技术资料、项目信息门户等工程相关文档资料的收集与整理工作，从而满足项目施工阶段信息管理的服务目标。

1）施工阶段信息的收集

在工程项目施工阶段，全过程工程咨询单位应从下列方面收集信息：

（1）施工现场的地质、水文、地形、气象数据。地上、地下管线、地下洞室、地表现有建筑物、构筑物及树木、道路、建筑红线、水、电、气管道分接标志、地质勘查报告、地形勘察图及标桩等环境信息。

（2）施工组织的构成和施工现场人员的资质。施工现场质量及安全生产保证体系、施工组织设计和（专项）施工方案、施工进度、分包商的资格信息。

（3）进场设备的规格、型号、保修记录、工程材料、配件、设备的进场、储存和使用信息。

（4）施工项目的组织管理程序。施工单位内部工程质量、成本、工程进度控制及安全管理的措施和工序交接制度、事故管理程序、应急计划等。

（5）施工中采用的国家、行业或地方施工技术标准。

（6）施工过程中获得的技术资料，如：地基验槽及处理记录、工序交接工作的检查记录、隐蔽工程的检查和验收记录、分项工程的检查和验收记录等。

（7）工程材料、构配件、设备的质量认证资料及现场试验报告。

（8）设备安装调试和安装试验资料，如：接地电阻试验、绝缘电阻测试、管道通水、通气、通风试验、电梯施工试验、火灾警报、自动喷淋系统联动试验等。

（9）工程索赔相关信息，如：索赔处理程序、索赔处理依据、索赔证据等。

2）施工阶段信息的处理全过程工程咨询单位将信息加工整理之后提供给需要使用信息的人员，并建立统一数据库存储信息。

（1）信息的加工和整理

全过程工程咨询单位的监测人员对数据和信息的处理应该从鉴别开始。一般来说，监测人员收集的数据和信息的可靠性更高。对于建设单位提交的数据，要进行鉴定、筛选、核实并及时更新动态数据。为提高数据使用的效率，需要对所收集到的数据和信息依据工程项目的组成、工程项目的目标等进行汇总和组织。

（2）信息的分发和检索

全过程工程咨询单位应及时向需要使用信息的人员提供加工整理后的信息。根据需求进行信息分发，建立一定的分级管理制度用于信息检索。信息分发和检索的基本原则是保证需要信息的部门及人员能在第一时间高效地获取信息。

（3）信息的存储

全过程工程咨询单位应该建立一个统一的网络数据库和编码体系，用于存储施工信息。此外，应该协调工程参建各方采用统一的数据存储方式，规范数据文件的命名，以减少数据冗余。同时，根据建设工程的实际情况，规范组织数据文件，并按照质量、造价、进度、合同等类别对同一工程进行分类。

9.6　施工阶段的组织与协调

1. 施工组织协调概述

建设管理工作的成效在一定程度上取决于管理单位和管理人员的协调能力。在整个管理工作中，项目管理人员的协调工作占据着很高的比重和地位，特别是在工程同期建设项目多、工程量大、涉及的部门和行业众多，可能有多个承包商在多个施工面同时施工的情况下，施工场地和施工道路重复交叉使用必然会导致各种矛盾和协调问题。除此之外，设备订货与设计资料、设计图纸供应与土建、装饰、安装的配合与交接等，都需要进行妥善的协调。

项目负责人授权的其他人，负责各施工项目之间的总协调工作。各标段的组织协调工作由相应施工项目的管理人员承担。参与工程的单位包括建设业主、咨询管理公司、勘察设计单位、施工单位、材料设备供应商、政府有关部门和当地居民等，这些参与方在工程中代表不同的利益，因而其在工程的投资、进度、质量和合同等方面可能存在差异。全过程咨询管理工程师应协调各方之间的关系。

全过程工程咨询单位应该同与工程项目建设直接有关的各参与方进行沟通、调解和管理，以达成协调一致，为达成工程建设合同中的目标。业主和承包单位双方应当在施工阶段明确进行约定和分工，共同努力为顺利施工创造条件。在此阶段，协调工作非常繁琐，施工进度、质量、中期计量和支付的签证、合同纠纷等一系列协调工作均需要进行解决。

2. 施工内部组织协调

全过程工程咨询单位是由总咨询师和各专业咨询工程师组成的工作团队，每个成员都有自己的任务和目标。为了避免"各自为政"所带来的低效率和混乱，整个体系需要选择合适的沟通方式进行及时有效的交流，如会议、施工现场沟通和利用各种信息媒介进行高效沟通。

1）全过程工程咨询单位内部人际关系的协调

人际关系间的协调很大程度上决定着全过程工程咨询单位的工作效率。作为项目负责人应该优先关注人际关系的协调事宜，充分激发项目成员的工作积极性和主观能动性，以提高全过程工程咨询单位的绩效和员工工作效率。

（1）人员配置应根据各人员的专业能力和性格特点，以数量少质量高为标准进行录用，以确保高质量地完成工作和能力的互补。

（2）工作委派应明确职责，确立目标和岗位责任制，以便于有效管理和职能清晰。

（3）评价应实事求是，发扬民主作风，公正客观地评估工作人员的工作绩效，减少甚至避免人员无功自傲或有功受屈现象的发生，以激励成员工作的热情。

（4）及时处理存在的矛盾，进行沟通和调解，听取项目监理机构成员的意见和建议，维护团结、和谐、热情高涨的工作氛围。

2）全过程工程咨询单位内部组织关系的协调

（1）依据职能划分搭建组织机构，设立管理部门并对各部门的工作职能加以明晰。

（2）明确规定各部门的目标、职责和权限，建立相应的规章制度实施规范管理。

（3）预先约定各部门在工作中的关系，明确主办、牵头、协作和配合的分工，避免误事和脱节。

（4）建立信息沟通制度，如工作例会、业务碰头会和发会议纪要等，以便于全面了解局面，配合全局需要。

（5）对于工作中的矛盾和冲突应当及时进行处理，应用民主作风和心理学、行为科学的方法，调动成员的工作积极性，公开信息政策，与成员共同商讨问题，听取各方面的意见和建议，鼓励团结协作。

3. 全过程工程咨询单位内部需求关系的协调

（1）建设管理开始时，应编写好管理规划，并合理的进行建设管理资源配置，以实现设备和材料管理的平衡。在此过程中，重点关注时间的及时性、规格的明确性、数量的准确性以及质量的规定性。

（2）在项目管理中，需要关注各专业管理人员间的配合，平衡管理人员。由于单个工程的复杂性和技术要求存在着差异，因此需要关注管理人员配备、交接和调度等问题。在专业管理人员配合的过程中，需要特别关注调节环节，采用一些协调措施，例如定期开会、制定标准化程序等，确保各专业管理人员之间的协作和配合。

4. 施工外部组织协调

全过程工程咨询单位在实施阶段需要与投资人和承包人进行外部协调沟通。为了实现沟通目标，可以通过定期会议、联络人机制等方式来达成。在进行外部沟通时，需要注意整理和保管沟通记录，以便事后跟踪和追溯。

在工程项目建设过程中，成功的关键在于五个质量行为主体方的合作和支持的程度。因此，应做好以下组织和协调工作，以确保在预定的进度和质量目标内顺利建成项目。

1）与建设单位的协调

全过程工程咨询单位要听从项目建设单位的指令、指导和监督，协助建设单位与政府管理部门达成及时的联络和沟通，处理相关的管理手续，并协调参与工程的各方以及利益相关者之间的关系。因此，全过程工程咨询单位的项目管理人员需要与建设单位间建立良好的沟通关系，及时汇报工作情况，让建设单位准确把握工程项目建设的进展，确保建设意图能够得到充分实现。

（1）全过程工程咨询单位的项目管理人员需要首先理解建设工程的总体目标以及建设单位的意图。如果项目管理人员在尚未参与项目决策之前，缺乏对项目构思的基础、原因和目的的了解，可能会导致对建设管理目标和任务完成产生误解。这可能会带来一系列不便和困扰，影响后期工作的开展。

（2）工作之余，项目管理人员可对建设管理的宣传工作多加重视，增加建设单位对建设管理工作的认识，尤其是对建设工程管理各方职责和监理程序的理解。此外，项目管理人员还应主动协助建设单位处理其余事务性工作，并以规范化、标准化和制度化的工作方式确保双方工作的一致性。

（3）全过程工程咨询单位的项目管理人员应该尊重建设单位，让建设单位一同参与建设工程的全过程。建设工程的实施需要执行建设单位的指令，以达成建设单位的要求。在处理建设单位提出的不当要求时，如果涉及非原则性问题，可以先予以执行，并在合适的时机以适当的方式进行说明和解释；而对于原则性问题，则应采取书面报告的形式，详细说明事情的来龙去脉，并采取相应措施进行调整，以确保建设工程的顺利实施。

2）与设计单位的协调

在工程施工过程中，施工单位常常会提出关于原设计存在缺陷的工程变更需求。在本项目合同期内，全过程工程咨询单位的项目管理人员必须在其授权范围内积极与设计单位协调，以尽量减少因项目变化而引起的价款变化，并减少对整个投资限额的影响。

（1）体现真诚尊重设计部门意见的做法包括：在施工前向设计部门通报项目总体情况、设计意图、技术要求、施工难点等，解决标准过高、设计遗漏、图纸差错等问题；施工过程中严格按照图纸执行；邀请设计部门代表参加结构工程验收、专业工程验收、竣工验收等工作；组织设计单位向承包商介绍工程概况、设计意图、技术要求、施工难点等，在施工前解决问题；施工阶段严格按照图纸施工；结构工程验收、专业工程验收、竣工验收等工作，约请设计代表参加；此外，在质量事故发生时积极听取设计单位的处理意见，从而更好地协调各方面资源，避免因为偏差而造成重大损失。

（2）在施工过程中，如果发现设计问题，项目管理人员应立即与设计部门进行讨论和沟通，以避免可能造成的重大损失或影响。如果监理单位有比原设计更先进的新技术、新方法、新材料、新结构和新设备，可主动向设计单位推荐。为了不影响施工，并为设计的变更留有余地，可与设计单位达成协议，并规定一定的期限，使设计单位与承包单位达成谅解和合作。

（3）信息的传递必须具有及时性和程序性。监理工程师联系单、设计单位申报表或设计变更通知单的传递应遵循设计单位、项目管理部门和承包商之间商定的程序，确保信息传递的及时性和程序正确性。

3）与承包商的协调

全过程咨询部门通过承包商的工作来控制质量、进度和投资，所以与承包商的协调是建设管理机构协调工作的重要组成部分。全过程咨询单位的施工管理人员应实事求是，严格遵守规范和规程，注重科学态度。同时，也要注意语言的表达方式，关注情感层面的交流，适度运用权力。

（1）协调与承包商项目经理的关系。承包商项目经理和现场技术负责人希望全过程咨询单位施工管理人员能够公正、合理、善解人意，给出明确无误的指示，并及时回答他们的问题。因此，全过程咨询单位施工经理应理解承包商的项目经理的意见。

（2）进度问题的协调。施工进度问题很复杂，因为有很多因素会影响施工进度。实践证明，共同商定第一阶段网络进度表并由双方主要决策者签字，作为项目施工合同的附录，根据第一阶段网络进度表的节点评估，确定施工阶段提前完工和付款的价格，可以有效解决进度问题。如果最终没有达到进度要求，施工单位可以从项目费中扣除已付款阶段的工期，并进行处罚。

（3）质量问题的协调。需要严格执行质量保证体系并由管理工程师进行签字确认。在施工过程中，应该使用有出厂合格证和符合使用要求的原材料、设备和构件，以确保工程的质量和安全。同时，如果需要对设计进行变更，整个工程的施工管理人员也需要认真审核、合理估价，并与设计、施工、工程部门等各方进行充分商定，达成协议后才能进行工程变更。

（4）对承包商违约行为的处理。在施工过程中，如发现承包人采用不适当的施工方法或使用不符合合同规定的材料，项目全过程咨询单位的施工管理人员应及时处理承包商的违约行为并采取相应的措施。

（5）合同争议的协调。在项目中出现合同纠纷时，项目全过程咨询单位的施工管理人员应开展谈判解决工作。只有在谈判失败的情况下，当事人才向合同管理部门申请调解。只有在对方严重违约，自身利益遭受重大损失且无法赔偿的情况下，才会诉诸仲裁或诉讼。若遇到非常棘手的合同纠纷，可以暂时搁置，等待时机另谋良策。

（6）对于分包单位的管理，要明确总包合同和分包合同的区别，将其视为两个独立的合同单元进行管理。总包合同主要控制着整个工程的投资、进度、质量和合同管理等方面，并且与分包合同没有直接关系。而分包合同的工程质量和进度应该直接受到监督和控制，并通过总承包商进行调整和纠正，必要时，监理工程师可以协助调解，以保证工程的顺利进行。如果出现问题，总承包商应该负责协调处理，以保证工程的质量、进度和投资达到预期目标。此外，对于合同管理的范围，也需要进行分级管理，以尽可能地减少合同纠纷的发生。

4）与政府部门及其他有关单位的协调

全程工程咨询单位的项目管理人员要严格按照有关法律、法规和技术标准开展工作。应主动接受有关公共主管部门的监督，积极参加公共主管部门的质量和安全检查。

（1）与政府有关部门的协调

①工程质量监督站是政府授权的机构，负责对委托监理的工程进行质量监督和检查。主要职责包括核查勘察设计、监理和承包商的资质，以及项目的质量控制情况。对于委托监理的项目，质量监督部门主要检查勘察设计、监理和承包商的资质以及项目的质量控制情况。项目管理人员应积极与工程质量监督部门沟通、协调，配合工程质量控制，解决质量问题。

②对于重大质量事故，承包商应立即采取急救和修复措施，并向政府有关部门报告事故情况，并积极参加检查和处理。

③在建设工程合同中，需要向政府建设管理部门备案。对于征地拆迁问题，必须寻求国家有关部门的协助和配合。消防局需要对施工现场的消防设备配置进行检查和批准。施工单位在施工过程中应该注意防止污染，并坚持进行文明施工。

（2）协调与社会团体的关系

建设单位和项目管理单位应该抓住机会，努力争取社会各界对建设工程的关注和支持，以创造良好的社会环境。

5. 施工组织协调的方法

1）会议协调法

为了实现对三个主要目标的动态监测和控制，项目经理应建立定期会议制度，定期组织现场会议，集中讨论出现的质量、进度、投资和安全问题。具体而言，包括以下三种类型的会议：

（1）第一次工地会议：在建设工程全面开展之前，履约各方应该相互认识、确定联络方式，并检查开工前各项准备工作是否就绪并明确工作程序的会议。项目管理单位应在项目经理下令开工前组织召开这一会议。

（2）现场例会：现场例会通常由首席工程师按照规定的程序定期召开和主持，是工地上的会议。会议旨在讨论施工中出现的问题并作出决策，涉及设计、进度、质量、安全和工程款支付等方面的问题。每次会议都应记录讨论的问题和作出的决定，并编写详细的会议纪要，供相关单位确认和执行。参加会议的人员通常包括项目管理人员、承包商人员、施工管理人员以及其他有关部门的代表。

（3）专业性协调会议：除了定期召开现场例会，还应该根据需要组织召开一些专业性协调会议，通过多方协调来解决具体技术经济问题、材料供应问题和协调配合问题。例如，加工订货会、建设单位直接分包的工程内容承包商与总承包商之间的协调会、专业性较强的分包单位进场协调会等。

2）交谈协调法

通常采用面对面沟通、电话沟通等沟通协调方式，保持住处畅通、寻求协作和帮助、正确及时发布工程指令。

3）书面协调法

可以使用书面协调方法来表达意见，尤其是在不需要或不方便进行会议和交谈时，或需要更加精确地表达自己的意见时。

4）访问协调法（主要用于外部关系协调）

访问协调法主要走访协调法和邀请访问两种。

（1）走访协调：可访问政府建设机构、计划委员会、公共事业单位、新闻媒体或与建设的第三方，让其熟悉项目情况，获得他们对项目建设的支持。

（2）邀请访问协调：是指邀请上述部门和机构的代表到施工现场进行审查和检查，以了解情况并获得他们的支持。

5）情况介绍法

情况介绍法是指采用口头和书面介绍的方式向他人介绍情况。汇报者应利用一切机会认真对待每一次汇报，以确保其他人了解他所汇报的内容、问题、困难、需要的帮助等。

9.7 施工阶段的风险管理

1. 施工风险管理概述

风险概念源自于对将来不确定性的事物的抽象性描述。《风险管理术语》对风险的定义为：某一事件（特定情况的发生）发生概率（某一事件发生的可能程度）和其后果（某一事件的结果）的组合，其中，学术界和业界普遍接受的有以下两种：其一，风险是对结果不确定性的度量；其二，风险是潜在损失的不确定性。

风险管理概念由美国管理协会的萨洛蒙·施布纳博士首次提出。风险管理作为一种系统化的方法，是指识别、评估、控制和监测项目潜在的或实际存在的风险，并把风险可能造成的不良影响减至最低的管理过程。

工程项目施工过程作为风险管理的关键阶段，面临众多不确定性因素，对其进行风险管理，应首先明确以下两个基本点，以利于树立风险意识，准确把握施工项目风险，并主动预防和控制施工相关风险。

一是工程项目施工风险大。工程项目施工周期持续时间长，涉及众多风险因素（Shibani，2022）。通常根据其原因进行分类，即政治、社会、经济、自然、技术和其他风险因素，这些因素对建筑项目的影响复杂程度各不相同。并衍生出不同的风险事件，风险事件在施工过程中也经常发生。总之，施工项目出现风险因素和风险事件，将造成严重损失。

二是工程项目施工阶段各参与方均具有风险，但各方风险不尽相同。建设项目的施工过程中会遇到不同的风险事件，即使是同一个风险事件，有时也会对不同的利益相关者产生非常不同的影响。例如，在一个可变价格合同中，同样的通货膨胀风险对业主来说是重大风险，对承包商来说是小风险。然而，在固定总价合同中，它对业主不是一个风险，但对承包商却是一个重大风险。

2. 施工风险管理咨询服务

工程项目的复杂程度、建设周期的长短与风险出现的可能性具有正向相关性。全过程工程咨询单位对于其业务内工程项目的风险管理主要借助风险管理理论，在项目的全过程对可能导致工程服务质量偏离预定方向的若干影响因子加以识别和评价，并通过风险管理方法加以控制，以实现工程项目目标。

项目风险管理工作包括风险识别、风险估计、风险评价、风险应对和风险监控五项内容，风险识别、风险评价、风险应对是风险管理程序中的三大主要环节（薛浩然，2021）。全过程工程咨询单位应编制项目风险咨询实施方案，并严格执行风险管理程序。一是建立较完善的风险防范管理制度。二是运用头脑风暴、归纳推理等方法对项目施工阶段的风险进行识别、分析，采取风险回避、损失控制、风险自留等方式进行风险管控，从而以最小的成本确保实现进度、质量、安全等咨询管理目标。

1）风险管理的目标

风险管理必须有明确的目标才能发挥作用。在工程项目的施工阶段，风险管理的目标通常会更具体，例如，保证实际投资、工期、质量和安全等目标不超过计划，保证施工过程的安全等。然而，在工程项目的施工阶段，目标规划和计划都存在着不确定性，并且会面临各种风险因素和风险事件。因此，通过风险管理过程，可以对各种风险因素和风险事件进行定量分析和评估，以确定其对建设工程预期目标和计划的影响，这将有助于更合理地制定目标规划和计划。

2）风险管理的措施

全过程工程咨询单位管理风险应健全制度，规范程序，一般从以下两方面入手。

（1）在建设项目中建立风险管理的组织结构，引入风险控制的责任体系，可以从两个方面进行：公司管理和项目实施。在公司层面，可以组建一个由经验丰富的工程师组成的风险控制小组开展风险管理任务；在施工层面，应建立项目经理的咨询系统。项目经理应根据项目的特点和承包服务的内容，确定需要的风险管理措施，并将其转换为实际的操作计划和方案，切实做好建设项目的风险控制。

（2）为了确保企业知识的积累、共享和交流，进而提升企业生产力或活力，企业应建立和完善风险管理的知识管理和信息系统。企业各部门应及时收集、处理和储存各项目建设过程中的风险信息，并总结经验。在项目实施过程中，项目负责人应不断关注反馈，并及时总结相关经验和项目组人员情况，定期汇总和分享。这些举措可以降低服务风险，并为之后风险管理的持续改进奠定基础。

3）风险管理的过程

风险管理是识别、定义和衡量风险的过程，并制定、选择和应用相应的风险处理方案。施工项目的风险管理并不独特，是一个反复的、系统的和全面的过程。风险管理过程通常包括五个要素：风险识别、风险评价、风险应对、实施决策和检查，如图9-4所示。

图9-4　风险管理过程

（1）风险识别

风险识别是风险管理的首要步骤，其目的在于采用一些方法，系统而全面地识别对实现工程施工目标具有影响的风险事件，并进行适当分类。在识别风险事件时，需要对其后果进行定性估计，以便进行后续的风险评价和对策制定（Kumar，2020）。

（2）风险评价

风险评价是定量化分析可能发生的风险事件的概率及其导致的损失后果的过程。这一过程在识别风险和制定风险对策之间发挥着关键作用。风险评估的结果可以用于确定各种风险事件发生的可能性，以及对项目目标造成的影响程度，如可能增加的投资额、延误的天数等。

（3）风险应对

风险应对是指确定工程风险事件最佳对策组合的过程。在风险管理中，通常采用四种策略：风险规避、损失控制、风险对冲和风险转移。这些策略适用于不同类型的风险事件，并应根据风险评估的结果选择最合适的策略，形成最佳的策略组合。

（4）实施决策

实施决策顾名思义是将提出的风险对策进一步落实到制定预防计划、灾难计划、应急计划等具体的计划和措施中。如在决定购买工程保险时，必须选择保险公司，并确定适当的保险范围、免赔额、保险费和其他细节。这些都是实施对策的重要内容，可以确保风险控制措施的有效性和可行性。

（5）检查

检查是指在项目执行过程中不断审查各项风险控制措施的执行情况，并评估其有效性。如果项目建设的条件发生变化，还必须确定是否需要制定不同的风险处理计划。此外，缺失的或新的风险需要被审查，以启动新一轮的风险管理过程，以此确保工程施工过程中风险管理的持续性和有效性。

3. 施工项目风险识别

风险识别是风险管理的基础，全过程工程咨询单位负责识别施工过程中所面临的风险因素和潜在风险因素。在分析引发风险的原因后，应根据可能出现的风险，制定相应的方案和措施，并制定风险应急预案，以确保能够有效地预防和控制风险问题，及时发现并处理问题，并将风险的不良影响控制在合理范围内（武建平，2020）。

1）风险识别的原则

（1）由粗及细，由细及粗。二者都是指在风险管理过程中对风险进行分析、评估和处理的方法。"由粗及细"意味着对工程风险进行全面分析。这种方法通过多种途径逐步分解和细化风险，以获得对工程风险的全面认识，并最终得到工程初始风险清单。而"由细及粗"则是在初始风险清单的基础上，根据类似项目的经验，对拟建项目的具体情况进行分析研究。此过程旨在找出对项目目标实现影响最大的风险，将这些风险确定为主要风险。这些主要风险将成为风险评估和决策的主要对象。通过这种方式，可以更加有针对性地应对风险。这两种方法相互补充，可以帮助企业全面、系统地识别工程或项目中的风险因素并制定相应的应对措施。

（2）严格界定风险的内容，考虑各风险因素之间的关系。准确定义风险的内涵，避免重复和交叉。此外，应尽可能考虑风险因素之间的相关性，如主次、因果、互斥、正负相关关系等。

（3）先怀疑，后排除。面对问题，应权衡是否存在不确定性，避免贸然排除或确认的风险，需要进一步分析，以确认或排除它们。

（4）排除与确认并重。应尽早排除或确认已知风险。对于不确定的风险，需要进一步分析，以最终确认或排除。对于不能排除但可以确认的风险，应采取措施进行确认处理。

（5）必要时可作实验论证。对于那些难以通过常规手段确定的风险，为了确切地了解其对工程项目目标的影响程度，特别是在技术方面，可以进行实验论证。如，可以通过地震实验、风洞试验等方法进行实验，以确定这些风险的具体影响。

2）风险识别的过程

由于工程项目风险识别方法与一般风险管理理论提出的方法不同，风险识别的过程也有所不同。在工程项目中，风险识别是通过分析经验数据，进行风险研究，咨询专家，实验论证，将工程风险分解成多个维度，并建立工程风险清单。

全过程工程咨询单位收集与该项目有关的材料和数据后，对其进行进一步分析。这个过程主要关注工程所处的外部因素、内部因素以及与全过程咨询有关的因素，并精确分析每一类风险因素，将它们整合起来以找出风险存在的根源，形成初步的风险清单。在检查过程中，如发现可疑环节，应进行复查，并将结果与初次分析数据进行对比，找出疏漏或错误的原因。

3）风险识别的方法

除了使用风险管理理论中的基本风险识别方法外，还可以根据项目情况采用符合实际情况的方法来进行工程项目的风险识别。综合考虑，工程项目风险识别的方法包括：专家调查法、财务报表法、流程图法、初始清单法、经验数据法和风险调查法，详细介绍如下。

（1）专家调查法

在专家调查法中，风险识别通常采取两种形式：一是召集有关专家开会，充分发表意见，发挥集思广益的作用；二是以问卷调查的形式进行，每个专家都不知道其他专家的意见。在专家调查法中，所提出的问题应具备指导性、代表性，并且具有一定的深度和针对性。同时，选取的专家应当尽可能具备广泛性和代表性。针对专家提出的意见，风险管理人应当进行分类、整理和分析，有时可能需要剔除某些专家的意见。

（2）财务报表法

财务报表是确定某个公司或项目在什么情况下可能遭受什么损失的重要依据。通过分析资产负债表、现金流量表、年度报告和相关的补充信息，可以确定公司的资产、负债和人员的所有当前损失风险。同时，可以结合财务预测和预算来确定未来的项目风险。识别风险的年终方法需要对财务报表中的各种会计科目进行深入分析和审查，并准备一份分析研究报告。此外，财务报表法还可以与其他方法相结合，以获得更完整的风险识别结果。

（3）流程图法

对于一个特定的生产或经营活动，可以按步骤顺序划分为若干模块，在每个模块中可以识别不同的潜在风险因素或风险事件，形成一系列的流程图，给决策者一个清晰的整体印象。尽管流程图的篇幅限制了对各阶段风险因素或风险事件的详细说明，但是这种方法仍然可以有效地识别风险。尽管将各阶段分开是比较容易的，但关键是要准确地确定每个阶段的风险因素或风险事件。

（4）初始清单法

为了提高风险识别的效率、客观性和资料积累的便捷性，编制一份初始风险清单是非常重要的。建立建筑项目的初始风险清单，可以采用两种方法：一是使用保险公司或风险管理协会公布的潜在损失清单，即列出可能发生的所有损失的清单；二是采用适当的风险分解方法。对大型、复杂的工程项目进行分解，从时间、目标和因素维度识别风险。通过对单项工程和单位工程进行分解，可以较容易地确定主要、常见的风险。一旦编制了初始风险清单，就需要确定与特定项目相关的额外风险，必要时需要对最初的清单进行补充和修改。

（5）经验数据法

经验数据法，也被称为统计资料法，是根据不同类型的已经实施的工程项目的风险的统计信息来确定拟建的工程项目的风险的一种方法。在工程建设领域，咨询公司（包括设计公司）、承包商和长期工程项目的业主（如房地产开发商）是可能拥有工程风险经验数据或统计信息的风险管理主体。由于这些风险管理主体拥有不同的视角和信息来源，因此它们之间的初始风险清单可能会存在差异。然而，工程项目的施工风险本质上是客观的，并遵循一定的规律。如果拥有足够的经验数据或统计数据，这种差异性将大大减少。因此，在风险识别阶段，基于经验数据或统计信息的初始风险清单可以满足工程项目风险的初步了解和定性分析的需要，可以避免风险识别结果效率低、主观性强、信息积累繁琐等缺陷的存在。

（6）风险调查法

建设工程风险具有个体差异性，因此展开风险调查来识别风险是必不可少的，并且是工程项目风险识别的重要方法。由于风险识别是一个复杂且系统的循环过程，在项目建设过程中，持续进行风险识别工作是非常重要的，这可以帮助我们了解各种条件变化对项目风险状况的影响。随着项目的进展，不确定性会逐渐降低，相应地，风险识别的内容和重点也会发生变化。根据前面提到的五种风险识别方法，单纯使用其中一种方法是远远不够的。通常情况下，需要采用两种或更多方法的组合才能达到满意的效果。这样可以综合考虑不同方法的优势，从多个角度对项目的风险进行全面识别和评估。无论使用哪种方法的组合，其中一种必不可少的方法是风险调查法。风险调查法的主要作用是产生一个最终的风险清单，它通过深入调查和分析，收集项目各方的意见和建议，全面地识别和确认项目中的潜在风险。其他的风险识别方法包括但不限于前文所提到的分析经验数据、专家咨询、实验论证等。这些方法的主要作用是产生一个初始的风险清单，即初步识别项目中可能存在的风险因素。通过采用多种方法的组合，特别是包括风险调查法在内，可以确保风险识别工作更加全面和准确。这样得到的最初风险清单和最终风险清单将为后续的风险评估和管理提供重要依据，确保项目能够在风险可控的情况下顺利进行。

4. 施工项目风险评价

风险评价是指在风险识别之后，对咨询公司风险因素的不确定性进行量化，然后进行全面的项目风险评估，以确定咨询公司在全过程的咨询中的风险等级。在风险评估中确定的风险因素可分为关键风险因素、致险因素和关键致险因素，其中，风险的不确定性逐渐增加。这些评估结果可为工程建设项目提供有效的风险决策支持，确保项目的顺利实施。

为了保障施工企业的经济情况，全过程工程咨询单位需要提出工程项目施工全过程风险应对措施，并在合理的风险评估完成后提供决策支持。同时，全过程工程咨询单位还需列举在施工过程中可能遇到的问题及解决办法，以确保方案更加准确有效（林英娥，2020）。

全面系统地识别工程项目风险只是风险管理的第一步。风险评估是对确定的工程风险进行深入分析的过程。定性和定量的方法都可以用来评估风险。风险评估的定性方法包括专家打分法、层次分析法等，其功能是区分不同风险的相对严重性，并根据预先确定的可接受的风险水平作出适当的决策。此外，还有许多类型的定量风险评估方法，如敏感性分析、盈亏平衡分析、决策树和随机网络等。这些方法中的大多数都有特定的应用，例如用于项目财务评估的敏感性分析和用于进度计划的随机网络。本节介绍了如何根据定量风险函数的理论对建设项目的风险进行量化。

1）用定量方法进行风险评价的作用

（1）对风险有更详细的了解。风险识别的作用仅限于识别工程项目可能面临的风险因素和风险事件，但对风险的理解还显得比较浅显。通过使用定量方法进行风险评估，我们可以对建筑项目中各类风险因素及风险事件的可能性或概率分布进行量化，并评估它们对建筑项目目标达成的影响程度或者造成的损失。损失的严重程度可以用两种不同的方式表示：一方面，不同风险的相对严重程度，可以用来区分主要风险和次要风险；另一方面，不同风险的绝对严重程度，有助于了解各类风险造成的损失后果。

（2）保证目标规划的合理性和计划的可行性。为了确保目标规划的充分性和计划的可行性，在确定施工计划之前必须使用工程项目数据库。这些数据库包含历史数据，记录了整个建筑项目过程中各种风险的实际影响结果。尽管工程项目数据库通常不包含专门反映技术风险的信息，但只有量化与特定项目建设相关的风险，才能准确反映不同风险对实现项目建设目标的不同影响。只有这样，我们才能制定出更加有效可靠的有针对性规划方案，并制定应对各类风险的现实可行计划。

（3）合理选择风险管理措施和最佳组合。不同的风险管理措施适用于不同的情况。在考虑采取哪种风险管理措施时，应考虑其有效性和成本。风险管理措施的有效性表现为能否降低风险发生的可能性或损害的严重程度。一些风险管理措施（如损失控制）

在这个意义上很难准确衡量。风险管理措施往往有与之相关的成本，例如，在选择风险管理措施时，需要综合考虑不同风险措施的适用性以及不同风险事件可能造成的后果。风险量化的结果，包括概率和损失的严重程度等信息，为决策者提供了参考依据，可以帮助他们确定最合适的风险管理措施，并形成最优组合的风险管理方案。综合考虑不同风险措施的适用性和不同风险事件的后果，决策者可以选择最合适的风险管理措施，形成最优组合的风险管理方案。这将有助于提高项目的成功概率，并对项目的可持续发展产生积极影响。

2）风险量函数

在量化工程项目的风险时，首先必须确定各种风险发生的概率及其潜在的损失，这一过程也被称为风险测量。风险量是对各种风险的量化值，其大小由风险衡量过程决定。风险量 R 表示为：

$$R = f(P, Q) \tag{9-1}$$

式（9-1）中 P 表示风险的发生概率，Q 表示潜在损失，这个函数反映了风险变量的基本原则，并具有一定程度的通用性。其应用的前提是可以适当地定义 P 和 Q 上的连续性函数。然而，在大多数风险管理理论和方法中，风险发生的概率和风险损失是以离散形式量化的，因此，风险值 R 分别表示为：

$$R = \sum P_i \times Q_i \tag{9-2}$$

式（9-2）中，$i=1, 2, \cdots\cdots, n$，表示风险事件的数量。

等风险量曲线是与风险量相关的另一概念，是由风险量相同的风险事件组成的曲线，如图 9-5 所示。R_1、R_2、R_3 为三条不同的等风险量曲线。不同等级风险量曲线所表示的风险量大小与其坐标原点的距离成正比，即距原点越近，风险量越小。反之，则风险量越大。因此，我们可以得出：$R_1 < R_2 < R_3$，表示风险量逐渐增加。

3）风险损失的衡量

衡量风险损失的方式是定量化风险损失值。工程项目的风险损失可从以下几个方面考虑：

（1）投资风险

由投资风险引起的损失直接以货币形式体现，即风险事件，如法规、价格、汇率和利率等的变动或资金使用安排不当，导致实际投资超出计划投资金额。

（2）进度风险

进度风险所导致以下几部分损失：

①货币的时间价值。发生进度风险可能会对现金流造成影响，由于利率的作用，可能导致经济损失。

②需要额外支出的费用，以实现进度目标。这些

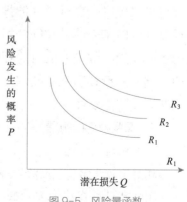

图 9-5　风险量函数

费用包括加班的人工费、机械使用费、管理费等非计划费用。

③延期投入使用导致的收入损失。这种损失计算复杂，不仅包括延迟期间的收入损失，还可能因为产品推向市场的时间延误而失去市场机会，进而导致市场份额大幅下降。

（3）质量风险

质量风险所导致的损失包括施工事故直接造成的经济损失，以及修复、补救等措施的费用以及第三方责任损失等，可从以下几方面分类：

①直接经济损失，例如建筑物、构筑物或其他结构倒塌所带来的损失。

②实施复位纠偏、加固补强等补救措施以及进行返工所产生的费用。

③延期完工所带来的损失。

④由于永久性缺陷对建筑工程使用所造成的损失。

⑤由第三方责任造成的损失。

（4）安全风险

安全风险可能导致的损失包括：

①受伤人员的医疗费用和补偿费。

②财产损失，包括材料、设备等财产的损失。

③因延误造成的损失。

④为恢复建设工程正常实施所发生的费用。

⑤第三方责任的损失。

如果在项目实施阶段中发生了对第三方造成伤害或财产损失，责任方必须承担相应的经济赔偿和法律责任。以上对四种风险的描述表明，投资增加的风险可以直接用货币来衡量。而项目实施的延误则是一种暂时性的风险，也可能导致经济上的损失。质量和安全事故不仅有经济影响，而且还可能导致延误以及对第三方造成责任，使得风险变得更加复杂。对第三方的责任除了法律责任外，往往还采取经济赔偿的形式。因此，所有四种类型的风险最终都会导致财务损失。在一个工程项目中，一个特定风险的发生往往会同时导致多个方面的损失。例如，地基坍塌作为一个特定风险发生时，会对项目的投资、进度、质量和安全等多个方面造成损失。为了降低这种风险带来的潜在经济损失，项目团队应该在项目规划和实施过程中，充分考虑各种风险，并采取适当的预防和应对措施，比如进行详细的地质勘测、采用合适的基础工程设计和施工技术、定期监测和检查地基状况等。这将有助于提高项目的成功率和整体效益。

4）风险概率的衡量

（1）相对比较法

相对比较法由美国风险管理专家 Richard Prouty（理查德·普劳蒂）提出，表示如下：

①"几乎是 0"：这种风险事件可认为不会发生。

②"很小的"：这种风险事件虽有可能发生，但现在没有发生并且将来发生的可能性也不大。

③"中等的"：即这种风险事件偶尔会发生，并且能预期将来有时会发生。

④"一定的"：即这种风险事件一直在有规律地发生，并且能够预期未来也是有规律地发生。在这种情况下，可以认为风险事件发生的概率较大。

在采用相对比较法时，工程项目风险的损失被划分成重大损失、中等损失和轻度损失，从而在风险坐标上对工程项目风险定位，反映出风险量的大小。

（2）概率分布法

概率分布法是一种常用的方法，用于对技术项目进行全面的风险评估。该方法通过分析潜在损失的概率分布，帮助确定在特定情况下哪种风险应对措施或应对措施的组合是最有效的。这有助于更好地理解风险的性质并作出最佳决策。概率分布法通常以概率分布表的形式呈现。创建一个概率分布表需要使用外部信息和公司自己的历史信息。外部信息，特别是来自保险公司、行业协会、统计局等的信息，往往只反映平均值，而这些信息来源总结了几个公司或项目的损失经验，在很多方面可能不符合公司或项目的情况，所以需要客观地分析它们。一个公司自己的历史资料虽然更有意义，更能反映工程项目的个别风险情况，但由于数据缺乏或不连续性，往往无法满足概率分析的基本要求。即使公司历史资料的数量和连续性符合要求，它们也仅能反映一般情况。因此，在应用概率分析时，我们必须充分考虑数据的背景和拟建工程项目的特点。这意味着概率分布表中的数字可能会因项目的不同而有所差异。在进行概率分析时，我们需要根据具体项目的特征和背景进行相应的调整，以确保结果更加准确和可靠。通过考虑项目的独特性，我们可以更好地适应不同的概率分布需求。

5）风险评价

在评估一个工程项目的风险之前，必须从风险发生的概率和损失的严重程度方面对其进行量化。然而，为了确定一个建筑项目风险的相对严重性，在选择应对措施之前，还必须对不同的风险进行相对比较。

等风险量曲线（图9-5）指出，在风险坐标图上，离原点位置越近风险量越小。据此，可以将风险发生概率（P）和潜在损失（Q）分别分为 L（小）、M（中）、H（大）三个区间，从而将等风险量图分为 LL、ML、HL、LM、MM、HM、LH、MH、HH 九个区域。在这九个不同区域中，某些区域的风险量近似相等，将其分为五个等级为 VL（很小）、L（小）、M（中等）、H（大）、VH（很大），如图9-6所示。

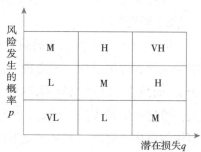

图9-6 风险等级图

5. 施工项目风险对策

现代风险理论中，常用的应对风险的策略和措施包括风险回避、风险转移、风险缓解、风险自留以及它们的组合（李康海，2020）。具体采取哪种风险应对策略需要结合项目实际情况进行认真分析，并采取恰当的方式应对。在优先处理风险时，应优先处理具有高概率和大危害的风险，再处理那些概率和危害较小的风险，以实现合理高效的风险应对。

为了更有效地应对风险并优化风险管理工作，全过程工程咨询单位应在对可能出现的风险有初步认识的基础上，综合分析项目的具体风险情况，组织安排风险应对对策，并创造优良条件，以推动风险管理工作的系统优化。

1）风险回避

风险规避是指以某种方式中断风险的来源，防止风险的发生或发展，从而避免潜在的损失。例如，对于某个建设工程项目，尽管净现值和内部收益率等指标表明该项目是可行的，但敏感性分析表明该项目对投资额、产品价格和经营成本等因素都非常敏感，因此存在较大的不确定风险。基于此，决策者不会选择投资该工程项目建设，避免潜在的风险。此外，在应用风险规避策略时，可能要作出一些牺牲，但这些牺牲远远小于承担风险带来的潜在损失。

（1）回避原有风险，可能会引发新的风险。在工程建设中，几乎不存在无风险的情况。即使是成熟的技术也有一定的风险。例如，在地铁工程建设中，采用明挖法施工存在支撑失败、顶板坍塌等风险。但为了避免这些风险，采用逆作法施工方案又可能引发其他新的风险，如地下连续墙失败等。因此，在实践中，应该综合考虑各种可能的风险并选择最合适的应对策略，以确保工程的顺利进行和成功实施。

（2）回避风险，面临着错失从风险中获利的机会。投机的风险是损失和收益的双重性。例如，在涉外工程中由于缺乏对外汇市场的了解和信息，决策者可能会选择用本国货币结算以避免外汇风险，但却失去了从汇率波动中获利的机会。

（3）风险规避并不总是有意义的。这与建设工程风险的定义和细分有关系。如果定义和细分太宽泛或太笼统，风险规避就不太现实了。例如，如果建筑风险只细分到风险因素的层级，那么每个建筑项目都不可避免地面临着经济、自然和技术风险。在建设工程中，不可能完全避免所有风险，这正是需要其他不同风险应对策略的原因。尽管避免风险是一种必要的、有时甚至是最佳的风险应对策略，但它也是一种消极的风险应对策略，应适时使用除了风险回避之外的其他风险应对策略。

2）损失控制

损失控制是一种主动的风险管理策略，其目的在于通过预防损失或减少损失来实现风险管理的目标。损失预防措施旨在降低或消除发生损失的可能性（通常只是减少），而减少损失的措施则是通过降低损失的严重程度或阻止其进一步扩大来减少损失。通过采取损失控制措施，组织可以识别潜在的风险，并采取预防措施以减少风险事件的发生。同时，如果风险事件不可避免，减少损失的措施可以帮助组织在风险事件发生后降低损失的程度，以便更好地应对不可预测的情况。

（1）制定损失控制措施的依据和代价

为确保损失控制措施达到预期的控制效果，应在定量风险评估结果的基础上制定减损措施。风险评估应特别注意直接和间接损失，以确保损失控制措施的有效性。在设计损失控制措施时，必须考虑其累积成本和时间。应该注意的是，时间成本会导致成本增加。在确定损失控制措施时，应同时考虑其有效性和相关成本。

（2）损失控制计划系统

在采用损失控制这一风险对策时，应制定一个完整的损失控制计划系统。具体而言，在于施工阶段，该计划系统通常由预防计划（也称安全计划）、灾难计划和应急计划三部分组成。这三个部分共同构成了一个全面周密的损失控制计划系统。

①预防计划

预防计划的首要目标是具体预防损害的发生。预防计划在损失控制计划中起着最重要的作用，因为它能降低损失的可能性，在某些情况下还能降低损失的严重性。预防计划包含一系列的组织、管理、合同和技术措施。组织措施主要是明确各部门和员工之间预防损失的责任，以确保参与执行预防损失计划的各方之间的有效合作。此外，必须建立工作和会议制度，以确保计划的正确实施。这就需要对相关人员进行安全培训，提高其风险和安全意识。管理措施可通过采取风险分离措施来分离不同的风险单元，将风险降到最低，以避免连锁反应或相互影响。例如，在建筑工地上，面临火灾风险的木工车间可以与建筑工地的办公室分开。此外，还可以使用额外的风险单元来减少整体风险的压力，从而实现整体风险的联合分布。为避免建筑合同中的不一致，合同安排应确保整个建筑项目的整体合同结构合理，同时要特别注意具体条款的严谨性，对具体风险作出适当规定。例如，承包商应提供履约担保、预付款担保等。在建筑工程项目中，技术措施是防止损失最常用的措施之一，如地基加固、周围建筑物防护和材料检测。相较于其他措施，技术措施必须考虑到其成本和时间，必须在仔细比较和选择后进行。

②灾难计划

灾难计划是预先编制好的一套工作程序和具体措施，旨在应对各种严重、恶劣紧急事件，其目的是为现场人员提供明确的行动指南，以便在事件发生后不至于惊慌失措或需临时制定对策可确保处理过程从容及时、妥善有序，减少人员伤亡和财产经济损失。灾难计划是专门针对严重风险事件而制定的，在严重风险事件发生或即将发生时才会付诸实施。

其内容应满足以下要求：

a. 安全撤离现场人员。

b. 援救及处理伤亡人员。

c. 控制事故的进一步发展，最大限度地减少资产和环境损害。

d. 保证受影响区域的安全尽快恢复正常。

③应急计划

应急计划是指在危险事件已经发生后进行处理的计划。其主要目的是尽快、全面地消除重大危险事件造成的干扰，减少进一步损害，并将影响程度降到最低。编制应急计划不仅需要明确界定采取的措施，还需要在各个工作领域之间进行责任分配。应急计划的内容应包括以下几个方面。第一，需要调整整个工程项目的施工进度，并与各承包商进行协商，以相应调整施工进度。第二，需要调整材料和设备的采购计划，及时与供应商联系，并在必要时签订补充协议。此外，应确定保险支付的依据，确定保险支付的金额，并起草相应的报告。最后，必须仔细分析融资情况，必要时调整融资计划。

3）风险自留

风险自留又称风险承担，指企业自主决策并用其内部资源来弥补损失，无论该决策是非理性还是理性的。与其他风险应对措施相比，风险自留最根本的区别在于，它不改变项目风险的客观特征，不影响项目风险的可能性和可能损失的严重性。

（1）风险自留的类型

风险自留可分为非计划性风险自留和计划性风险自留两种类型。

①非计划性风险自留

非计划性风险自留是风险自留的被动和无意识的结果，因为在风险管理过程中未能准确地识别和评估相关风险。具体来说，导致非计划性风险自留的因素可以归纳为以下几个方面。

a. 缺乏风险意识。这种情况往往发生在建筑融资的来源与建筑商的切身利益无关的时候。尤其是在政府提供建设资金的项目中。此外，缺乏基本的风险管理知识也可能导致非计划性风险自留。

b. 风险识别失误。因为风险识别方法过于简单和一般化、缺乏建设工程项目的经验数据或统计资料，或者未进行特定工程项目的风险调查，导致风险管理人员无法准确识别某些风险，进而可能导致风险未能得到有效控制。此外，一些风险管理人员可能没有考虑到建设工程风险的特点，因而也难以意识到某些风险的存在。这些情况往往源于缺乏风险管理理论的基本知识或经验数据，或者对风险管理方法的不当应用。

c. 风险评价失误。当风险被正确识别时，不恰当的风险评估方法得到的结论会有所偏差甚至错误。如只使用定性的风险评估方法可能无法提供完整和准确的风险评估，甚至导致风险的遗漏。但即使运用定量的风险评估方法，由于风险测量结果的严重错误，风险评估也可能是不正确的，因此，不能忽视的风险可能被遗漏。因此，在进行风险评价时，需要综合考虑不同的风险评价方法，尤其是结合定性和定量方法，从多个角度全面、准确地评估风险，确保风险评价的科学性和可靠性。

d. 风险决策延误。当正确识别和评价风险后，如果在作出风险对策决策方面存在滞后，有些风险已经成为现实并造成损失，之前根据评价结果原本不该自留的风险就会成为自留风险。

e. 风险决策实施延误。风险决策实施延误可以分为两种情况：一种是由于主观原因导致的延迟执行或已规划对策的缓慢实施；另一种是由于客观原因，即某些对策需要时间来实施，在对策完全实施之前，相关的风险可能已经发生，成为不可避免的自保风险。

在大型复杂建筑项目中，风险管理人员几乎无法识别所有的技术风险。因此，在某些情况下，非计划性风险的自留是不可避免的，并被视为一种可行的风险管理策略。然而，风险管理者应努力减少风险识别和评估中的错误，尽早作出风险管理决定并及时实施，以避免不得不承担的重大和巨大的技术风险。一般来说，尽管计划外的风险保留是不可避免的，但应尽可能少用。

②计划性风险自留

计划性风险自留是一种主动的、有计划的选择，是风险管理人员在经过准确的风险识别和评价后，为建设工程项目制定的风险对策的一部分。

（2）风险自留时损失支付方式

计划性风险自留应预先制定损失支付计划，常见的损失支付方式有以下几种：

①从现金净收入中支出。在这种方式下，对风险自留没有具体的财务规定，但当损失发生时，会从现金流或营业费用账户中扣除。这种方法通常用于非计划性的风险自留。因此，它不能反映计划内风险保留的计划性。

②建立非基金储备。这种方法为额外的费用建立备用金，包括风险自留风险的损失和其他原因的费用。备用金的使用不限于风险管理费用，还包括可能出现的额外费用，如损失无法控制的风险造成的实际损失的费用。

③自我保险。此方式是通过设立专项基金来应对自留风险所造成的损失，该基金不是一次性设立，而是定期支出，类似于定期支付保险费，因此被称为自我保险。如果将这种方法用于建设工程风险自留，则需要作出适当的调整，如在施工开始前只设立自我基金（或风险费）。

④母公司保险。这种方法只适用于公司集团中存在母子公司关系的情况。它通常适用于投保或自保不利的情况。就建设工程风险自留而言，这种方法适用于大型的建筑项目（有大量的单项工程）或必须长期承担大量建设工程风险的业主，如（集团）房地产开发公司。这种方式只适用于集团公司内存在总公司与子公司关系的情况。通常情况下，当投保或自保不利时，会采用该方式。针对建设工程风险自留，这种方法适用于涉及许多单个项目的超大型项目，或者适用于需要长期承担大量建设工程风险的业主，例如房地产开发（集团）公司。

（3）风险自留的适用条件

①别无选择。有些风险是无法避免或预防的，也没有办法转移，所以只能自行承担。

②期望损失不严重。风险管理人员根据自己多年的经验和掌握的信息，对预期损失的估计低于保险公司的估计，而且他们对自己的估计非常有信心。

③损失可准确预测。这里只考虑风险的客观性。这意味着建筑项目必须有大量的单独和单一的工程，以满足概率分布的基本要求。

④企业有短期内承受最大潜在损失的能力。对于一些建设项目，即使长期盈利能力很高，最大的潜在损失也可能发生在短期内。在这种情况下，如果公司能够在短期内筹集到大量资金，则可以决定自己承担风险。

⑤投资机会很好（或机会成本很大）。如果市场的投资前景很好，保险的机会成本就很高，这时风险自留可能更有利可图。保险的费用被看做是一种投资，目的是为了赚取更高的回报。即使未来发生了风险事件，潜在的损失也可以由投资收益来弥补。如果市场投资前景看好，那么购买保险的机会成本就会很高，此时可能会更加划算。保险费用被视为一种投资，目的是获得更高的回报。即使将来发生风险事件，也可以用利润来弥补可能的损失。

⑥内部服务优良。在以下情况下，风险管理人员可以选择自行管理风险而不必购买保险：如果保险公司提供的大多数服务可以由风险管理人员在内部完成，由于他们直接参与工程建设和管理活动，因此服务更加方便，在某些方面质量也更高。

4）风险转移

风险转移是建设工程风险管理中非常重要和广泛使用的策略，可分为两种形式：非保险转移和保险转移。

（1）非保险转移

非保险转移，又称合同转移，通常是指通过签订合同将工程风险转移给非保险的对方当事人。最常见的非保险的工程风险转移形式有以下三种情况：

①业主将合同的风险和责任转移给另一方。在这种情况下，承担责任的一方通常是承包商。例如，有些合同规定业主不对结构的状况负责。使用固定总价合同也可能将价格上涨的风险转嫁给承包商。

②承包商进行合同转让或工程分包。如果承包中标并接受工作，他可能在组织资源方面遇到困难，这意味着工作无法在合同规定的时间内完成。为了避免违约罚款，他们可能会将合同转让给其他承包商。此外，如果工程内容要求专业技术，而承包商本身缺乏相应技能，他们可能会将该部分工程分包给专业的分包商，以确保工程质量得到更好的保障。

③第三方担保。一方合同当事人要求另一方提供第三方担保，以保证其遵守合同条款并履行相关义务。担保方的风险仅限于合同责任。这种担保的主要形式包括履约保证、预付款保证（在投标阶段也有投标保证）等。随着国际承包市场的发展，出现了要求业主向承包商提供付款保证的新趋势，然而，这种做法目前并不普遍。我国的施工合同（示范文本）规定，发包人和承包人需互相提供履约担保。

（2）保险转移

对于建设工程的风险，保险转移是工程保险。通过工程保险，保险人在发生重大损失时迅速赔偿损失，确保建设工程不间断、不中断地继续进行，最终保证工程的进度和质量，避免因重大损失而增加投资。此外，保险有助于减轻风险管理人员和决策者对项目风险的担忧，使他们能够集中精力检查和解决其他执行问题，提高目标控制。同时，保险公司可以为业主和承包商提供全面的风险管理服务，加强整个建筑项目的风险管理。将保险作为风险管理措施的缺点主要是机会成本的增加且工程保险合同的内容相对复杂，保险费率也没有固定标准，建设工程项目的类型、地理条件、保险范围和免赔额等也都要考虑。通常有必要对几家保险公司进行比较，以找到一个合适的保险计划。

但是，工程保险并不能完全转移建设工程项目的所有风险，因为有些风险是不可保的，有些风险则不适合保险管理。因此，在建设工程的风险管理中，工程保险必须与风险预防、损失控制和风险自留结合起来使用。对于不可保的风险，必须采取损失控制措施。即使是可保风险，也必须采取一定的损失控制措施，改变风险性质，降低风险程度，以改善技术保险条件，节约保险费用。

5）风险对策决策过程

在选择风险对策时，风险管理人员应综合考虑建设工程的特点，制定与总体目标一致的风险管理原则。这一原则应包括基本对策之间的联系，以便为风险对策决策提供参考。需要系统性和整体性思考，以确保风险管理措施的协调一致性。

【综合案例：某技术大学施工阶段咨询服务】

1. 案例介绍

某技术大学建设项目位于深圳市，项目用地面积约 59 万 m^2，总建筑面积约 95 万 m^2，概算批复投资约 80.8 亿元，计划于 2020 年底完工，实际于 2020 年 12 月前完成竣工验收，达到了进度控制的目标。该项目分三个地块，建设内容包括六大学院、先进材料测试中心、学术交流中心、图书馆等 19 个建筑单体，划分四个总承包标段组织建设，如图 9-7 所示。项目建设单位为某市政府直属正局级行政管理类事业单位的直属机构，全过程工程咨询单位负责工程的全过程项目管理和专项咨询服务工作。

2. 全过程工程咨询应用

全过程工程咨询单位的加入，使建设方的职能由原来的"组织实施和决策功能"转变为"决策、监督、保障和技术支撑"，该模式下可以释放项目组专业工程师精力，优化资源配置，做好精细化管理，实现建设方的总目标。咨询单位针对该项目的特点和需提供的服务内容，结合以往大型项目群建设管理经验优势，引导建设方的组织架

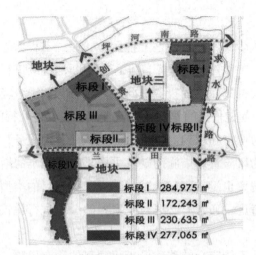

图9-7　某技术大学建设项目标段划分图

构由传统管理模式向全过程工程咨询模式的转变。

全过程工程咨询单位提供的服务覆盖了项目统筹及总体管理、报批报建、招标采购及合同管理、投资管理、设计管理、BIM管理、工程技术咨询（包括实验室工艺咨询）、施工管理及工程监理等服务模块。

施工阶段的工程咨询工作耗时最长、工作最为繁重、管理难度最大，如果前期设计比较到位，那么这个阶段的任务就是在预算范围内按照规范及图纸要求在指定日期内交付工程。但现场情况复杂多变，学校项目的施工往往具有规模大、工期长、涉及面广的特点，前期设计没有办法将所有情况都涉及，在预算范围内按照规范及图纸要求在指定日期内交付工程很难实现。因此，如何在多变的环境中保证工程项目的进度目标顺利实现是对咨询公司现场管理人员能力和素质的一次重大挑战。

咨询团队首先对组织机构建立、设备人员进场、现场各项准备、施工措施提交等情况进行审查。列明施工总承包Ⅰ标的计划交付时间为2019年8月18日前。施工总承包Ⅱ、Ⅲ、Ⅳ标中所有单体的计划交付时间为2020年12月31日前。为做好施工进度管理，咨询团队通过对该项目结构的分解、活动排序、活动持续时间的估计等计划项目进度。针对地下、地上以及架空层及联系交通平台、市政配套、人工湖等工程的建设时序与相互影响的问题，咨询团队通过分析各公共建筑特点，推演各项目的建设周期。对于体量大、功能设置复杂的项目，其建设周期长，采取先行启动建设。对于地下室体量大、基坑深的项目，遵循先深后浅原则，采取先行启动建设。针对前期确定的进度规划，咨询团队还建立了项目进度管理制度，对各专业、阶段、过程的执行者进行交底，在进度管理中落实了进度控制人员的具体控制任务和管理职责分工。在施工过程中，专业咨询师负责对施工承包人提交的工程变更申请，协调处理施工进度调整、合同争议、费用索赔等事项进行审查。咨询团队的进度控制人员负责经常性地、定期跟踪检查施工实际进度情况，在日常施工中进入现场实时检查承包商的施工设备数量及其操作方式，核查人员、材料的配置情况，对比分析施工设备、劳务月报等各种报表，发现资源到位率不能满足进度要求，导致进度出现偏差，向专业咨询工程师上报这一情况后，再次确认进度偏差的产生原因，分析该偏差将影响到总工期，由此就改变了关键路线和非关键路线上各自工程的逻辑关系，致使超过了计划工期。并及时调整了设备、人员及材料各资源的配置，更新进度安排。此后的施工检查中，进度控制人员再次检查了整改部分的实施情况，确认进度已满足预期目标。此外，咨询团队还采取分析影响进度目标实现的干扰和风险因素实现风险提前回避。设置工程进度款来促进施工进度，对提前完成工作的单位给与奖励等手段以确保施工进度。并采用可行的技术方案或方法来加快施工进度。

项目施工阶段受多种不确定性事件的影响而存在各种潜在风险。该项目施工高峰阶段作业人员达到上万人。同时作业的工程桩机有 3 台、塔吊有 4 台。移动式起重机、人货电梯数量众多。深基坑开挖施工条件较差，周边有居民楼和对外开放的道路，地质条件和地下管线复杂。高支模、大型设备吊装等高风险作业多。预应力结构、特色实验室设备组装等施工作业复杂，安全生产过程始终处于动态变化中。

由于大型吊装设备以及吊装对象都价格不菲，吊装的对象一般是项目中的关键和核心设备，一旦发生事故和损坏会造成巨大的财产损失和工期延误，并造成索赔以及信誉损失。因此，咨询团队在该项目大型设备吊装的风险管理中，提前识别了吊车装超负荷物品、吊埋在地下的物件的风险，并采取了相应的措施。但在安全检查中依然发现吊车现场作业人员存在偷懒行径，为了吊装到位后方便取钢丝绳，站在吊物上指挥吊车起吊。指挥信号不明确，吊车在光线不明看不清的情况下为了完成工作和进度而冒险作业，吊车四个支脚经常都没有垫枕木等危险行径。

3. 问题

1）全过程工程咨询单位在该项目施工阶段需要提供的进度管理咨询服务的内容？

2）该工程项目施工阶段存在哪些风险？

3）针对大型设备吊装的面临的风险，可以采取哪些风险控制措施？

思考与讨论题

1. 施工阶段投资管理的措施有哪些？

2. 概述全过程工程咨询单位在施工阶段进行进度控制的服务内容。

3. 工程项目施工阶段的质量管理工作内容角度下的咨询服务内容是什么？可以采取哪些管理方法？

4. 概述工程项目施工阶段信息管理的咨询服务流程。

5. 全过程工程咨询单位可以采取哪些方法组织协调施工过程。

6. 概述工程项目施工阶段风险管理的过程。

10

竣工与运营阶段咨询服务

本章导读

　　全过程工程咨询单位在竣工与运营阶段的主要任务是检验建设项目是否达到预期建设目标，协助完成竣工验收与结算工作。通过梳理总结建设项目全过程的经验和教训，收集各方需求和意见，为下一个建设项目提供更完善的决策参考依据。同时协助运营方进行资产管理工作。竣工与运营阶段咨询服务主要管理工作内容包括：竣工验收与结算、运营策划、项目后评估、资产管理和设施管理。在竣工与运营阶段，全过程工程咨询单位通常下设项目运维部，统筹项目运营维护的管理。运维部应对合同中约定的项目运营维护阶段的咨询服务和管理服务进行策划、执行、监督和控制，保证项目设施正常运行和项目资产保值增值。

　　学习目标：了解全过程工程咨询单位竣工与运营阶段的咨询服务工作内容。

　　重难点：竣工验收；竣工结算；项目后评估。

10.1　竣工阶段工程咨询服务概述

全过程工程咨询单位在竣工阶段主要以工程资料整理、竣工验收、竣工结算为主。一方面需要整理和收集从决策、设计、发承包、实施等阶段中形成的过程文件、图纸、批复等资料，并协助投资人完成竣工验收、结算、移交等工作；另一方面要把经过检验合格的建设项目及工程资料完整移交给运营机构，并进入运营阶段。竣工阶段完成后，项目建设过程基本结束，各方集合对项目组织竣工验收并收集竣工资料。全过程工程咨询单位以此为基础进行项目结算或项目决算审核。竣工验收合格后，项目进入保修期，在全过程工程咨询单位的监管协调下进行项目移交工作。

10.2　竣工验收与结算

1. 竣工验收咨询服务内容

全过程工程咨询单位竣工验收是指提出项目竣工验收的具体方案，配合建设单位完成竣工验收工作（杨卫东等，2018）。项目竣工验收咨询服务包括下列内容：

1）审核竣工结算书的编制依据是否符合国家有关规定，相关资料是否齐全，手续是否完备，对遗留问题处理是否合规。编制依据主要包括：

（1）工程竣工报告、竣工图及竣工验收单。

（2）工程总承包合同或施工协议书。

（3）施工图预算或招标投标工程的合同标价。

（4）设计交底及图纸会审记录资料。

（5）设计变更通知单及现场施工变更记录资料。

（6）经建设单位、监理单位签证认可的施工技术措施方案、技术核定单。

（7）预算外各种施工签证或施工记录。

（8）合同中规定的定额，材料预算价格，构件、成品价格。

（9）国家或地区新颁发的有关规定。

2）接受各承包人提出的验收申请，明确项目竣工验收工程的内容、验收单位、验收时间等，审查项目竣工验收的实际情况，参加项目预验收。

3）协助建设单位组织制定工程项目验收计划并进行审核。

（1）审核工程量。在工程竣工结算审计过程中，核定施工工程量是至关重要的一环，其是决定工程造价的主要因素之一。审计通常有两种方式，一是根据已有工程量计算表及相关图纸，开展计算审核工作；二是重新编制工程量计算表进行审计。在审计过程中，需重点审核投资金额较大的分项工程、易混淆或存在漏洞的项目和易重复列项或重复计算的项目。对于无图纸的项目，应深入施工现场进行核实，在必要时采用现场丈量实测的方法。

（2）审核分部分项工程、措施项目清单计价，包括下列内容：

①审核竣工结算各分部分项工程项目的合理性。检查各个工程项目的工作内容、项目特征和计量单位，确保与清单计量规则相符，避免出现重复和混淆的情况。同时，应注意可能导致高估、冒算、弄虚作假等问题，例如清单计价招标漏项、设计变更和工程洽商纪要等。在审查过程中，重点关注工程造价较高、工程量比较大或子目容易混淆的项目，确保各项资料的收集完备。

②审核工程项目综合单价的合理性。除合同有其他设定外，因设计变更导致的工程量变化未超出合同设定范围的，应实行原本的综合单价。对于新工程量清单项目，如果工程量超出了合同设定的范围，承包方应提出相应的综合单价，并由发包人确认后作为结算依据。在审计过程中，需要根据当地预算定额确定的人力、物料和设备用量，制定最高限制线。同时应参考当地建筑市场的价格及总承包单位的报价，合理确定项目的综合单价。

③审核计价运算的准确性。检查数学计算是否正确，避免出现故意计算、合计错误和笔误等问题。

（3）审核变更及隐蔽工程的签证，包括下列内容：

①审核工程变更内容。首先需要核对原施工图的设计、图纸答疑与原投标预算书中列出项目等资料是否相符。对于未被执行的项目，应予取消；对于新增项目，需核实是否已包含在原有项目中。

②审核变更新增的项目是否已包括在原有项目的工作内容中，避免重复计算。

③审核变更签证手续是否齐全，确保书写内容清晰、合理，以避免出现含糊不清及不明确的资料，从而降低审计风险。

（4）审核规费、税金及其他费用的计价基础。一是审核规费及税金取费费率，检查计算基础和费率是否符合政策文件的规定，避免出现错套费率等级的情况。二是审查各项独立费用的计算是否准确无误。

4）按照竣工验收程序协助组织工程相关方进行工程验收。建筑工程施工质量验收应包括单位工程、分部工程、分项工程和检验批，按准备、编制和定稿三个步骤，由全过程工程咨询单位协助组织编制负责人、承包人和投资人共同签字盖章确认，完成建设项目的竣工结算工作。

2. 竣工结算咨询服务内容

全过程工程咨询单位在建设项目完成竣工验收且达到合格后，需要配合施工企业向建设单位办理竣工工程价预结算的文件（赵振宇等，2021）。项目结算咨询服务应包括下列内容：

1）开展结算准备阶段的相关工作，与建设单位沟通，了解审计目的、审计范围和审计要求，了解委托审计项目的基本情况，收集和整理相关资料，对结算项目进行现场查勘，了解项目建设节点和完工验收情况，资产验收情况、资产移交情况等。

2）开展结算实施阶段的相关工作，开展现场结算工作，收集结算证据，按规定编制相关的工作底稿，按照要求的时间和方式及时上报结算工作的进展情况和结算工作中发现的重要问题，就结算工作中发现的问题与被结算单位进行沟通核实。

3）撰写竣工结算报告初稿，与建设单位进行沟通，处理分歧事项。

4）形成竣工结算报告，经各方签署意见后，出具正式竣工结算报告。

3. 竣工结算审核方法

1）全面审核法

全面审核法是一种审查工程造价的方法，通过全面审核工程数量、定额单价和费用计算等，满足施工组织设计、施工图、承包合同等文件的要求。这种方法常常适用于投资较少、工程内容相对简单的项目，例如围墙、道路挡土墙等。建设单位可以通过全面审核法审核施工单位的预算等，其优点在于审核彻底、质量效率高，但缺点是工作量大、时间长。这种方法不适用于投资规模大、审计时间紧的情况。不过，为了严格控制工程造价，建设单位通常会采用全面审计法。

2）重点审核法

重点审核法是一种审核工程预结算中重点内容的方法。该方法类似于全面审核法，但两者的区别在于审核范围不同。重点审核法重点针对基础工程、钢筋混凝土工程等高费用、大工程量的分项工程，忽略零星与附属等小工程量项目，且审核内容仅重点针对相应定额单价，特别是容易混淆的定额子目单价。此外，还应仔细检查材料成本和材料价格的计算。这种方法的优点是工作量相对较小，但效果较好。

3）对比审核法

对比审核法通常与重点审核法结合使用。对比审核法的原理是利用同一单位工程的工程造价的相似性，总结类似工程的相关造价和材料消耗规律，对不同用途、不同结构、不同地区的工程造价和材料消耗比例进行初步的对照检查；基于这些指标，识别出不符合投资规律的分部分项工程；随后应用重点审核法，找出差异的原因并加以审核。

4）分组计算审核法

分组计算审核法是指对预结算中的项目进行分组，并利用同组中的数据审核方法来审查分部分项工程量的审核方法。其原理是相邻且相互关联的分部分项工程具有相似的计算基数。因此，利用具有相互关联的分部分项工程的内在关系，可以推断同组中其他分项工程量的准确性，从而降低工作量，提高工作效率。

5）筛选法

筛选法的原理是利用统筹的方法，明确分部分项工程的单位用工、单位价格、单位工程量等基本数值，并将其作为"基本值"。通过比对预算审查结果和"基本值"，从而明确审查结果是否需要调整。该方法因其高效率、易上手等优点，一直以来都作为竣工结算审核的常用方法之一，但是解决差错问题仍需进一步审查。

4. 竣工结算审核的重点

1）明确审价范围，确认预审资料齐全性、送审数字准确性，加强审前调查

初步阶段主要是加强审前调查，详细了解被审项目的立项审批、招标投标、施工合同、决算编制、竣工验收等建设程序的实施情况，确认送审资料的完整性、送审数字是否准确以及是否符合审价条件。审价范围的确定一般情况下依据项目总投资的种类，例如预备费、建安工程费等，但具体项目还应依据委托协议书的具体内容。

送审资料的完整内容包括招投标文件、工程施工承包合同、竣工图、中标通知书、竣工验收资料、开竣工报告、工程设计变更及现场签证资料、施工员及监理记录工程施工过程的日志、施工照片以及工程勘察报告等。

2）根据项目具体情况，选择正确的审计方法

在现场检查后收集项目评估信息时，应采用适当的审计方法。首先建设方召集设计方、现场勘查人员、监理方、施工方等相关单位，详细介绍项目的实施过程及控制重点，同时各相关单位也需要积极配合项目审价的工作。其次，根据现场勘察结果，逐一计算工程范围，核实综合单价的应用情况。同时，为确保造价准确，应评估新增项目定额子目的合理性，并以施工合同和招标文件等为依据，核查综合单价中的人、材、机价格。

3）把握合同重要条款，审核合同执行情况

施工合同是施工阶段造价控制、竣工结算审核的依据。严密的施工承包合同、补充合同协议及经常性的工地会议纪要、工作联系单等作为合同内容的一种延伸和解释，也是工程审价的重要依据。需要强调的是，补充合同协议和工程会议纪要不能与合同的主要条款相违背，否则将视为无效补充。在审价时，对于闭口合同的处理需要根据项目实际情况进行具体分析和处理。为确保审价结果符合实际工程情况，必须严格依据施工总承包合同，对工程量计算、材料与新增项目单价、定额套用等方面进行审查。而对于闭口合同签订是否合理，只能作为工程管理方面的问题和建议提供给建设方。

4）认真研读招投标文件，严格审查量价取值计算的正确性

工程量的正确计算需结合合同计价方式的选择，定额计价、工料单价、完全单价、综合单价等计价方式不同，计算规则便有区别。计算工程量时要分析招投标的工作内容及工程量清单计价规范计算规则，根据竣工图纸核算。

5）审查现场签证和设计变更的合理性及手续的完整性

现场签证除在施工过程中严把设计变更签证，在进行竣工决算时，审价人员需要从专业角度对现场签证和设计变更进行审查，主要包括以下几个方面：首先，审查签证和设计变更的内容是否符合相关规定；其次，确定变更增加的经费是否已经包含在合同造价中；再次，核对现场签证的手续是否符合规定，例如是否有建设单位和施工单位的盖章和现场人员的签字，重要的变更还应有设计单位有关人员的签字方能生效；最后，审查签证的准确性，避免将不属于签证范畴的内容列入签证参与决算，例如，施工单位自身原因返工的项目、施工现场临时设施项目以及施工单位现场用工等，从而确保竣工决算的准确性和公正性。

6）工期及质量的审计不能遗漏

通常情况下，项目合同会规定项目质量标准和项目工期。如果工程质量未达到合同标准，则会按照合同要求，扣除相应比例的违约金，如果逾期竣工是由于非发包人原因或不可抗力因素引起的，承包方则需要按工程总造价的一定比例支付违约金。在竣工结算时，承包方有时会遗漏这些费用，因此，在审价时需要按照合同的规定进行审核，以确保违约金的计算准确无误。

【案例：特色小镇项目竣工结算咨询服务】

1. 项目简介

特色小镇是一种新型城镇化建设和发展模式，旨在将旅游景区、产业消费区和居住功能区三个区域有机地结合在一起，实现产业与城市的一体化。河北省某特色小镇项目规划范围为河北丛台区三陵乡，北至高窑村北边界，西至黄窑村西边界，南线至姜窑村南边界、北高峒村建设用地南侧及 G22 青兰高速西侧，东至周窑村建设用地东侧及曹庄村东边界。项目包含古石龙景区，规划面积为 $10.38km^2$。规划区域资源类型丰富，以原生态的自然资源、历史文化资源为主，依托邯郸市四省交界的区位优势，形成区域旅游圈层，具有生态文明发展潜力。项目地处燕山－太行山山地休闲度假旅游带和现代乡村休闲旅游片区南部边界交汇处，西侧为紫山景区，北侧有佛山景区、朱山景区，东侧为赵王陵墓、黄粱梦吕仙祠，南侧有大乘玉佛寺，依托与邯郸市区的便利交通，联合周边众多景区，未来将成为邯郸市重要的城市休闲娱乐片区。

2. 全过程工程咨询应用

特色小镇项目工程竣工后，全过程咨询单位应负责整理全部竣工结算资料，确保资料的合理性，设计变更与施工图的匹配度等；基于竣工图纸工程量，再次检查复核签证和设计变更的"一单一算"，同时审核各种取费、材料调差等情况，最终出具正式的竣工节点结算报告。对于特色小镇项目在施工过程中发生的变更，全过程工程咨询单位在 7 日内对变更的数量进行核对、确认，避免对不清楚、隐蔽的事项扯皮、争执。

完成项目结算时，需依据实施前的预测、实施中的控制以及实施后的复核程序来对变更和新增部分进行整理，并整理相应的经济资料。在竣工结算审核阶段中，首先，全过程工程咨询单位基于特色小镇项目招标文件、投标文件、施工合同、施工图纸、竣工图纸、隐蔽资料、设计变更、技术核定单、现场签证等结算资料，完成《结算审核计划和操作方案》编制，并在其中明确人员安排及审核完成时间，由专业工程师签字认可。对于审核过程中的特殊情况，全过程工程咨询单位及时汇报各专业负责人。其次，全过程工程咨询单位检查委托人提供的工程资料是否完整有效，是否有相关单位的签字和盖章。此外，在熟悉特色小镇建设工程竣工相关资料的基础上，全过程工程咨询单位应召开结算工作会议，统一确定计算方法、范围等问题，按照特色小镇项目相关要求踏勘工程现场，对于需要进行现场测量的特色小镇项目进行测量工作，并及时保留相应的影像资料。最后，全过程工程咨询单位对施工单位报送的结算进行审核。在审核工作中，理论计算工程量与实际完成工程量相结合，图上标注数据与实地勘测数据相结合，合同内完成工程量与合同外完成工程量相结合。为防止重复计算工程量，在项目工程量计算中应考虑资料变更。对于特色小镇项目中存在的隐蔽工程，应严格审查项目隐蔽记录，验收记录手续，确认验收纪录等中有关人员签字与注明日期的加盖委托人公章，防止事后补办纪录或虚假纪录的发生。项目招标时，应严格审查实际施工的项目特征，并与工程量清单比对。对于实际项目特征与工程量清单特征有差异的工作内容，应及时扣除或调整综合单价，保证单价真实性。

10.3　运营阶段工程咨询服务概述

在运营阶段，需要适时对建设项目的决策和实施进行评价和总结，并对建设项目进行运营管理，检验其决策是否科学有效。从运营管理角度看，建设项目需要进行资产管理、运营管理和拆除预案策划；从经验总结角度看，建设项目需要进行项目后评价、项目绩效评价、建筑的运行评价。由于运营阶段涉及服务范围多，本书从建设项目的反馈评价和运营管理两个方面对项目后评估、运营策划和资产与设备管理进行阐述。

全过程工程咨询单位在本阶段主要任务是检验建设项目是否达到建设目标。全过程工程咨询单位一方面通过评估，评价建设项目全过程的教训和经验，提炼项目决策要点，为下一个建设项目提供更完善的决策参考依据；另一方面协助运营方，为建设项目提供清晰的影响运营的主要设备材料清单以及该设备材料的使用要求和使用寿命，协助规划其维修方案和费用估算。

以全过程工程咨询"1+N"服务模式，全过程工程咨询单位在项目运营阶段，承担项目管理咨询工作主要有：项目的自评价和运营管理策划；"N"的内容主要有：项目后评价、项目绩效评价、项目设施管理以及资产管理等。

10.4 运营策划

1. 运营策划咨询服务内容

运营策划是指在充分理解项目本身与其相关活动的基础上，设计项目前期经营管理过程与其相关资源的调配利用计划。其目的是最大程度上发挥项目的经营价值（赵振宇等，2021）。关于项目运营策划的开始时间，并没有统一的规定。为确保项目运营效率与结果，策划时间应在早于项目运营阶段的基础上尽快开展（余海斌，2018）。项目的运营策划应该与项目的开发策划、项目的实施策划相结合，形成完整的项目规划与管理体系，以达到最佳的效果。项目运营策划咨询服务内容包括：

1）进行项目背景分析。主要包括市场和政策背景分析。在分析过程中，需要充分观察行业、政策、竞争者、客户、技术等方面的变化和情况，确保项目的发展的前瞻性。

2）开展运营维护工作策划，编制《工程用户手册》，在建设单位授权范围内开展工程设施的养护管理。

3）协助建设单位和运营维护单位建立健全各种安全管理规章制度，确保运营维护阶段的安全管理工作得到有效实施。

4）定期开展运营维护质量评估活动，向建设单位或项目法人单位提供评估报告并提出合理化建议。

5）根据工程需要，开展大修工程和改扩建工程的咨询管理工作。

6）在运营与维护服务期届满之前，总结运营维护阶段的咨询工作，并且向建设单位或项目法人单位提交服务总结报告，同时对《工程用户手册》提出合理的更新建议。

7）运维部应编制项目运营维护实施规划，经总咨询师审核，报委托人批准后实施。

8）运维部应编制项目运营维护咨询任务书，经总咨询师审核，报委托人批准后实施。

9）全过程工程咨询单位应配合运维部的工作安排，协助完成全过程工程咨询管理规划大纲、全过程工程咨询管理实施规划和项目运营维护咨询实施规划的编制工作。

10）运维部应配合总控部编制全过程工程咨询管理总结报告。

2. 运营咨询服务分类

1）按照时间的不同，可以分为运营前的准备策划和运营过程的策划。

2）按照内容的不同，分为运营管理的组织策划和项目的经营机制策划等。

3）按照项目性质的不同，分为民用建设项目的运营策划和工业建设项目的运营策划。民用建设项目的运营策划又可以进一步划分为办公楼项目的运营策划、商业项目的运营策划和酒店项目的运营策划等。

10.5 项目后评估

项目后评估是指在政府或企业投资建设项目完成验收或投入使用一段时间后，使用科学、系统、规范的评价方法对项目的技术、经济、社会、生态效益和影响等进行综合评估（危怀安等，2020）。

项目后评估通常包括目标评估、过程评估、效益评估、影响评估和持续性评估等方面的内容。项目目标评估的主要目的是比较实际经济和技术指标与项目决策时的目标，并分析项目的偏差程度，以判断项目是否成功实现预期目标（吴炯璨等，2021）。项目过程评估则通过回顾和检查项目的各个环节，评估项目的实施效率和作用。项目效益评估从投资者的角度出发，考虑实际投入产出数据和未来数据的预测，综合考虑项目的财务盈利能力，以此来判断项目在财务意义上是否成功。影响评估则是对项目建成投产后对国家、所在地区的经济、社会和环境等方面的实际影响进行评估，以此来判断项目决策宗旨是否实现。最后，持续性评估通过预测分析来评估项目在未来运营中是否能够实现既定目标并持续发挥效益。

1. 项目后评估咨询服务内容

项目后评估时，应该遵循"客观、独立、科学、实用"的原则，通过对建设项目的实际现状进行分析，全面评价项目的实施过程、经济效益、社会和环境影响以及项目的可持续性，并提出科学的判断、建议和措施（梁建娥，2018）。后评估结论（包括经验、教训和政策建议）可作为政府或企业发展和投资决策的参考依据，同时也可作为政府或企业在重大决策失误和国有资产损失责任追究方面的参考依据。

项目后评估通常由项目投资决策者和主要投资者提出并组织进行，项目法人也可以根据需要组织后评估工作（李宏军等，2020）。项目后评估应由未参加项目前期和工程实施咨询业务和管理服务的机构或专家独立完成，也可由投资评估决策者组织独立专家共同完成。根据国家发展改革委 2014 年印发的《中央政府投资项目后评估管理办法》中规定，全过程工程咨询单位应对承担项目自我总结和评估报告，同时可以承担未参与过项目咨询的项目后评估任务。项目后评估阶段咨询服务内容主要为：

1）被委托承担项目后评估任务的工程咨询机构应成立符合专业评价要求的工作组。工作组依据工程可行性研究报告、初步设计文件等内容，结合资料结果、现场勘察、项目自我总结评价报告等，系统分析并评估工程项目。

2）做好项目缺陷期质量问题（含功能质量）的跟踪与闭合，项目的竣工决（结）算以及配合好业主进行项目的后评估。

3）对合同收尾以及项目业主在产品使用过程中的意见和建议的跟踪收集与服务。

4）根据工程咨询合同约定，为委托方提供包含项目过程评估、效益评估、可持续性评估的综合评估或针对建设或运行中某一问题的专题评估咨询服务。项目后评估依据主要包括项目可行性研究报告及其批复文件、项目设计、施工等实施过程文件资料、工程结算及竣工决算文件资料、项目运行及生产经营相关资料、工程咨询合同及项目单位自评估报告等。

5）对项目投资决策、项目实施准备、项目设计和施工及项目投产运营各阶段工作的总结评估。

6）进行项目经济效益、社会效益及环境效益的综合评估。同时进行项目可持续性评价，以确保在项目的生命周期内，项目的各种效益和影响相互协调适应，达到动态平衡，以实现建设项目目标和运营的持续性。评价应从技术先进性、经济效益合理性、社会影响协调性、生态环境相容性和管理体系完整性等多个方面进行。

7）根据项目后评估工作进度安排，编制项目后评估报告。

8）项目后评估应采用定性和定量相结合的方法，包括逻辑框架法、调查法、对比法、专家打分法、综合指标体系评价法、项目成功度评价法等。

2. 项目后评估咨询服务主要依据

项目后评估咨询服务主要依据主要包括以下内容（苗志坚等，2020）：

1）国家及地方对投资建设项目管理的相关法律、法规、规章及规定。

2）地方城市总体规划、行业发展规划和专项建设规划。

3）项目立项相关审批、核准、备案文件，如项目建议书、可行性研究报告、项目申请报告、项目资金申请报告、节能评估报告及相关评估报告等。

4）项目招投标文件与主要合同。

5）主要投资控制报告：概算（调整）报告、预算报告、结算报告、财务决算报告、审计报告及相关批复文件等。

6）主要工程建设文件：方案设计、初步设计、施工图及竣工图、监理报告、竣工验收报告等。

7）审计或稽查的结论性资料、政府投资建设项目自评报告等。

3. 项目后评估咨询服务重点

1）准确把握建设项目建设程序

在后评估过程中，需要迅速判断不同项目的决策依据和程序是否正确。在决策阶段，需要确认项目建议书、可行性报告以及批准流程是否合规，相关手续是否齐备。同时，需要确保各种开工报批手续是否齐全。在实施过程中，需要及时进行各项质量检验和报告，并确保资料齐全、检验结果合格。竣工验收组织必须及时并符合规定（周茂刚等，2018）。结算决算工作也需要及时合规。通过深入了解建设程序，可以对项目建设全过程进行系统深入的评价，并检查相关手续是否齐备，例如项目建议书、可行性报告以及批准流程和时间节点是否合规。这些步骤可以保证后评估工作的有效性。

2）细致评价项目实施控制情况，如实反映存在的问题

通过项目后评估结果，能够真实反映项目单位存在的问题。这些问题可以通过对招投标和合同管理、质量、进度、投资控制情况的审查、资料归档整理情况的检查，以及审批流程的规范性、组织管理体系的完备性、质量、安全、进度和成本控制体系的健全性和档案管理是否到位等方面进行审查。该评估工作实现了投资项目全过程的闭环管理，从而可以进一步提高项目单位的投资管理决策水平和投资效益，达到开展后评估工作的最终目的（吴述国等，2022）。同时，项目单位可以在审计前通过项目后评估提早查找问题，总结分析，采取措施并进行整改。为此，引导项目单位建立一套规范的后评估工作管理制度，以便更好地完成今后的各项工作。

3）项目效果的后评估中，对项目可持续能力重点分析

项目效果的后评估主要包括综合评价项目的运行效果、社会效益、经济效益、环境效益和可持续性。这种评估有助于分析和预测项目的可持续能力和发展前景，并为投资决策提供依据。例如，企业投资建设项目的可持续能力分析主要考虑内部和外部因素。这是后评估工作的一个重要目标。

（1）内部因素分析。分析企业的内部因素可以包括对其财务能力、技术创新能力、人力资源管理、生产能力、营销能力以及综合管理能力的评价。这些因素是构成企业核心竞争力的主要组成部分。在财务能力方面，通常会从企业的偿债能力、营运能力、盈利能力和发展能力等四个方面对其财务状况和经济效益进行评价。技术创新能力通常从创新投入能力、创新管理能力、创新实施能力和创新产出能力等四个方面进行评价。人力资源管理方面可以按照人力资源规划、人员招聘与配置、培训与开发、绩效考核管理、薪酬福利管理、员工关系管理、人事管理以及职业生涯管理等八个模块进行分析评价。生产能力方面则主要关注企业所能生产的产品供应能力、规模和可扩展产能等因素进行分析。营销能力方面主要关注产品和品牌策略、分销渠道建设、产品价格管理和促销策略等四个方面。综合管理分析方面则主要关注战略管理、制度体系建设、组织协调、资本运营管理、质量管理和供应链管理等方面。

（2）外部环境分析。企业无法控制外部环境，但外部环境会对企业的发展产生影响，有时为企业提供发展机遇，有时也会限制企业的发展。外部环境主要有经济环境、自然环境、科技环境、政治法律环境、社会文化环境、供应商、目标市场和竞争对手（彭渤等，2020）。

4）工程项目后评估指标体系建立

工程项目后评估需采用定性和定量相结合的方法。定量指标的设计需充分反映投资建设项目的绩效水平，而定性指标的设计则需体现投资建设项目的管理水平。借鉴相关地方政府对政府投资建设项目后评估指标设定的规定，项目后评估指标分为一般性指标和特殊性指标。其中，一般性指标包括项目审批管理后评估指标、项目实施内容后评估指标、项目功能技术后评估指标、资金管理后评估指标、经济效益后评估指

标、公共效益后评估指标以及根据需要采用的其他后评估指标。特殊性指标需根据政府投资的不同方式、项目的不同类型、后评估的重点和管理要求，设置不同的指标。企业投资建设项目后评估指标的设定可根据自身决策需求、项目实施特点及绩效考核重点进行设置。

10.6　设备与资产管理

设备管理是项目管理的核心业务之一，它的主要目标是通过研究设备，追求设备的综合效益，并运用一系列理论和方法来科学地管理设备的物质和价值运动，从而实现设备寿命周期全过程的有效管理。这个过程涵盖了设备的选择、使用、维护修理和更新改造等方面（芦旭萍，2023）。设备管理的过程可以划分为前期管理和使用期管理两个阶段。前期管理主要是指设备正式投入使用之前的一系列管理工作。设备选型和采购需要进行适当的沟通、调研、比较、招标和选型，并加强可行性研究，考虑售后技术支持、运行和维护，选择综合效益高的技术资产。

资产管理是指资产管理人按照资产管理协议规定的形式、条款、条件、要求和限制，对客户资产进行运作和管理，并向客户提供证券、基金和其他金融产品，收取相关佣金。在资产管理过程中，委托人将其资产交由受托人管理，以获得理财服务。资产管理的常见方式是金融机构代理客户对客户的资产在金融市场进行投资，为客户获取投资收益。另一种方式是作为资产的管理者将托管者的财产进行资产管理，主要投资于实业，包含但不限于生产型企业。后者管理风险较小，收益较资本市场低，投资门槛较低。

设备管理系统主要是从设备管理和维修部门的角度，管理企业设备技术资料、保养维修以及运行状态和技术状况。资产管理则是从财务部门管理企业资产的角度，对企业的固定资产从采购、验收、入库、记账、提取折旧、报废全过程进行管理。

1. 设备管理咨询服务内容

全过程工程咨询单位在设备管理咨询服务中的工作内容主要为：为受托的项目提供设备管理方案，对项目的设备管理提出工作要求和建议。项目设备管理应遵循设备管理的理念，以保证项目价值的实现和项目的增值，提出项目设备管理方案，包括空间管理、租赁管理、运维管理、环境和风险管理、物业管理、绿色运行管理、其他系统与运维系统的数据交换等内容。

设备管理具有以下特点：

1）专业化。设备管理包括策略性规划、财务和预算管理、不动产管理、空间规划和管理、设施设备的维护和修复以及能源管理等多方面的内容，这需要专门的管理知识和技能，以及相关专家的参与。此外，不同行业和领域（如化工、制药和电子技术）

对基础设施（如水、电、气、热等）和公共服务设施的需求也不同，因此需要专业化的服务来管理各自不同的设施和设备。

2）精细化。设施管理以信息技术为支撑，以企业标准化为基础，以先进的流程管理为手段，通过研究分析客户的业务流程，确定关键关系，并进行有效的优化、重组和控制，以优化完善质量、成本、时间和服务管理的总体目标。

3）集约化。设备管理以资源和能源的集约利用为目标。通过流程优化、空间规划、能源管理等服务，实现客户资源及能源的高效运营和管理，降低运营成本，增加收入，最终提高客户的运营能力。

4）智能化。借助现代信息技术，家电管理通过高效的数据网络实现智能服务和管理。智能家电管理涵盖智能家居、办公和家庭办公。

5）信息化。设备管理以信息技术为基础和平台，依靠与高新技术的同步发展，利用多种信息技术和工具，实现业务操作的信息化。这可以降低成本，提高效率，确保管理的准确性，分析和处理技术数据，实现科学决策。

6）定制化。专业的设施管理服务提供商可根据客户的业务流程、工作流程、业务目标、挑战和需求，为客户量身定制设施管理解决方案，以简化空间流程，提升物业价值，最终实现业务目标。

设备管理阶段咨询服务内容主要为：

1）所有权的费用咨询服务。设施所有权涉及最初和正在发生的费用，管理方应该清楚此费用，并通过计划进行合理分配，确保这些费用得到妥善提供。

2）生命周期内的花费。一般来说，经济分析和比较应从物业生命周期的成本角度来考虑。如果只考虑初始成本和资本成本，往往会作出错误的决定。

3）服务融合咨询服务。优质的管理意味着不同服务的融合。

4）运维设计咨询服务。运作者和维护者应积极参与设计审查。

5）委托责任咨询服务。项目管理的功能应该归入到预算项目中去，由经理对各项工作负责。

6）费用时效性咨询服务。关键是识别和比较这些费用，并定期进行比较。

7）生活质量咨询服务。应提高和保护职员的生活质量。最低的要求是有一处安全的工作场所，努力的目标是有一处可以提高个人和团体工作效率的工作环境。

8）设施冗余和灵活性咨询服务。考虑到工作本身变化的特点，设备管理应进行设施的冗余和灵活性分析。

9）商业职能咨询服务。指用一种商业的办法来进行设施管理，设施应该和公司的业务同时发展、同步规划。

2. 资产管理咨询服务内容

资产管理是指在建设项目建成后进入正常生产运营阶段的管理，旨在为该阶段的运营提供支持。资产管理的任务包括：资产增值规划、运营安全分析与策划、资产清查与评估、招商策划、租赁管理等。资产管理贯穿于企业各类资产的采购、使用、报废等整个生命周期，不仅要考虑静态核算，还要重视动态资产管理。资产管理的主要目的是提高资源利用效率，降低企业资产维护成本。因此，加强资产管理对企业具有重要意义。

具体来说，资产管理有以下几个方面的作用：首先，通过完善资产管理，可以有效提高资产利用效率，避免资产闲置。合理利用企业资源，可以使各类资产得到充分利用。借用、调拨等配置形式也可以避免重复购买资产，节约成本。其次，加强资产管理，可以利用资产管理信息化系统对资产进行统计分析，了解各种资产的利用情况，更加科学地预测资产在未来运营中的使用情况，为采购人员在采购工作中提供科学依据。最后，要加强资产管理，就必须加强对资产的运行监控，包括及时发现资产故障，及时组织维修工作，定期维护，可以大大提高资产维护的效率。

当前资产管理还存在很多问题和不足，主要的表现有以下四点：

1）企业对资产管理不够重视

国内外研究表明，与发达国家相比，国内企业对资产管理重要性的认识较晚，资产管理意识相对薄弱。大多数企业主要关注现金流管理，对资产管理的投入较少。此外，很多企业在资产管理人员配备方面存在问题，主要体现在管理人员不足，导致问题出现时难以及时发现问题的原因并予以解决，这是因为责任不清晰、主体不明确所导致的。

2）资产管理制度不完善

资产管理的质量直接关系到资产管理系统的完善程度。一个健全而全面的资产管理系统应涵盖资产的申请、采购、验收、使用等多个方面。然而，许多公司并没有健全的资产管理系统，完全依靠员工的经验和主观判断来管理日常运营。这种不规范的管理流程往往会导致许多不必要的问题。

3）缺乏对资产的预算管理

企业通常只进行短期投资管理，由于没有将资产投资与长期战略目标相结合，导致在一段时间内需要在资产管理方面投入大量资金，这很容易对公司的现金管理产生负面影响。

全过程工程造价咨询单位资产管理的工作内容要求，在策划和评估方面出具咨询方案。一方面，对资产的增值和运营进行分析，为委托人提供管理依据。另一方面，需要全面了解各方需求，以便为资产管理制定清晰的目标，并向委托人提供合理化建议并向委托人提供合理化建议。资产管理咨询服务内容主要为：

（1）进行资产保值和增值分析，为建设单位提供资产管理的依据。

（2）进行运营安全分析和策划，充分了解各方需求，以制定明确的资产管理目标。

（3）厘清项目运营各部门和单位的职责和界面，对工作流程运转开展全过程管理和闭环控制，从而为建设单位提供合理化建议。

（4）进行空间管理，优化空间分配，分析空间利用率，分摊空间费用。进行租赁管理，根据业务发展合理配置不动产和办公空间。

（5）进行运行维护管理，通过应需维护、定期维护流程对建筑设施进行规范化管理。

（6）进行环境与风险管理，发生灾难和紧急情况时确保业务的连续性，加快设施功能恢复。

（7）进行工作场所管理，包括服务台，为公共服务请求提供一站式自助服务门户，降低行政成本。

（8）预订管理，帮助员工或客户查找并预订空间、设备或其他任何资源：共享办公空间管理，有效安排多人共享一个工位，减少空间成本支出。

（9）进行物业管理，以全过程工程咨询管理的方式管理物业的维护、翻修、装潢工作。

【综合案例：度假小镇运营阶段咨询服务】

1. 项目简介

随着国家对生态文明建设、三农问题解决的大力支持，以及城市快速发展背景下人们对健康生活方式追求的不断提升，吉林省某运动休闲度假小镇项目充分利用矿坑废弃资源，积极考虑环境保护发展要求，规划面积 19200 余亩，交通便利，客源基础良好。域内山环林密，河流环绕，田园唯美，具有英式自然园林的形态，资源组合度较好。有矿坑二十余处，可修复利用。传统运营策划中，度假小镇运营的主体是地方政府，地方政府在度假小镇建设中扮演了主导者、所有者、经营者、管理者以及监督者的角色。在传统的投融资模式下，度假小镇项目的投资建设和运营主体是政府，土地是主要客体，政府以土地出让获取收益。传统的运营管理模式在资源整合、各环节统筹等方面的效率较低，运营的管理水平较差。

该项目在引入全过程工程咨询之后，为了弥补传统运营管理模式的不足，全过程工程咨询单位在工程项目运营前期从整体上考虑项目的运营和管理过程，对项目本身和相关资源进行适当的分析和协调活动，以实现运营效益的最大化。

2. 全过程工程咨询应用

全过程工程咨询单位提出，度假小镇是由单个产业带动的多产业集聚结构。因此，度假小镇建设的关键在于了解特色产业的定位、培育、实施和发展。对于度假小镇项目，全过程工程咨询单位从土地、产业、城镇、服务、法制等多个方面进行考虑，度假小镇的开发可以分为五个阶段：土地一级开发或待开发期、产业项目开发期、产业项目培育期、产业链整合期以及土地二级开发期。每个阶段的资源形态不同，运营要点和目标也有所不同。相比传统模式，全过程工程咨询单位指出未来无论是运营主体、运营客体还是收益模式都应发生转变。度假小镇项目经营周期较长，单一由政府进行投资建设，政府将面临巨大的财政压力。因此，全过程工程咨询单位建议采用 PPP 模式（Public-Private Partnership，政府和社会资本合作模式）进行运营管理，通过与社会资本合作，缓解政府资金压力。PPP 模式是公共基础设施建设的一种合作模式，促进私营企业、民营资本和政府参与公共基础设施的建设（洪亮等，2021）。PPP 模式的优点主要体现在：缓解政府财政压力；以市场化方式管理项目从而提升盈利能力；以较高的经济效益、时间效率增加基础设施项目的投资效率，提高公共部门和私营机构的财务稳健性；改善基础设施的品质；促进私营机构稳定发展等。在该项目中，全过程工程咨询单位建议，地方政府应该将投资建设主体和运营主体的角色逐渐转变为具有资金实力、技术实力和较高管理水平的社会资本。度假小镇运营以产业为主导，以土地为基础，围绕各种产业项目、文旅项目和房产项目，建立全方位的运营体系。在度假小镇的运营中，采取工程收益、建造收益、特色产业收益、旅游收益以及资本收益等多种收益模式。

3. 问题

1）简述全过程工程咨询单位在该项目运营阶段从哪些方面进行运营策划改进？

2）在运营策划咨询服务的基础上，全过程工程咨询单位后续应对该项目开展哪些后评估服务？

思考与讨论题

1. 概述全过程工程咨询单位在项目竣工验收与结算中的主要服务内容，可以采取哪些竣工结算审核方法？

2. 概述全过程工程咨询单位在项目运营策划中的主要服务内容。

3. 简述项目后评估咨询服务的重点应包括哪些内容？

4. 简述传统设备与资产管理的不足，全过程咨询单位在传统设备与资产管理的基础上能够做到什么？

11

全过程工程咨询展望

本章导读

目前我国的全过程工程咨询尚处于起步阶段，有着蓬勃的发展潜力和巨大的市场空间。随着全过程工程咨询的不断发展，越来越深入地应用信息技术于项目咨询管理工作中，能够有效地提升项目系统的稳定性和发展性。本章结合时下飞速发展的信息技术，从互联网＋、GIS 及 BIM 等方面介绍全过程工程咨询的应用发展。此外，根据以往全过程工程咨询的实践经验，简要分析目前全过程工程咨询在咨询体系、管理方式、人才培养及服务酬金计取等方面存在的问题，并从政策指导方面"多措并举"推动全过程工程咨询更趋完善，为高质量发展全过程工程咨询工作提供有效支持。

学习目标：了解全过程工程咨询服务新兴技术前沿发展。

11.1   全过程工程咨询与信息技术结合

1. 全过程工程咨询与"互联网 +"

开发"互联网 +"模块，整合业内资源，进行跨组织、跨地区、跨专业的协同设计，打造众包、协作、共赢的"移动设计新模式"，能够为全过程工程咨询实现管理的数字化、智能化及信息化发展提供重要载体。通过"互联网 +"模块汇聚众多业内资深专家，获取项目高端咨询、行业培训等服务，在专业技能、疑难诊断、创新提升、人才培养等方面得到及时的支持和帮助，有效解决咨询设计企业摆脱专家与业务人员不足的困境。通过把互联网等信息技术与工程全过程工程咨询业务深度融合，为项目建设提供一个高效、集成、开放、便捷、非接触式的信息化线上服务平台（曹效义等，2022）。

各阶段、各专业、全过程业务纵横融通，使工程项目决策、设计、招投标、采购、施工、运营等一系列实施阶段的全过程咨询任务向着系统化、协同化、智能化迈进，实现工程建设全过程的管控。充分发挥"互联网 +"优势，有效整合线上线下资源，提升咨询服务质量、进行知识技术持续积累、实现工程咨询不断创新等一系列远景目标（Liao，2020）。通过逐步建设并完善"互联网 + 全过程工程咨询服务"平台，提高工程咨询企业的核心竞争力。"互联网 + 全过程工程咨询服务"平台整体可以实现工程建设全过程的管理，包括规划管理、项目前期、工程前期、工程实施、竣工结算五个阶段，对工程各阶段进度情况、成果情况、风险情况、物资到货情况进行全面管控（周倍立，2019）。系统架构如图 11-1 所示。

图 11-1   全过程咨询服务平台

　　项目协同管理平台的研发，是在工程咨询企业对"互联网+"和移动互联全面铺开的信息化基础形势下，对企业管理与项目管理的新融合模式的探索与创新应用。使用已经相对成熟和普及的信息化技术，通过推进信息系统与企业管理、项目管理的深度融合，来实现管理信息系统、管理模式、项目协同工作机制的升级换代。在企业及项目管理的过程中，沟通协调和跨职能协作是实现企业及项目管理目标、提高管理效率的关键因素之一。协同工作软件作为企业管理及项目管理的重要辅助工具，运用信息化时代的互联网移动互联技术，有效地推动了信息系统与企业及项目管理的深度融合，实现管理信息系统、管理模式、协同工作机制的升级换代。项目协同管理平台如图11-2所示。

图 11-2　项目协同管理平台

　　目前，建筑行业中投资超支、进度拖延、质量达不到要求的现象依然存在，建设工程项目的复杂性、不确定性及参与方众多的特性，使项目实施过程中各方难以及时、准确地获取项目信息。同时，由于项目管理人员对项目信息理解的主观随意性，以及信息人工存储传递时极易出现的传递缺失等原因，在传统的工程项目管理模式下，即使采用正确管理方法和手段，也很难满足建设工程项目的信息管理需求。沟通协调和跨职能协作被认为是顺利实现项目建设目标的关键因素之一，良好的项目协同工作机制是项目目标成功实现的重要保障。随着现代信息技术的快速发展，专业化的项目协同管理软件作为项目管理的重要辅助工具开始进入专业工程项目管理人员的视野，借助信息化工具的有效开发应用，工程项目信息得以稳定存储与有效传递，工程项目管理效率与管理水平得以提升，信息失误以及信息传递不及时导致的工程项目投资浪费与项目风险得以减少。

此外，工程咨询企业的发展正日益呈现出业务类别复杂化、企业规模扩大化，业务区域全国化甚至国际化的特点。面对日益激烈的市场竞争，传统的项目管控操作模式已经无法满足市场的需求。近年来，尽管很多咨询企业已经开始陆续建设、引入企业的信息管理系统，但是受到工程现场地域与办公条件的限制，企业管理人员与工程现场人员之间始终存在比较严重的管理脱节问题，沟通成本高并且效率低下。如何提升企业对项目运作的管控效率，有效地执行企业标准化管理建设目标，降低人员培养成本与人员流动带来的风险，从根本上提升企业的综合管理品质，树立起企业全新的符合时代的品牌形象，是众多的工程咨询企业共同面临的难题。

2. 全过程工程咨询与 GIS

地理信息系统（Geographic Information System，简称 GIS）指一种技术系统，以计算机硬件和软件为支持，对整个或部分地球表层（包括大气层）空间中的有关地理分布数据进行采集、储存、管理、运算、分析、显示和描述。基于 GIS 的工程项目咨询将工程项目数据与地理信息系统模型相整合，从而增强项目管理的可视化程度和信息利用效率，提高综合决策能力，在整体上为项目增值。GIS 的应用覆盖工程咨询的前期决策、项目实施和项目运营阶段。目前，3D GIS、GIS 与 BIM 的结合是 GIS 行业发展的前沿。基于 GIS 的信息化咨询在全过程工程咨询中的应用前景十分广阔。

GIS 在全过程工程咨询中的应用主要体现在以下几个方面：

1）可视化

在工程项目领域，GIS 通常与 BIM 结合起来，形成一体化的数据信息系统，如图 11-3 所示。GIS 平台以图形的方式管理和展现信息，将空间数据与数据库相结合，将地下综合管线、交通、人流等抽象难懂的空间信息可视化、直观化，提供二维、三维、四维（三维加时间管理）、五维（四维加内容管理）的平台，实时交互查询、选择、分析功能和逼真的场景漫游功能，从而可以在整体上获得更丰富、逼真的视觉效果。能够为业主、分包商等各工程项目参与方在城市规划、旅游、园林、交通、国土资源、国防等工程项目领域提供性能优化、维护成本低、扩展性良好的地理信息和虚拟现实应用解决方案。通过 GIS 空间域的可视化功能，可以使操作者获得任何一个时间点上项目的计划状况，大幅度减小因为理解的偏差造成项目进度延后的风险。

通过 3D GIS 技术，可以将建筑模型与周围的背景环境建立"有机"的关联，能够让业主、设计方以及其他各项目参与方掌握形象的背景数据，以免将工程建筑体与外部割裂。可以在此基础上进行工程项目的虚拟模拟，从而为工程项目提供辅助信息。

2）信息存储

通过 GIS 平台，将复杂的工程信息按照地理分布来存储和显示。在空间域和时间

图 11-3 工程项目空间可视化

域上对信息进行整理和提取，从而对工程项目整个生命周期实现信息覆盖。在 GIS 中，空间数据和属性数据是以不同的组织形式分别存储，但可以实现两者的有机连接，从而创造新的信息维度。结合云存储和大数据分析技术，可对工程项目过程中所有数据信息进行综合、处理、分析和利用，为项目创造极大的升值空间。

3）综合分析

在工程项目咨询过程中，GIS 提供了数字形式的工地区域基础信息，同时还具备量算分析、查询统计分析、地形分析等多种空间分析功能。它可以快速查询、检索、统计、量算和进行空间分析和输出绘图等多种操作。通过内置的属性数据库，可以将图形与数据库进行关联，实现图形到属性或属性到图形的双向查询，为工程实时管理提供辅助信息。随着工程施工技术的快速发展，工程施工方面的数据量和信息量不断增加，施工过程变得越来越复杂。如何高效、简便、直观地管理和分析工程施工信息，并为业主方、设计方和施工方等工程项目参与方提供服务，是提高设计效率和施工管理水平的关键之一。此外，工程施工方案复杂且成果不直观，不同施工方案难以进行直观比较。因此，通过 GIS 实现施工方案的形象直观表达具有重要的实践意义。

通过 GIS 平台，可有效地将各类信息整合在地理空间和时间层次上，结合其多样化的功能模块，可对不同来源、不同形式、不同的领域数据进行有机的整合和分析。如图 11-4 所示，在建筑供应链的决策设计阶段，BIM 技术可以确定项目所需建筑构件的属性，并生成详细的物料清单。在建设阶段，GIS 技术可以确定物料的最佳运输路线，并根据变化进行动态调整，同时实时跟踪物料状态，更新库存信息，比对计划与实际状态，评价每个工序的绩效。

4）综合决策

通过各要素和信息的统一展示和强大的分析功能，使业主或其他项目参与方更直

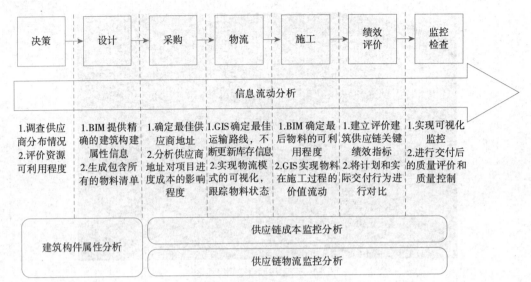

图 11-4 基于 BIM-GIS 的建筑供应链监控分析

观了解，从而避免因为理解不到位而产生的错误，提高决策效率和正确性。就 GIS 本身的功能来看，在项目决策和设计阶段，可以帮助选址决策，可以进行基于可视化的项目进度计划的制定和控制。在项目实施过程中，GIS 可帮助进行调配与管理，压缩材料配送调度成本。在运维阶段，GIS 平台可以通过信息集成实现综合智能决策。综上所述，GIS 凭借其独有的空间分析功能和可视化表达特色，可在全过程工程咨询中执行各种辅助决策的功能，如图 11-5 所示。

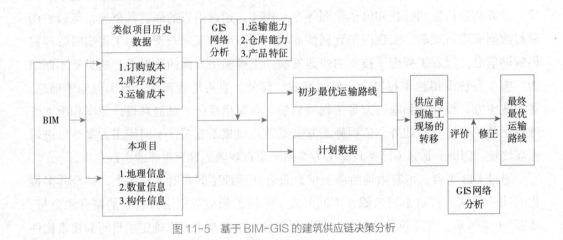

图 11-5 基于 BIM-GIS 的建筑供应链决策分析

3. 全过程工程咨询与 BIM

建筑信息模型（BIM）是一种建筑工程信息集成化的数字化技术。它通过在计算机中构建三维建筑工程模型，并提供详尽的工程信息库来实现。该三维模型不仅能够提供与实际情况一致的建筑工程信息，还可以作为工程信息交互和共享的平台，为相关利益方提供更加高效的合作方式。借助 BIM，相关利益方可以更好地协作，增加效率、降低成本、提高质量。同时，BIM 中包含的工程信息可以结合其他数字化技术，用于模拟建筑物在真实世界中的状态和变化。这个功能可以帮助项目相关方在建成之前对整个工程项目进行最完整的分析和评估，使其在项目实施过程中更好地控制风险和决策。因此，BIM 是一个有效的数字化技术工具，可以帮助建筑工程项目的相关利益方更完整的分析和评估整个工程项目的成败（Deng，2021）。

BIM 技术可在全过程工程管理中应用，以加速设计进度、缩短项目工期、降低成本、提高设计和施工质量，增强对建筑项目品质控制能力，并为后期建筑运维管理提供完整的建筑大数据。此外，BIM 技术还可以提升精细化项目管理能力（杜俊豪等，2023）。BIM 技术在全过程工程管理中主要体现四个方面的能力：

1）监审：BIM 应用管理能力，运用 BIM 审核技术监审各参建方的工作。

2）控制：BIM 模型管理能力，运用 BIM 信息模型控制各参建方的工作。

3）协调：项目沟通管理能力，运用 BIM 集成技术协调各参建方的工作。

4）服务：项目数据服务能力，运用 BIM 模型数据服务各参建方的工作。

从建筑的全生命周期来看，提供全过程的 BIM 咨询服务，对于提高建筑行业规划、设计、施工、运营的科学技术水平，促进建筑业全面信息化和现代化，具有巨大的应用价值和广阔的应用前景（解晓明，2018）。

（1）决策阶段的 BIM 应用

BIM 技术在决策阶段的应用主要包括场地选址、项目可行性研究分析等。一方面，BIM 技术可以通过三维模型的构建，获取环境信息，解决选址难题；另一方面，BIM 模型同样可以应用容积率、用地面积等指标，从而方便测算投资指标。

（2）勘察设计阶段的 BIM 应用

勘察设计阶段，BIM 技术可以通过模型可视化，进行采光、通风、现场管线等模拟处理，并进行自动化算量，极大提高工作效率。此外，针对全过程咨询勘察设计阶段，可以利用 BIM 模型，进行场地规划、设计方案比选、建筑性能分析，以及进行概算预算编制等。

（3）招标阶段的 BIM 应用

招标阶段的 BIM 应用，主要是指利用 BIM 技术分析项目进度与成本，有效控制招标代理过程中的变更和结算超预算等相关问题。针对全过程工程咨询招标代理阶段，BIM 技术可以通过建立施工图阶段的 BIM 算量模型，快速发现不合理的招标报价，有效防止招标代理进程中的事故。

（4）施工阶段的 BIM 应用

施工阶段的 BIM 应用主要是指：利用 BIM 技术及时获取项目进度、成本、质量、安全等信息，进行进度模拟情况对比，并将信息及时上传到 BIM 管理平台，配合进行施工阶段的过程管理。针对全过程工程咨询施工阶段，BIM 技术在该阶段的应用主要通过建立 BIM 模型，实现施工过程动态成本管理，从而保证工程量的准确性。同时，将施工过程记录、物料资料、验收资料等及时上传到 BIM 信息平台，实现电子交付，提高工程管理的效率。

（5）竣工阶段的 BIM 应用

竣工阶段的 BIM 应用，指利用 BIM 模型和信息管理平台，储存项目重要信息，保存施工阶段的施工过程，以便竣工验收和后期的运维管理。针对全过程工程咨询竣工阶段，相关单位可以通过 BIM 模型检查项目各项工作的具体情况，辅助竣工验收与竣工结算管理工作。

（6）运营阶段的 BIM 应用

运营阶段的 BIM 应用主要包括：利用 BIM 模型合理规划使用空间，提高利用效率；实时掌握能耗数据，合理规划能源使用；利用 BIM 模型模拟演练突发事件的紧急预案，预知最佳疏散路线。针对全过程工程咨询运营阶段，如图 11-6 所示，全过程工程咨询单位可以通过 BIM 模型，掌握项目的各种信息，从而对项目进行信息化管理。此外，可以利用 BIM 技术分析项目成本并对建设单位进行合同监管。在运营阶段通过 BIM 模型掌握项目的各种信息。

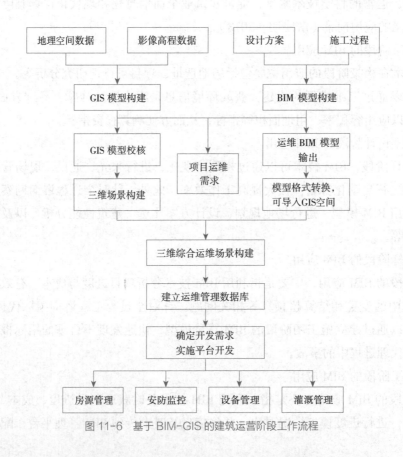

图 11-6　基于 BIM-GIS 的建筑运营阶段工作流程

11.2　全过程工程咨询问题思考

1. 全过程工程咨询体系不成熟

全过程工程咨询在中国仍处于初级阶段。尽管国务院办公厅、住房和城乡建设部和国家发展和改革委员会已发布了关于推动建筑业全过程工程咨询发展的指导意见，但目前只有宏观政策支持，缺乏具体地区执行措施，这使得各建筑单位采用全过程工程咨询模式难度较大。此外，企业缺乏全过程工程咨询的管理体系，这是阻碍全过程工程咨询发展的重要因素。

因此，未来全过程咨询服务可以采用一种名为"1+X"的改进模式。这种模式中，全过程项目管理被确定为核心业务和必选项（即"1"），而其他专项咨询业务（如工程勘察设计、监理、全过程造价咨询等）被视为"X"。这种模式的核心思想是，全过程咨询服务必须以委托全过程项目管理为基础，并且需要结合其他 1 至 X 项专项咨询业务，才能真正提供全面的咨询服务（皮德江，2021）。全过程工程咨询的本质是将"项目业主自管"变为"委托项目管理"，并且让中标的咨询单位（咨询总包）在其资质范围内尽可能承担更多的专项咨询业务。这不仅可以减少业主方的管理协调，保持项目信息链的连续性，更重要的是，可以使咨询单位掌握项目管理和咨询总包技能和精通专项咨询技术和业务，从而具备综合咨询能力和国际竞争力。

2. 管理方式割裂

传统工程项目的设计、咨询、造价、施工、监理等各个环节由各个部分分管，各司其职。我国推进实施全过程工程咨询管理模式的过程中，采用了传统的管理模式，各个部门首要考虑自身利益得失，仍然只负责各自的工作，导致在管理整个项目过程中，出现了工作对接上的断层现象，无法将工作迅速传达，工作效率相较于传统模式没有提升，仍属于割裂式管理（曹跃庆，2020）。随着现代信息技术的高速发展，为工程咨询的模式创新带来了强有力的技术支撑。因此结合大数据、BIM 等现代信息技术，加大对工程咨询及项目管理平台的开发和应用力度，是未来全过程工程咨询管理发展的必然要求。具体来说，未来全过程工程咨询发展应使用 BIM 可视化数字模型，串联项目从可行性研究、设计、建造到运营的全过程阶段，并充分利用 BIM 的可共享性和可管理性等特性，为项目全过程咨询管理的各项业务提供完整的管理闭环，提高项目的综合管理能力和管理效率（丁渔刚，2020）。

随着大数据、互联网、人工智能、云计算等信息技术的发展，未来应利用数字化技术将信息管理贯穿于工程咨询服务的全过程，推进全过程工程咨询的数字化转型，集成建设项目参建各方的多项资源，保障管理的连续性。同时，以数字化信息管理平台为支撑，深度融合数字化和智能化建设和运维，为顾客创造新的价值，提供全过程工程咨询的数字化解决方案。

3. 全过程咨询专业人才缺乏

全过程咨询专业人才短缺，这是因为工程全过程咨询需要员工具备综合的专业知识，包括勘测、设计、施工等方面的知识，不仅需要掌握施工技术，还需要具备扎实的经济和管理基础。但是，目前我国工程全过程体系尚不成熟，对从业人员的从业标准没有明确的要求。从业人员只具备各个阶段的专业技能，缺乏整体意识和全局意识，不能对整个阶段进行整体把握，因此难以充分发挥全过程咨询在工程项目中的作用（杨树红，2022）。

加强人才队伍建设，积极与国际接轨，是提高全过程工程咨询质量的有效途径。在加强人才队伍建设工作中，全过程工程咨询工作人员应具备相关技能。全过程工程咨询机构在人才队伍建设中应加强人才培养和储备工作。在培训方面，要特别注重岗前培训，工作人员要经过培训，达到标准后方可上岗。此外，整个全过程工程咨询机构应定期对工作人员进行考核，确保咨询工作始终保持高水平。同时，全过程工程咨询机构应与建筑企业保持良好的工作关系，通过信息交流和技术咨询，不断提高全过程工程咨询工作人员的业务水平。

4. 服务酬金计取问题

服务酬金计算问题。全过程工程咨询的服务内容包括传统的勘察、设计、招标代理、监理等业务，以及新兴的设计咨询、工程合同法务、项目管理现场服务、PPP咨询、中期评估和绩效评价等业务（罗岚等，2022）。传统业务通常有明确的收费依据，但新兴业务往往缺乏参考标准。尽管很多指导文件明确规定全过程工程咨询服务酬金计算方式为分段累加和人工成本加酬金两种，但在实践中，通常都需要根据具体情况来商议。这可能是因为全过程工程咨询案例较少，以及因为服务内容、服务期限、服务水平以及投入资源等因素存在差异。此外，大多数全过程工程咨询项目都是大型项目，收费基数较高，而且服务内容繁多，因此"一事一议"往往成为常态。

思考与讨论题

1. 简述全过程咨询服务与当前某种信息技术的结合应用。

2. 全过程咨询服务发展仍存在哪些阻碍？

3. 谈谈你对全过程咨询服务未来发展的设想。

参考文献

[1] 白庶, 谢新甜, 苏畅. 我国开展全过程工程咨询服务的 SWOT 分析 [J]. 建筑经济, 2018, 39 (10): 31-33.

[2] 毕建新, 张照余. 基于协同理论的高校电子文件管理模式研究——以东南大学为例 [J]. 档案学研究, 2013, 27 (05): 42-45.

[3] 曹海波. 全过程工程咨询服务组织模式 [J]. 住宅与房地产, 2020, 26 (09): 24.

[4] 曹效义, 张伟. "互联网 + 全过程工程咨询服务"管理平台建设方案探讨 [J]. 电力勘测设计, 2022, 29 (02): 46-53.

[5] 曹跃庆. 浅析全过程工程咨询推进背景下中小工程咨询企业的发展机遇 [J]. 建筑经济, 2020, 41 (06): 19-21.

[6] 陈建凯, 覃鹏, 肖亮. 交通枢纽工程全过程工程咨询服务研究与实践 [J]. 建筑经济, 2021, 42 (08): 32-35.

[7] 陈金海, 陈曼文, 杨远哲. 建设项目全过程工程咨询指南 [M]. 北京: 中国建筑工业出版社, 2018.

[8] 陈雪芩. 竞争性混合所有制企业问题研究——基于资本结构契约理论 [J]. 财会通讯, 2016, 37 (32): 55-58.

[9] 翟丽. 质量功能展开技术及其应用综述 [J]. 管理工程学报, 2000, 14 (01): 52-60.

[10] 丁荣贵, 高航, 张宁. 项目治理相关概念辨析 [J]. 山东大学学报 (哲学社会科学版), 2013, 63 (02): 132-142.

[11] 丁士昭. 借鉴国际经验深化建设管理领域改革 [J]. 建筑, 2017, 64 (18): 16-18.

[12] 丁士昭. 全过程工程咨询的概念和核心理念 [J]. 中国勘察设计, 2018, 34 (09): 31-33.

[13] 丁渔刚. 监理单位开展全过程工程咨询的挑战与应对措施 [J]. 人民长江, 2020, 51 (S2): 158-159.

[14] 董士波. 全过程工程造价管理与全生命周期工程造价管理之比较 [J]. 经济师, 2003, 18 (12): 136-138.

[15] 杜俊豪, 郑文阳, 李伟斌, 等. BIM 技术在 EPC 总承包项目全过程"六化"管理与应用 [J]. 建筑结构, 2023, 53 (S1): 2429-2434.

[16] 范龙振, 唐国兴. 投资机会的价值与投资决策——几何布朗运动模型 [J]. 系统工程学报, 1998, 14 (03): 10-14.

[17] 房勤英, 葛玉全. 全过程工程咨询集成: 概念框架与量表开发 [J]. 工程管理学报, 2022, 36 (02): 23-28.

[18] 付佾修，王玉明，张咏雯．建设项目全过程工程咨询取费模式及标准存在的问题与对策探讨 [J]．价值工程，2019，38（24）：29-30．

[19] 干汗锋，张晓健．招标管理的问题剖析与对策研究 [J]．建筑经济，2022，43（S2）：28-31．

[20] 国务院办公厅．关于促进建筑业持续健康发展的意见 [J]．建筑设计管理，2017，34（04）：26-28+34．

[21] 洪亮，张柯，覃亚伟，等．基于 ANP 的 PPP 模式大型基础设施建设风险研究 [J]．土木工程与管理学报，2021，38（06）：100-105．

[22] 胡章喜．基于价值链的全过程工程咨询治理结构 [J]．项目管理评论，2020，6（04）：38-43．

[23] 江平，程合红，申卫星．论新合同法中的合同自由原则与诚实信用原则 [J]．政法论坛，1999，21（01）：2-11．

[24] 蒋涛．政府投资项目全过程工程咨询服务效果提升策略研究 [J]．建筑经济，2021，42（10）：11-14．

[25] 解晓明．BIM 技术在山区公路工程项目全寿命周期管理中的应用 [J]．公路工程，2018，43（04）：296-300．

[26] 晋艳，王小峰．EPC 项目全过程工程咨询联合体组织模式及工作机制研究 [J]．建筑经济，2023，44（03）：31-37．

[27] 孔箐锌，齐飞，周长吉．规划咨询成果质量评价方法研究与实践 [J]．建筑经济，2020，41（S1）：348-353．

[28] 李冬伟，秦会林．基于价值工程视角的铁路施工企业项目管理 [J]．企业经济，2021，40（05）：88-93．

[29] 李宏．大标段招投标模式下总包部财务管理存在的困难及应对措施 [J]．财务与会计，2019，41（09）：33-35．

[30] 李宏军，宋凌，张颖，等．适合我国国情的绿色建筑运营后评估标准研究与应用分析 [J]．建筑科学，2020，36（08）：131-136+151．

[31] 李瑚均，陈辉华，曾晓叶，等．建筑工程施工安全氛围的因子结构模型——基于长沙建筑市场的调查 [J]．铁道科学与工程学报，2021，18（07）：1935-1942．

[32] 李嘉靖，魏俊辉．全过程工程咨询服务下的概念规划设计工作组织模式研究 [J]．交通企业管理，2021，36（05）：62-64．

[33] 李江．港珠澳大桥主体工程施工进度控制手段与实施 [J]．公路，2020，65（03）：228-231．

[34] 李婧丹．PESTEL 分析模型和平衡计分卡在 A 集团企业战略管理中的应用 [J]．财务与会计，2020，42（16）：35-37．

[35] 李康海．外输变电总承包项目风险管控探讨 [J]．工程技术研究，2020，5（20）：167-168．

[36] 李雪良，夏孟秋，刘运宝等．非建设属性类国有企业开展全过程工程咨询的实施策略研究 [J]．建筑经济，2021，42（03）：80-84．

[37] 李延来，唐加福，姚建明，等．质量屋构建的研究进展 [J]．机械工程学报，2009，45（03）：57-70．

[38] 梁建娥. 构建房产集团项目后评估体系的研究 [J]. 会计之友，201836，（04）：80-84.

[39] 林英娥. 建设工程项目全过程咨询中的风险分析研究 [J]. 住宅与房地产，2020，26（12）：280.

[40] 刘闯，谷志文，吴敬武，等. 重大基础设施全过程工程咨询理论与实践——海南铺前跨海大桥建设管理创新探索 [M]. 北京：人民交通出版社有限公司，2021.

[41] 刘静. 数字档案馆可行性研究报告编制流程及要点浅析——以国内部分数字图书馆项目为参考 [J]. 档案管理，2018，36（04）：54-55.

[42] 刘开云. 建设项目工程造价全过程控制方法研究 [J]. 建筑经济，2022，43（12）：63-68.

[43] 刘洋，吴凤亮，李德辉. 珠澳大桥岛隧工程施工计划与进度控制管理 [J]. 公路，2018，63（08）：132-134.

[44] 卢勇. 工程项目的文档分类与编码体系 [J]. 同济大学学报（自然科学版），2003，48（11）：1364-1368.

[45] 芦旭萍. 建筑施工机械设备的应用与管理 [J]. 工业建筑，2023，53（04）：228-229.

[46] 罗岚，钟志文，周威，等. 全过程工程咨询服务能力提升策略研究 [J]. 建筑经济，2022，43（07）：85-92.

[47] 马岩. 基于全过程工程咨询的设计管理研究 [J]. 工程技术研究，2022，7（08）：182-184.

[48] 蒙晓莲. 建设项目的编码体系及其应用 [J]. 施工企业管理，1995，11（06）：37-39+32-40.

[49] 苗志坚，庄惟敏，陈剑. 需求导向的"前策划-后评估"全过程运作管理逻辑及应用 [J]. 建筑学报，2020，67（S1）：175-178.

[50] 彭渤，吴雅典，杨彬. 基于实际运行效果的绿色建筑后评估案例研究 [J]. 建筑节能，2020，48（01）：7-12.

[51] 彭翔，徐毅敏，李博，等. 高效综合设计管理咨询在工程建设阶段的应用研究 [J]. 建筑经济，2022，43（S2）：231-234.

[52] 皮德江. 全过程工程咨询现状和发展创新趋势分析 [J]. 中国工程咨询，2021，22（04）：17-22.

[53] 戚振强，韦彩益，董沈阳. 政企协同视角下的全过程工程咨询发展研究 [J]. 建筑经济，2021，42（04）：98-101.

[54] 阮明华，贺晓东. 全过程工程咨询的实践研究 [J]. 建筑经济，2019，40（10）：9-12.

[55] 山东省住房和城乡建设厅，全过程工程咨询服务内容清单 [S]. 2021.

[56] 沈岐平，刘贵文. 建设项目价值管理 [M]. 知识产权出版社，2008.

[57] 石晶. 全过程工程咨询模式下的投资管理——从造价工程师到投资分析师 [J]. 建设监理，2022，31（04）：14-17.

[58] 苏红燕. 浅谈建筑工程全过程造价控制及合同管理 [J]. 新建筑，2003，21（S1）：103-104.

[59] 孙宁，曹泽芳，张娜，等. 全过程工程咨询组织模式及取费模式研究 [J]. 建筑经济，2020，41（03）：5-10.

[60] 孙宁，张娜，曹泽芳，等. 业务组合对全过程工程咨询组织模式及取费模式影响分析 [J]. 工程管理学报，2020，34（06）：1-6.

[61] Tony Kippenberger, 薛岩. PRINCE2 - (TM)——成功的项目管理 [J]. 项目管理技术, 2005, 3 (01): 13-14.

[62] 孙占山, 路庆梅, 田聿新, 等. 大中型管理信息系统的 SDPA 开发方法 [J]. 优选与管理科学, 1990, 7 (03): 40-46.

[63] 唐中君, 龙玉玲. 基于 Kano 模型的个性化需求获取方法研究 [J]. 软科学, 2012, 26 (02): 127-131.

[64] 王东林. 建筑项目可行性研究报告评估要点分析 [J]. 中国工程咨询, 2016, 18 (08): 51-53.

[65] 王浩东. 投资项目可行性研究报告的缺陷与改进 [J]. 财会月刊, 2014, 35 (16): 67-70.

[66] 王晶晶, 王慧娇. 全过程工程咨询发展趋势及组织模式分析 [J]. 建设监理, 2021, 32 (10): 14-16.

[67] 王霜, 殷国富, 何忠秀. 基于 Kano 模型的用户需求指标体系研究 [J]. 包装工程, 2006, 28 (04): 209-210+213.

[68] 王为人. QC 新七大工具介绍之六: 矩阵数据分析法 [J]. 中国卫生质量管理, 2019, 26 (01): 139-143.

[69] 王为人. QC 新七大工具之五: 矩阵图法 [J]. 中国卫生质量管理, 2018, 25 (06): 135-137.

[70] 王学通, 谢壁林, 陆文钦. 工程项目管理模式决策研究综述 [J]. 工程管理学报, 2013, 27 (04): 67-71.

[71] 王妍赟. 全过程工程咨询项目招标模式及取费研究 [J]. 建筑与预算, 2022, 45 (04): 22-24.

[72] 王怡. 零售企业社会责任对经营绩效的影响——基于利益相关者与生命周期视角 [J]. 商业经济研究, 2022, 41 (10): 125-128.

[73] 王卓甫, 张显成, 丁继勇. 项目管理与项目治理的辨析 [J]. 工程管理学报, 2014, 28 (06): 102-106.

[74] 危怀安, 杜锦. 国外项目后评估研究综述 [J]. 科技管理研究, 2020, 40 (15): 231-235.

[75] 温晓俊, 刘海建. 战略管理研究所应遵循的理论基础: 资源基础观与交易成本理论 [J]. 中央财经大学学报, 2007, 27 (08): 63-67.

[76] 吴炯璨, 方俊, 秦淑莹, 等. 基于云模型的环境工程 PPP 项目后评价 [J]. 统计与决策, 2021, 37 (15): 175-179.

[77] 吴述国, 易瑞瑞. 当前招标管理的问题及对策研究 [J]. 建筑经济, 2022, 43 (S1): 147-149.

[78] 吴璇, 姜尧, 沈嵚砚. 基于全过程合同管理的国际电站工程项目财务风险管理 [J]. 电站系统工程, 2014, 30 (04): 67-69.

[79] 吴玉珊, 韩江涛, 龙奋杰, 等. 建设项目全过程工程咨询理论与实务 [M]. 北京: 中国建筑工业出版社, 2018.

[80] 武建平. 工程总承包模式下全过程工程咨询业高质量服务要点分析 [J]. 建筑经济, 2020, 41 (S2): 28-32.

[81] 夏冰, 袁晓, 徐友彰, 等. 勘察设计企业全过程工程咨询管理指南 [M]. 上海: 同济大学

出版社，2019.

[82] 向模军.质量－功能－展开（QFD）理论的实践发展综述[J].科技咨询导报,2007,4(30)：191-192.

[83] 薛浩然，尹贻林，张倩.基于CIM-AHP模型构建的地铁项目风险管理研究[J].项目管理技术，2021，19（03）：77-81.

[84] 严玲，邓娇娇.国内外公共项目治理研究现状及趋势展望[J].软科学，2012，26（12）：22-25+31.

[85] 严玲，尹贻林，范道津.公共项目治理理论概念模型的建立[J].中国软科学，2004，19（06）：130-135.

[86] 严玲，张思睿.基于交易特征的全过程工程咨询合同研究[J].建筑经济，2019，40（08）：48-53.

[87] 杨飞雪，汪海舰，尹贻林.项目治理结构初探[J].中国软科学，2004，19（03）：80-84.

[88] 杨树红.国土空间规划视角的全过程工程咨询发展分析[J].北京规划建设，2022，36（03）：52-54.

[89] 杨卫东，敖永杰，翁晓红，等.全过程工程咨询实践指南[M].北京：中国建筑工业出版社，2018.

[90] 尹贻林，乔璐，张瑞源.基于原型逼近法的招标过程业主需求分析应用研究[J].建筑经济，2011，32（05）：93-95.

[91] 尹贻林，张勇毅.中国工程咨询业的发展与演进[J].土木工程学报，2005，52（10）：133-137

[92] 尹永川.基于层次分析法的岩土工程勘察安全风险预测研究[J].能源与环保，2021，43（12）：123-127+134.

[93] 余海斌.城市轨道交通运营管理咨询模式分析[J].城市轨道交通研究，2018，21（08）：164-166+177.

[94] 余宏亮，李依静，肖月玲.全过程工程咨询收费标准研究及应用[J].建筑经济，2018，39（12）：10-14.

[95] 张米尔，王德鲁.产业转型中项目机会研究的匹配矩阵方法[J].数量经济技术经济研究，2003，20（09）：138-142.

[96] 张蓉，赵博，宋萌，等.基于价值链理论的全过程工程咨询价值研究[J].中国工程咨询，2021，22（05）：42-47.

[97] 赵振宇，尹琛.推进全过程工程咨询向项目运维服务延伸拓展研究[J].中国工程咨询，2021，22（06）：67-71.

[98] 赵振宇，姚健波.全过程工程咨询服务管理体系构建[J].建筑经济，2021，42（03）：5-9.

[99] 中国建筑业协会.全过程工程咨询服务管理标准：T/CIAT 0024—2020[S].北京：中国建筑工业出版社，2020.

[100] 中国中建设计集团有限公司，北京帕克国际工程咨询股份有限公司.建设项目全过程工程咨询标准[S]：T/CECS 1030-2022.

[101] 中华人民共和国住房与城乡建设部.关于印发工程勘察设计行业发展"十三五"规划的通知[J].建筑设计管理，2017，34（07），40-46.

[102] 周倍立. 全过程工程咨询发展的分析和建议 [J]. 建筑经济，2019，40（01）：5-8.

[103] 周茂刚，彭荔. 大型公共建筑后评估标准（指标）体系研究 [J]. 建筑技术，2018，49（08）：869-871.

[104] 周天祥，陈秀云. 通俗易懂的 QCC——亲和图法 [J]. 中国质量，2003，24（04）：59.

[105] 朱斌. 电商背景下都市商圈发展模式分析——以上海市为例 [J]. 商业经济研究，2018，37（01）：150-152.

[106] 朱祥明，李锐，高翼. "总设计师负责制" 在园林景观工程中的探索与实践——以前海桂湾公园为例 [J]. 南方建筑，2023，43（02）：33-39.

[107] 邹坤. 浅谈建筑工程项目中岩土工程勘察的重要技术 [J]. 中国住宅设施，2022，22（03）：112-114.

[108]《全过程工程咨询服务技术标准》编制组. 房屋建筑和市政基础设施建设项目全过程工程咨询服务技术标准（征求意见稿）[S]. 2020.

[109] Ansoff H I. Strategies for diversification[J]. Harvard business review, 1957, 35（5）: 113-124.

[110] Azzone G, Bianchi R. Intranet: different configurations and their effects on the performance of corporate value chain's activities[C]. Engineering Management Society, 2000.

[111] Chunyao Deng. Application of BIM Technology in the Whole Process Engineering Consulting Management[J]. E3S Web of Conferences, 2021, 236: 05001.

[112] Coase R H. The nature of the firm: origins, evolution, and development[M]. Oxford University Press, USA, 1993.

[113] Fleming Q W, Koppelman J M. Earned value project management[C]. Project Management Institute, 2016.

[114] Haken H. Synergetics[J]. Physics Bulletin, 1977, 28（9）: 412.

[115] K. Sharan Kumar, RM. Narayanan. Review on construction risk and development of risk management procedural index - A case study from Chennai construction sector[J]. Materials Today: Proceedings, 2021, 43: 1141-1146.

[116] Liping Liao. Research on the Development Strategy of Engineering Cost Consulting Industry under the "Internet +" Background[J]. IOP Conference Series: Earth and Environmental Science, 2020, 474（7）: 072014.

[117] Max B. E. Clarkson. A Stakeholder Framework for Analyzing and Evaluating Corporate Social Performance[J]. The Academy of Management Review, 1995, 20（1）, 92-117.

[118] Miller R, Hobbs B. Governance regimes for large complex projects[J]. Project Management Journal, 2005, 36（3）: 42-50.

[119] Muller R. Project Governance: Fundamentals of project management[J]. Gower Publishing Company, 2009: 120-123.

[120] Olusola Ralph Aluko, Godwin Iroroakpo Idoro, Modupe Cecilia Mewomo. Relationship between perceived service quality and client satisfaction indicators of engineering consultancy services in building projects[J]. Journal of Engineering, Design and Technology, 2020, 19（2）: 557-577.

[121] Porter M E. The value chain and competitive advantage[J]. Understanding business processes,

2001, 2: 50-66.

[122] R. Edward Freeman, David L. Reed. Stockholders and Stakeholders: A New Perspective on Corporate Governance[J]. California Management Review, 1983, 25 (3): 88-106.

[123] Shibani, A., Hasan, D., Saaifan, J., Sabboubeh, H., Eltaip, M., Saidani, M., & Gherbal, N., Financial risk management in the construction projects[J]. Journal of King Saud University - Engineering Sciences, 2022.

[124] Shumin Li. Whole Process Engineering Consulting[C]//. Proceedings of the 2018 International Symposium on Humanities and Social Sciences, Management and Education Engineering (HSSMEE 2018), 2018: 140-143.

[125] Turner J R, Keegan A. Mechanisms of governance in the project-based organization: Roles of the broker and steward[J]. European management journal, 2001, 19 (3): 254-267.

[126] Yoon T S, Fujisue K, Matsushima K. The progressive knowledge reconstruction and its value chain management[C]. IEEE International Engineering Management Conference, 2002.